한 가지 과학적 사실 속에
수십 가지의 상식이 들어 있다면
믿으시겠어요?
궁금증을 풀어 가다 보면,
어느새 풍부해진 상식의 세계!
어서어서 들어와 보세요!

초등 학생이 가장 궁금해하는 100가지 과학 1,000가지 상식

글 / 이광렬   그림 / 신경순   펴낸이 / 이재은   펴낸곳 / 세상모든책
편집 / 박혜원, 양은진   디자인 / 안혜선, 조원주   마케팅 / 이주은, 이종구
주소 / 경기도 용인시 기흥구 구성로90 (205-1301)
전화 / 031-274-0561   팩스 / 031-274-0562   E-mail / everybk@hanmail.net
판권 / 초판 1쇄 / 2003년 8월 5일   개정판 28쇄 / 2015년 4월 25일
　　　개정판 1쇄 / 2023년 11월 15일
출판등록 / 1997.11.18. 제10-1151호

Text Copyright ⓒ 세상모든책 2003
이 책에 실린 글과 그림을 무단으로 복사, 복제, 배포하는 것은 저작권자의 권리를 침해하는 것입니다.
ISBN 89-5560-3958 73450

초등학생이 가장 궁금해하는
100가지 과학
1,000가지 상식

세상모든책

읽기 전에

세상에서 일어나는 일들에 대해 아이들은 궁금해합니다. 그런데 아이들의 궁금증에 대해 올바른 대답을 해 줄 수 있는 사람이 얼마나 될까요? 때로는 엉뚱한 답을 말해 줄 수도 있고, 때로는 답조차 해 줄 수 없을 때도 있습니다.

《초등학생이 가장 궁금해하는 100가지 과학 1,000가지 상식》은 아이들이 궁금해하는 문제를 크게 다섯 가지로 나누었습니다.

'날씨가 궁금해'에서는 자외선이 정말 피부암을 걸리게 하나요? 정전기 때문에 죽을 수도 있나요? 왜 우리 동네에만 많은 비가 내리죠? 등 날씨에 대한 질문에 명쾌한 답을 해 줍니다.

'음식이 궁금해'에서는 음식에도 잘 맞는 궁합이 있나요? 양파를 까면 왜 눈물이 나올까요? 왜 김치를 세계 으뜸 식품으로 손꼽나요? 등 아이들이 음식을 먹으면서 궁금해할 수 있는 내용을 담았습니다.

'지구가 궁금해'에서는 지구는 몇 살인가요? 물방울은 왜 둥글까요?

숲이 홍수와 가뭄을 막아 주나요? 등 우리가 살고 있는 지구에 대해 많이 알고 있는 것 같으면서도 알지 못하는 것들에 대한 궁금증을 시원하게 풀어 줄 것입니다.

'바다가 궁금해'에서는 바닷물은 왜 짠가요? 머리에 안테나가 달린 물고기도 있다고요? 물고기마다 왜 사는 곳이 다른가요? 등 깊은 바닷속 세상에 대한 궁금증을 시원하게 뚫어 줄 것입니다.

'모든 게 궁금해'에서는 남자는 왜 단 걸 싫어하나요? 까만 숯이 빨래를 하얗게 하나요? 옹기가 숨을 쉰다고요? 등 일상 생활 속에서 궁금해하는 것들에 대해서 답해 줄 것입니다.

이 책을 읽으면 100가지 과학 지식뿐 아니라 그 속에 숨어 있는 1,000가지 과학 상식도 배울 수 있답니다.

또한 어린이 여러분들이 진정한 탐구심을 키워 나가는 데 큰 도움이 될 것입니다.

글의 순서

자외선이 정말 피부암을 걸리게 하나요?	12
정전기 때문에 죽을 수도 있나요?	14
이상 기상이란 무엇인가요?	16
바람에도 다리가 무너질 수 있나요?	18
왜 우리 동네에만 많은 비가 내리죠?	20
태양이 가장 크게 보이는 달은 언제인가요?	22
울긋불긋, 단풍은 언제 물드나요?	24
서릿발이 집을 무너뜨릴 수 있나요?	26
구름은 얼마나 많은 물을 가지고 있나요?	28
기어다니는 곤충은 하루에 여름, 겨울을 느끼나요?	30
사람에게 가장 기분 좋은 온도는 몇 도인가요?	32
까마귀가 울면 폭풍우가 온다고요?	34
치마 길이에 따라 느끼는 온도가 다른가요?	36
우리나라의 추위가 호수 때문이라고요?	38
해가 질 때 왜 하늘이 빨개지나요?	40
날씨를 알면 전쟁도 이긴다고요?	42
우박이 비행기를 파괴시킬 만큼 힘이 세나요?	44
바람이 불면 왜 더 추운가요?	46
사람들은 더위를 얼마만큼 견딜 수 있나요?	48
우리나라 영서 지방의 가뭄이 산 때문이라고요?	50

비타민 C가 스트레스를 없애 주나요?	54

엽산이 부족한 임산부는 기형아를 낳나요?	56
콜레스테롤이 부족하면 중풍에 걸리나요?	58
물을 먹고 체했을 때 더덕이 좋나요?	60
과일과 야채가 우리 몸을 청소해 준다고요?	62
녹차는 우리 몸에서 어떤 역할을 하나요?	64
마늘을 먹으면 늙지 않는다고요?	66
혓바늘이 났을 때는 고등어가 좋나요?	68
선짓국이 빈혈에 좋나요?	70
굴이 피를 맑게 해 준다고요?	72
음식에도 잘 맞는 궁합이 있나요?	74
양파를 까면 왜 눈물이 나오나요?	76
왜 김치를 세계 으뜸 식품으로 손꼽나요?	78
다시마가 암세포의 번식을 막아 주나요?	80
매실이 식중독을 예방할 수 있나요?	82
복어 한 마리가 30명의 목숨을 앗아 간다고요?	84
변비에는 고구마가 최고라고요?	86
버섯이 왜 노인들에게 좋은가요?	88
요구르트를 먹으면 오래 사나요?	90
된장이 암을 예방하나요?	92

지구가 궁금해

지진은 왜 일어나나요?	96
황사는 어디서 오는 건가요?	98
빗물이 모여 바다가 되었다고요?	100
삼림욕을 하면 예뻐지나요?	102
어떻게 하면 바닷물을 마실 수 있나요?	104
엘니뇨가 남자 아이라고요?	106
자석은 왜 남북을 가리키나요?	108
지구는 몇 살인가요?	110
물방울은 왜 둥글까요?	112
숲이 홍수와 가뭄을 막아 주나요?	114

바다에서 용이 하늘로 올라간다고요? ... 116
오염된 공기를 깨끗하게 해 주는 식물이 있나요? ... 118
사막이 있는 나라는 왜 부자인가요? ... 120
동물들이 먼저 지진을 안다고요? ... 122
봄이 되기 전에 꽃이 피는 이유는 무엇인가요? ... 124
지구의 모양은 어떻게 생겼나요? ... 126
나무가 사라지면 지구가 더워지나요? ... 128
아지랑이와 신기루는 어떻게 생기나요? ... 130
사람들이 지구를 아프게 한다고요? ... 132
숲은 왜 필요한가요? ... 134

바다가 궁금해

해일은 얼마나 무서운가요? ... 138
북극의 얼음 밑이 보물 창고라고요? ... 140
지구의 물 중에서 바닷물은 얼마나 되나요? ... 142
남극은 어떻게 생겼나요? ... 144
바닷속 생물이 늘어나지 않는 이유는 무엇인가요? ... 146
바다와 대양은 어떻게 구별하나요? ... 148
바닷물은 왜 짠가요? ... 150
밀물과 썰물은 왜 생기나요? ... 152
파도의 힘을 결정하는 건 무엇인가요? ... 154
머리에 안테나가 달린 물고기도 있다고요? ... 156
사람은 얼마나 깊이 잠수할 수 있나요? ... 158
바닷물이 지구의 온도를 조절한다고요? ... 160
바다의 넓이와 깊이는 얼마나 되나요? ... 162
남극과 북극 중 어느 쪽이 더 추운가요? ... 164
물고기마다 왜 사는 곳이 다른가요? ... 166
바다에서 우주선 재료를 얻는다고요? ... 168
바닷속에도 금이 있나요? ... 170
바닷속에는 어떤 물질들이 쌓이나요? ... 172
바다 밑도 울퉁불퉁한가요? ... 174

물 위에도 도시가 생길 수 있나요? 176

오줌으로 빨래를 했다고요? 180
밥을 먹어도 몸무게가 변하지 않는다고요? 182
깜짝 놀라면 왜 심장이 뛰나요? 184
남자는 왜 단 걸 싫어하나요? 186
허리 아픈 데 벌침이 좋다고요? 188
나무는 땅 속의 물을 어떻게 잎까지 운반하나요? 190
석유는 앞으로 얼마쯤 더 쓸 수 있나요? 192
모기는 어떤 사람을 좋아하나요? 194
덥지 않은데도 왜 땀이 나나요? 196
뚝배기도 숨을 쉬나요? 198
옻칠을 하면 쉽게 망가지지 않는다고요? 200
소금이 명약이라고요? 202
웃음이 보약이라고요? 204
소가 동물 사료를 먹으면 포악해지나요? 206
까만 숯이 빨래를 하얗게 하나요? 208
잠자는 모습으로 건강을 알 수 있나요? 210
건강한 머리카락은 어떻게 가질 수 있나요? 212
최초의 온도계는 어떻게 만들어졌나요? 214
자연에 있는 것으로 옷감을 염색했다고요? 216
옹기가 숨을 쉰다고요? 218

기온이 18°C가 될 때부터 우리 몸에서는 땀이 분비돼요.
이 때의 수분은 곧 공기 중으로 증발해 버리기 때문에
사람들은 더운 줄 모르고 지내죠.
그러나 온도가 올라갈수록 수분의 분비량도 많아지는데,
습도가 높으면 높을수록 수분의 증발이 점점 늦어지면서
결국은 수분의 증발이 중지되고 맙니다.
이 때 피부의 표면에 남게 되는 것이 바로 땀인데,
이 때 더위를 느끼게 되지요.

- '사람들은 더위를 얼마만큼 견딜 수 있나요?' 중에서

피지선

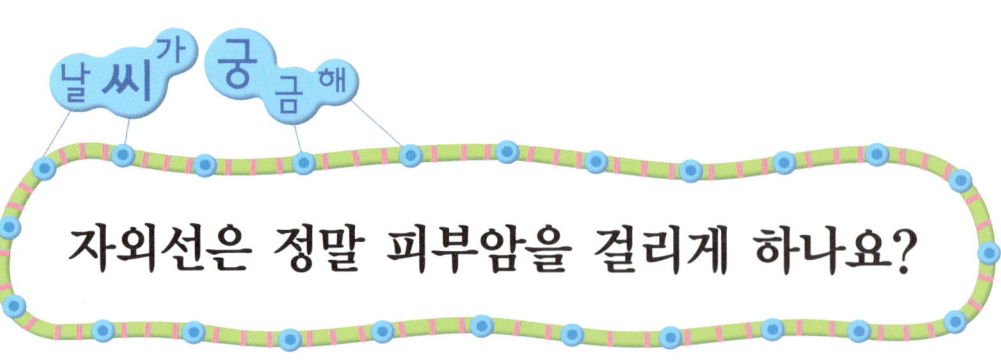

자외선은 정말 피부암을 걸리게 하나요?

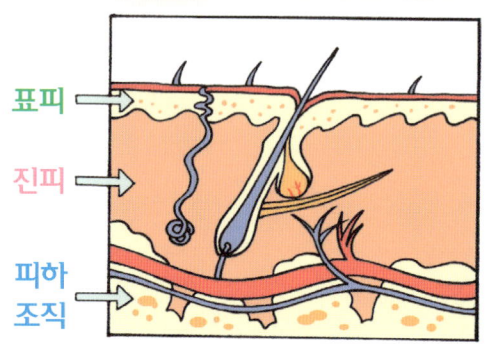

▶ 표피
멜라닌 색소를 형성,
자외선으로부터 피부 보호

▶ 진피
젊은 피부를 지키는 데 중요한
역할을 하는 물을 다량 흡수

▶ 피하 조직
신체의 보온과 에너지 저장 역할

　자외선은 건강한 피부를 만들거나 비타민 C를 만들어 곱사병을 예방하고 살균 작용도 해 주지만 피부색을 검게 만들거나 기미, 주근깨를 짙게 하기도 합니다. 또 피부를 피로하게 할 뿐만 아니라 피부암에 걸리게 할 위험성도 있어요. 또 햇볕에 오래 노출되면 표피 내부의 수분이 줄어들고 피하 지방도 감소하므로 피부의 탄력을 잃게 됩니다. 그것은 곧 주름살을 만드는 원인이 되기도 하죠.

　자외선은 하루 중 오전 10시부터 오후 2시까지가 가장 강합니다. 1년 중에서는 4~8월이 강하고, 특히 5월이 제일 강한 편이랍니다.

　자외선이 강한 날 외출할 때는 반드시 모자, 양산을 쓰거나 자외선 차단제를 바르는 것이 피부암 예방에도 좋답니다.

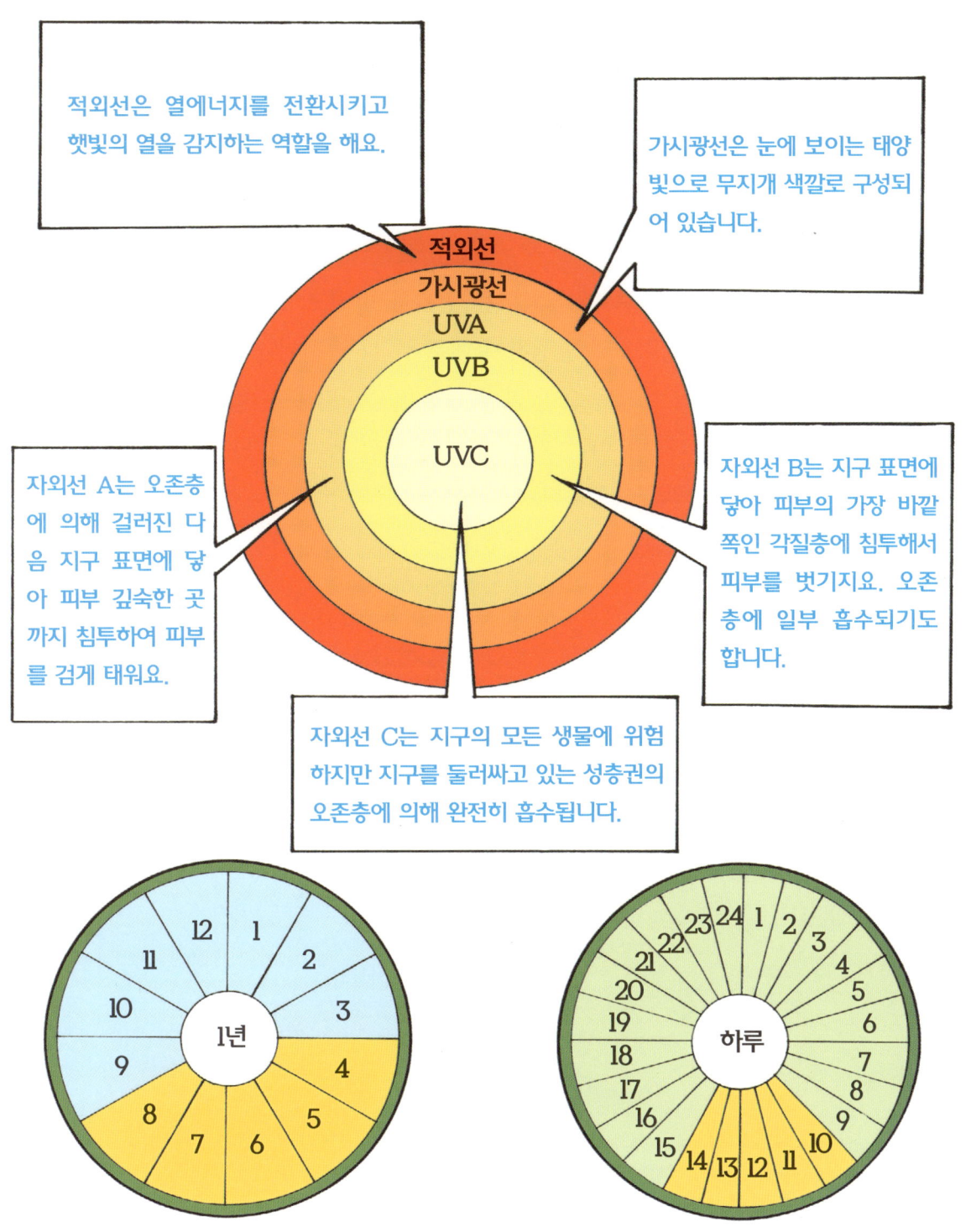

자외선은 1년 중엔 4월에서 8월 경이,
하루 중엔 오전 10시부터 오후 2시까지가
가장 강하답니다.

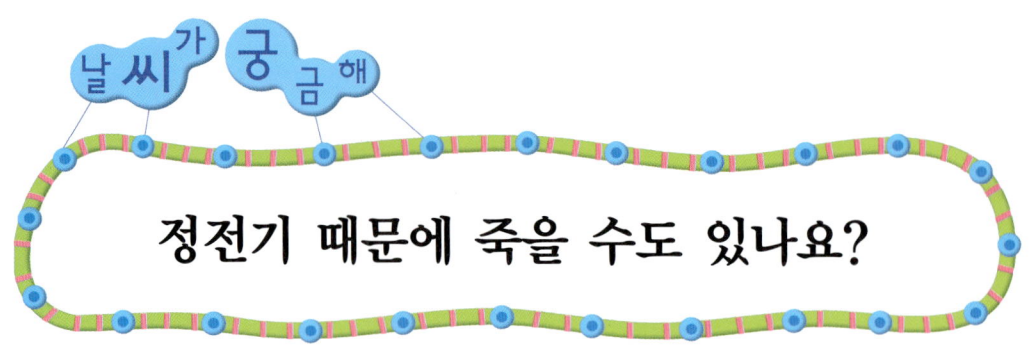

정전기 때문에 죽을 수도 있나요?

정전기는 말 그대로 머물러 있는 전기를 말해요. 서로 다른 두 물체가 마찰할 때 순간적으로 발생하기 때문에 '마찰 전기'라고도 하지요.

정전기 발생의 가장 중요한 환경 요인은 습도랍니다. 습도가 높은 날에는 정전기의 대부분이 물기를 통해 공기로 빠져 나가므로 정전기가 일어나는 일은 극히 드뭅니다.

습도가 65~90%일 때는 1,500V의 정전기만 생기지요.

카펫 위를 걸을 때 무려 35,000V의 정전기가 발생합니다.

아크릴 섬유에서는 10,000~20,000V가 발생합니다.

여성의 나일론 스타킹에서는 3,000V 이상의 정전기가 발생합니다.

따닥 따닥

내 머린 전기 때문이 아니라 원래 뻣뻣해.

불이 귀했을 때 나무와 나무를 이용해 불을 얻은 것도 정전기의 원리랍니다.

　가정에 들어오는 전압이 220V인 점을 생각하면, 정전기가 매우 위험한 것처럼 생각될 거예요. 하지만 정전기 때문에 죽었다는 얘기는 없답니다. 정전기는 전압이 높은 대신 전류가 낮기 때문입니다.
　또 성별, 체질에 따라서도 정전기 발생은 차이가 있어요. 여성보다는 남성이, 뚱뚱한 사람보다는 마른 사람이 정전기에 민감하답니다. 그 이유는 여자나 뚱뚱한 사람은 몸 안에 지방이나 수분이 많기 때문이에요.
　정전기를 피하기 위해서는 털옷이나 실크류보다는 면으로 된 옷을 입는 게 좋아요.
　정전기의 불꽃이 원인이 되어 일어나는 화재도 있어요. 미국에서는 이것을 '미스테리 파이어'라고 부르는데, 1950년대에 미스테리 파이어로 연간 200여 명 이상이 목숨을 잃었다는 보도가 있었어요.

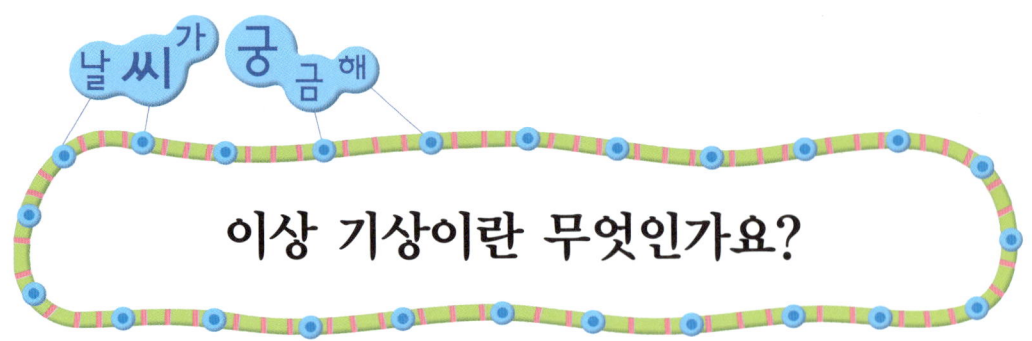

이상 기상이란 무엇인가요?

이상 기상은 일반적으로 과거에 경험한 기상 상태로부터 크게 차이가 나는 기상 현상을 말합니다.

예를 들면 우리나라의 경우, 1972년의 더위는 100년 만에 한 번 있을까 말까한 고온 현상으로, 어느 한 지방에 국한되지 않고 우리나라 전체에서 오랫동안 나타났던 현상이에요.

또 다음 해 2월 하순의 기온은 대단히 낮아서 50~60년 만에 겪는 강추위가 몰려왔습니다. 이처럼 50~100년 정도에 한 번 일어날까 말까한 고온과 저온 현상이 불과 1년 사이에 나타났다면 이는 분명히 이상 기상 현상으로 볼 수 있을 것입니다.

그러나 최근 들어 기상 변화가 심해 1972년에 이어 1990년에도 여름철 기상 관측 이래 보기 드문 찜통 더위가 발생하는 등 이상 기상 발생이 잦아졌습니다.

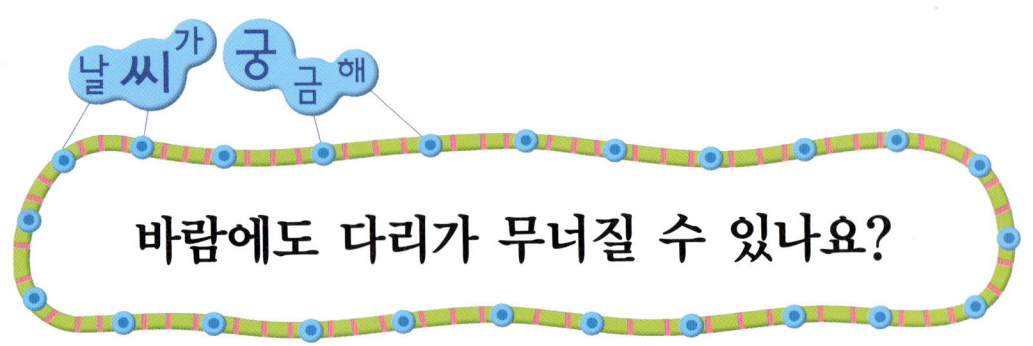

바람에도 다리가 무너질 수 있나요?

바람이 없는 날에도 고층 빌딩 아래에서는 갑자기 바람이 불 때가 있어요. 미국에서는 이런 현상을 '먼로 효과'라고 하는데, 이 이름은 미국의 유명한 여배우 마릴린 먼로에서 유래되었지요. 먼로가 찍은 영화의 장면 중에 지하철 환기통에서 올라온 바람으로 치마가 위로 들리자 치마를 잡아내리는 장면이 있거든요.

고층 건물 사이의 골목이나 모퉁이에서 발생하는 바람은 평지에서 부는 풍속의 2~3배에 해당하는 강풍을 일으키기도 합니다. 그리고 이 바람은 누구도 예측하지 못하지요.

꺄아악!

　고층 건물이 들어서 있는 도시의 골목은 바람이 통과하는 길목이에요. 즉, 고층 건물 아래에서 발생하는 난기류가 원인이 되어 먼로 효과가 일어나지요.

　1879년 12월 28일 스코틀랜드에서 철교가 무너지는 사고가 있었어요. 완공한 지 1년도 채 안 된 철교였는데, 바람을 견디지 못하고 무너졌지요. 또 1940년 미국의 오하이오 주의 타코마 철교가 엿가락처럼 휘면서 끊어졌어요.

　바람은 일정한 속도로 계속해서 부는 것이 아니라 강약이 반복됩니다. 이를 풍식이라고 하는데 풍식이 다리의 진동 주기와 일치하는 순간에는 철교도 무너뜨릴 만큼 강력한 힘을 발휘할 수 있답니다.

왜 우리 동네에만 많은 비가 내리죠?

우리가 말하는 집중 호우란 보통 10-20㎞의 좁은 지역에 짧은 시간 동안에 집중적으로 쏟아지는 일반적으로 1시간에 30㎜ 이상, 하룻동안 100㎜ 이상 내리는 강한 비를 말합니다.

그런데 집중 호우가 내리기 위해서는 급격한 상승 기류가 있어야 하는데 이러한 상승 기류는 태풍이나 저기압에 의해 만들어지기도 하지만 또는 지형에 의해 만들어지기도 합니다.

보통 호우 지역이 100㎢ 영역이 되므로 이 구역에 내린 강수량은 무려 10억 톤이 되므로 이 많은 물이 땅 속에서 스며들지 않고 한 장소로 집중해서 흐르게 되면 어마어마한 양이 됩니다.

따라서 집중 호우가 발생하면 하천 범람 등 홍수가 발생하게 되어 반드시 피해를 입죠.

그렇기 때문에 물을 충분히 저장할 수 있는 댐을 만드는 등 수자원 관리에 힘써야 합니다.

적운 단계
온난 다습한 공기의 강한 상승에 의해 적운이 생기고, 비가 와요.

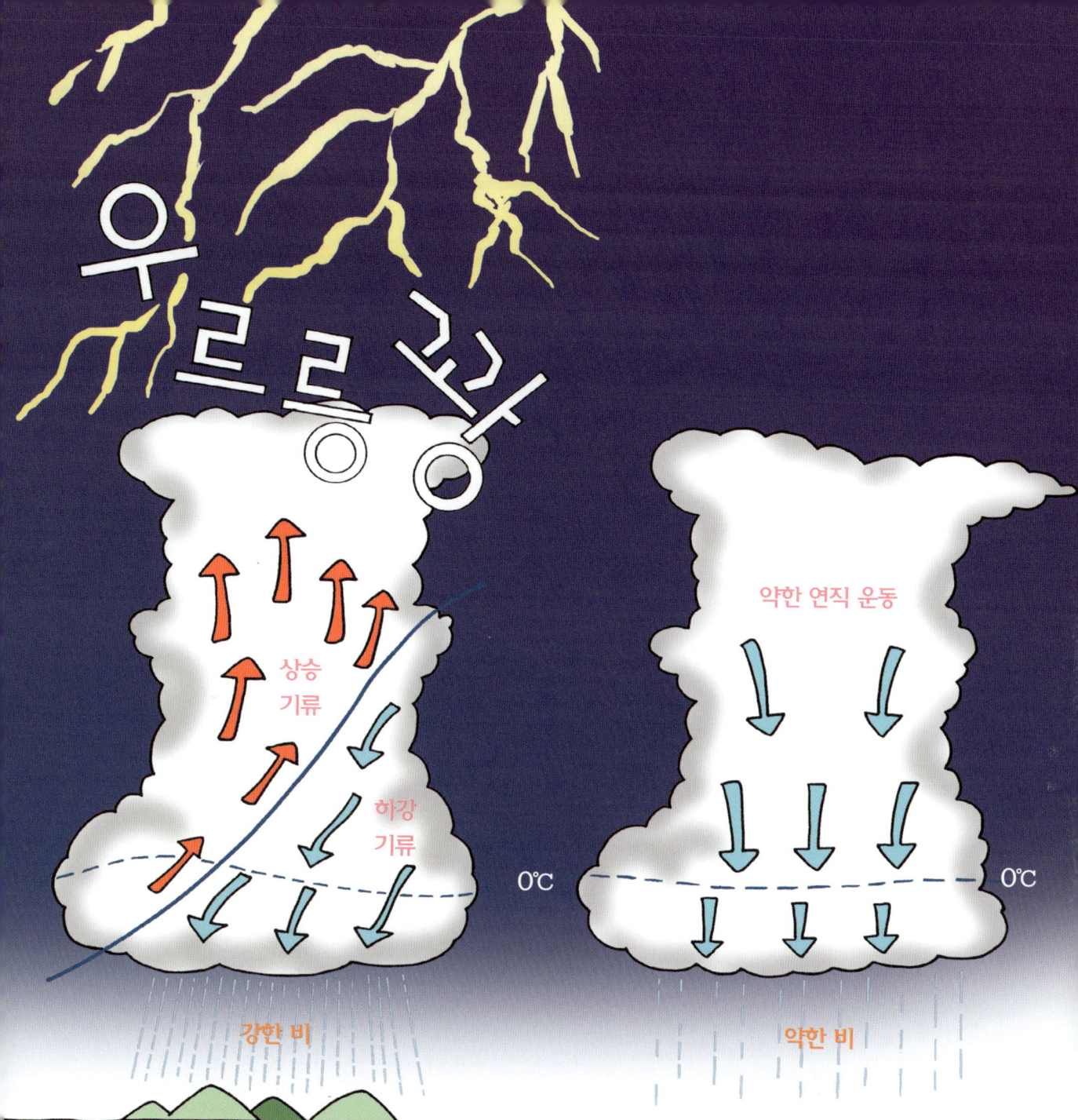

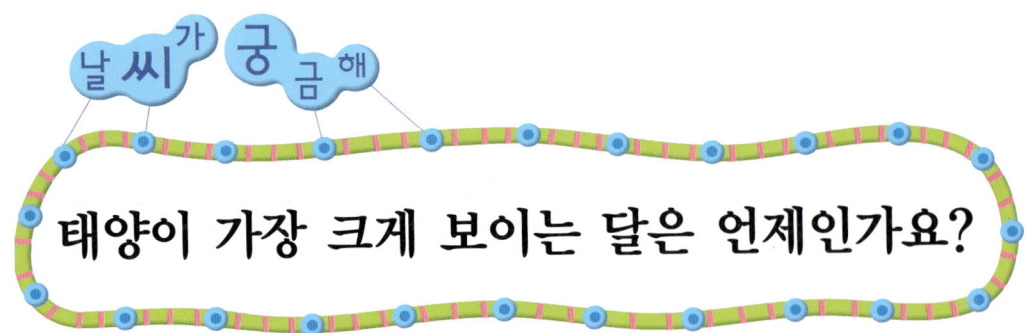

태양이 가장 크게 보이는 달은 언제인가요?

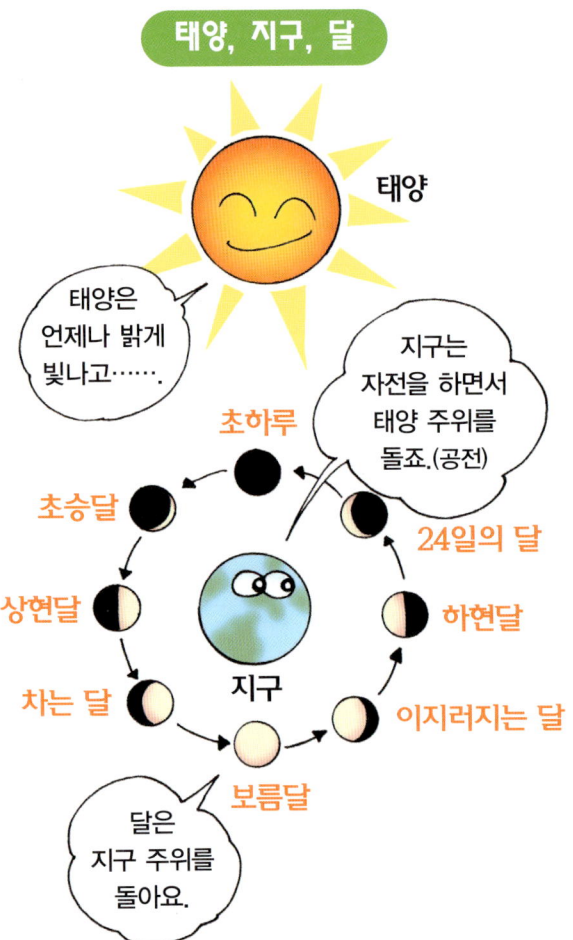

지구는 1월이 되면 태양에 가장 가깝게 접근했다가 차츰 멀어져 7월 초가 되면 가장 먼 지점을 지나갑니다. 지구가 23.5도의 기울기로 태양의 주위를 돌고 있기 때문에 7월의 태양보다 1월의 태양이 더 크게 보이는 것입니다.

지구와 태양이 가장 가까울 때의 거리는 약 1억 4천7백만 km고, 가장 멀 때 거리는 약 1억 5천2백만 km가 됩니다. 음력 정월 대보름날 달맞이를 할 때 보름달이 크게 보이는 것도 바로 이런 이유 때문이에요.

또한 태양과 거리가 가까운 1월에는 지구가 받는 태양열의 양도 7월에 비해 7%쯤 더 많다고 해요. 그런데 태양열을 더 많이 받는데도 1월이 1년 중 가장 추운 것은 무엇 때문일까요? 그것도 지구의 자전축이 공전 궤도의 수직축에 대해 23.5도 비스듬히 기울어져 돌고 있어서, 태양열도 비스듬히 들어오기 때문이랍니다. 반대로 7월에는 태양열을 정면으로 받기 때문에 1월보다 더 덥답니다.

울긋불긋, 단풍은 언제 물드나요?

사계절이 뚜렷한 온대성 기후인 우리나라는 일본, 미국 북동부 등과 함께 단풍이 아름답기로 유명합니다.

이 단풍 소식은 북쪽으로부터 전해집니다. 보통 하루에 약 20km 정도의 속도로 남쪽으로 내려오고, 높은 산에서는 보통 하루에 50m씩 아래로 내려오지요.

식물은 기온이 생육 최저 온도인 5℃ 이하로 떨어지게 되는 시기가 되면 엽록소가 분해되면서 잎 속에 들어 있는 안토시아닌이나 카로틴 등 붉은색이나 노란색 계통의 색소가 나타나기 시작합니다. 이 색소들은 일교차가 크고 습기가 적당하면 더욱 짙어지고 아름다워집니다.

기온차가 심하고 습한 산과 계곡의 단풍이 평지보다 더 아름다운 이유가 여기에 있지요.

산 전체의 약 20%가 물든 때를 단풍 절정기라고 합니다. 그래서 이 때 많은

사람들이 산에 올라 단풍 구경을 하지요. 또 산 정상에서 단풍이 들기 시작해서 약 100m 내려오려면 이틀 정도 걸립니다. 산 높이가 1,500m 라면 산꼭대기에서 물들기 시작한 단풍은 평지까지 내려오려면 약 한 달 정도 걸린답니다.

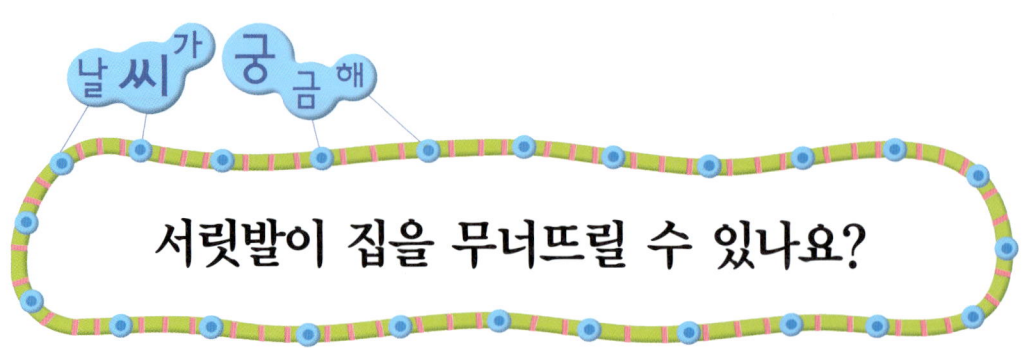

서릿발이 집을 무너뜨릴 수 있나요?

공기 중의 수증기가 지표면이나 풀포기에 얼어붙어 생기는 서리나 수증기가 유리나 벽에 얼어붙은 성에와는 달리, 서릿발은 땅 자체가 얼어 부피가 늘어나는 현상입니다.

우리나라에는 중부 지방 이북에서 겨울이면 볼 수 있는데, 땅이 50㎝ 이상 떠오를 때 집을 무너뜨리기도 하고 철로를 휘게 하기도 하죠. 물이 얼면 부피가 커져서 수도관이 터지는 것과 같은 이치예요. 수많은 얼음 기둥이 흙덩어리를 머리에 이고 올라오는 모양이 우산을 닮았다고 해서 '흙우산'이라고 부르기도 합니다.

서릿발은 농작물에 심각한 피해를 입히기도 해요.

하지만 눈은 보온 작용을 해 주므로 눈이 많이 오는 해는 풍년이 든다고 해요.

중부 지방은 땅이 40㎝ 가까이 얼 때가 많은데 한겨울에는 50~700㎝ 깊이까지 얼기 때문에 상하수도관을 묻을 때, 1m 이상 땅을 파고 묻어야 안심할 수가 있다고 하네요.

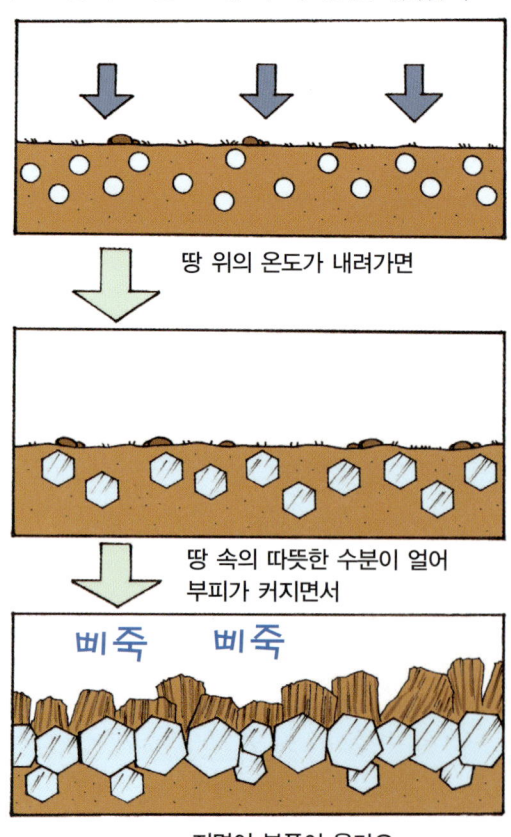

땅 위의 온도가 내려가면

땅 속의 따뜻한 수분이 얼어 부피가 커지면서

삐죽   삐죽

지면이 부풀어 올라요.

구름은 얼마나 많은 물을 가지고 있나요?

구름이 갖고 있는 물의 양은 구름의 종류에 따라 다르지만, 비를 내리게 하는 구름의 경우는 대개 1m³당 약 1~2g의 물을 머금고 있다고 합니다. 이 정도는 아주 미미한 양인 것 같지만, 부피가 3km³이고 높이가 6km쯤 되는 일반적인 소나기구름이 갖고 있는 물의 양을 계산해 보면, 약 1만8천 t(톤)이나 됩니다. 이것은 드럼통 9만 개를 가득 채울 수 있는 엄청난 양이죠.

강우량이 1mm라고 해도 1m²의 넓이의 땅에서는 1ℓ(리터)가 되고, 200m² 넓이에서는 200ℓ, 즉 한 드럼통의 양이기 때문인데, 그 넓이가 차츰 1,000m²나 몇십만 km²가 되면 그 양은 계산하기도 어려울 정도의 많은 물이 되죠.

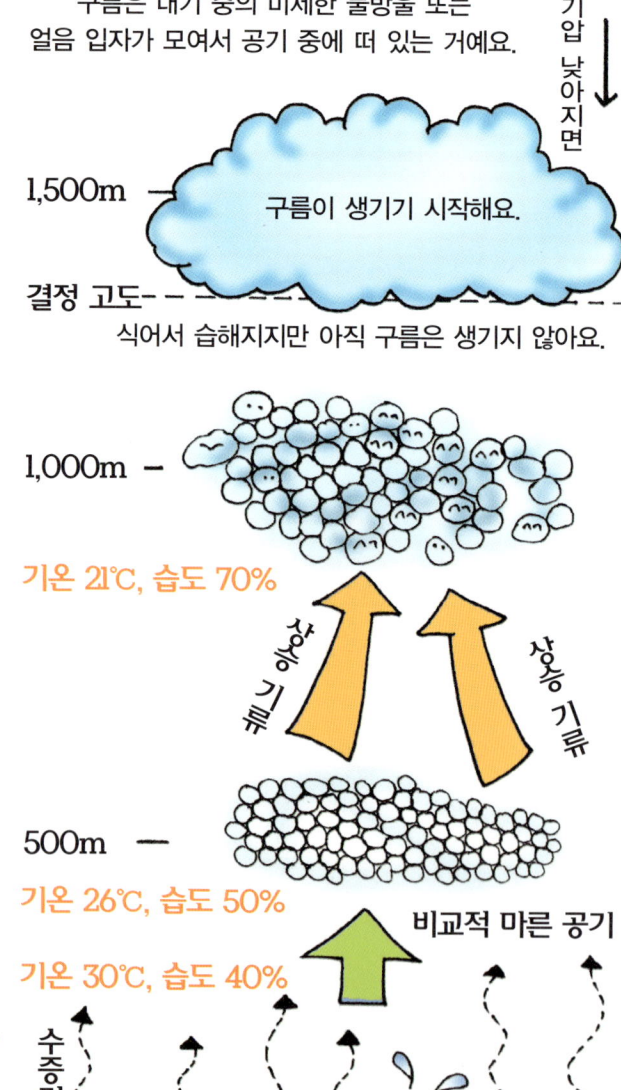

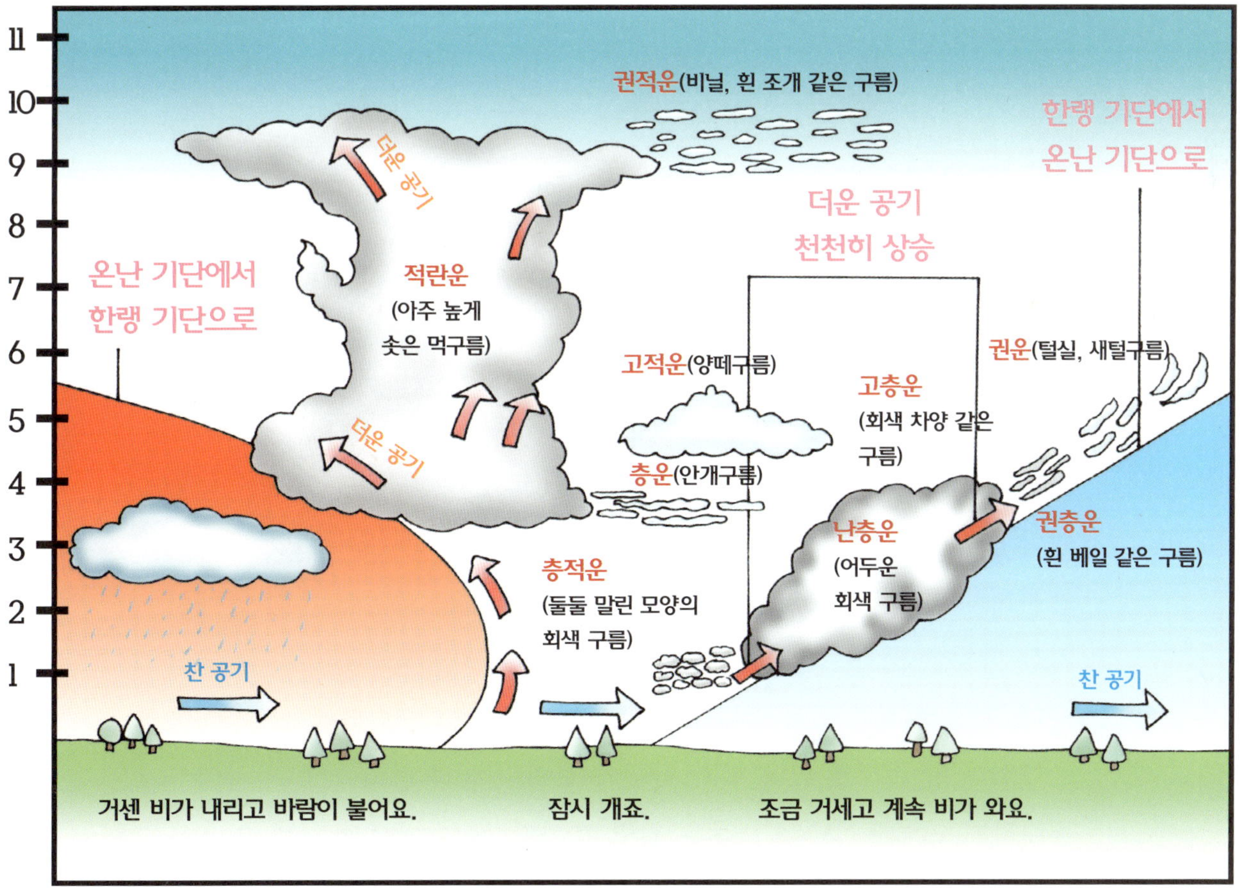

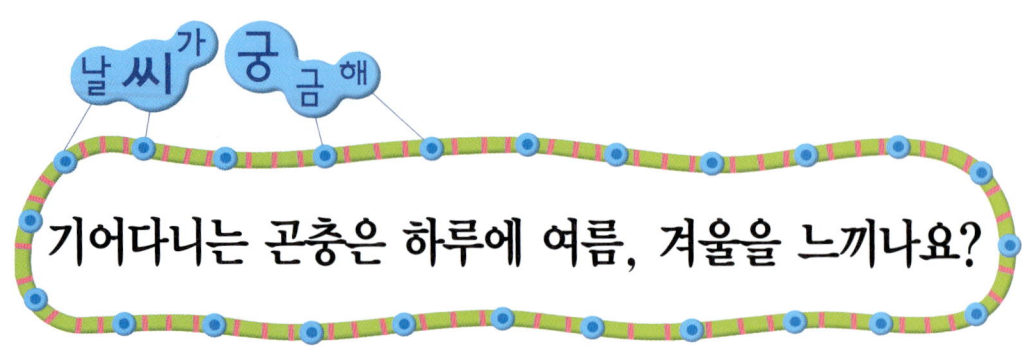

기어다니는 곤충은 하루에 여름, 겨울을 느끼나요?

두 발로 걸어다니는 사람과 네 발로 다니는 개나 고양이가 느끼는 기온, 땅 위를 기어다니는 곤충들이 느끼는 기온에는 차이가 있습니다. 한낮의 기온이 15℃일 때 지표면은 이보다 10℃쯤 높은 25℃가 됩니다. 그렇기 때문에 땅 위를 기어다니는 곤충들은 한여름에 생활하는 것 같겠지요. 반대로 밤이 되면 지표면의 온도는 지상 1.5m에서 측정할 때보다 10℃ 이상 떨어지기 때문에 추운 겨울에 생활하는 것과 같을 거예요.

우리가 온대 기후를 느끼고 있을 때 기어다니는 동물들은 한대부터 열대까지 기온의 변화를 겪으면서 생활하고 있는 거예요. 그래서 동물이나 곤충은 기온 변화에 민감하게 적응하면서 살고 있답니다.

특히 기온 변화에 가장 민감하게 적응하며 사는 고양이는 집 안에서 가장 따뜻한 곳과 서늘한 곳을 정확하게 찾아 내어 그 곳에서 잠을 잡니다. 가장 쾌적한 곳을 알아보려면 고양이를 따라가면 되죠.

그런데 땅 속으로 굴을 파고 들어가 보면 지상과 달리 계절의 차이가 뚜렷하지 않아요. 서울의 경우 월별로 가장 높은 기온과 낮은 기온을 비교해 보면 30℃쯤 차이가 있지만, 지하 5m에서는 불과 5℃ 정도밖에 차이가 안 나거든요. 그러므로 지하의 깊은 곳에서 일을 하는 사람들은 기온의 변화를 잘 느끼지 못합니다.

더우니까 여름이지.

에구, 더워라!

무슨 소리! 바닥이 너무 뜨거워서 익어 버릴 것 같다구.

내가 더 더울걸, 집에 가고 싶어.

봄, 여름, 가을, 겨울이라……, 그게 뭐지? 먹을 건가?

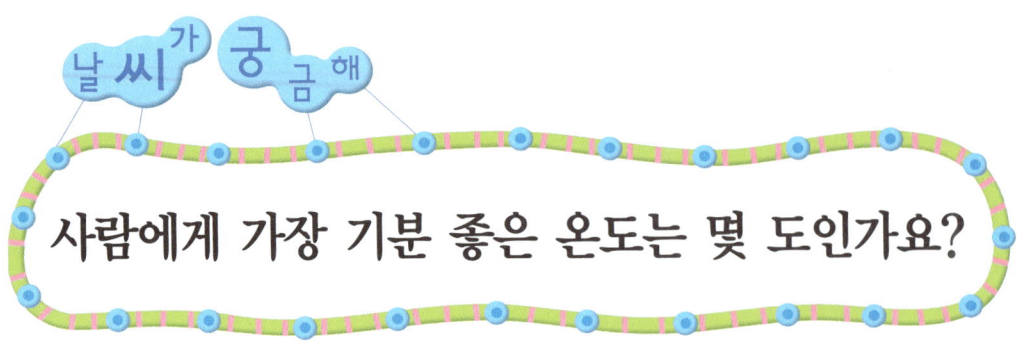

사람에게 가장 기분 좋은 온도는 몇 도인가요?

남극이나 북극처럼 추운 곳이 있는가 하면, 아프리카처럼 아주 더운 곳이 있기도 해요. 그런 곳에서 생활하는 건 무척 힘들지요.

사람이 가장 쾌적하게 느끼는 온도는 21°C로 이 때가 가장 혈액 순환이 활발하고 활동하기에 좋습니다.

습도는 60~65%일 때가 활동하기에 제일 좋아요.

실내 온도 20~26℃일 때 쾌적함을 느끼죠.

19℃ 이하가 되면 추위를,

30℃ 이상이 되면 더위를 느낀답니다.

　또한 기압은 우리가 보통 1기압에서 오랫동안 생활해 왔기 때문에 우리의 신체는 여기에 적응되어 있습니다.
　최근 우리나라 사람들은 생활의 편리함 때문에 단독 주택보다는 아파트를 좋아하죠. 그러나 고층 아파트는 높이 올라갈수록 기압이 낮아지기 때문에 고혈압 환자에게는 좋지 않습니다.
　또 상대 습도가 30% 이하거나 80% 이상이면 좋지 않아요. 몸이 느끼는 감각과의 관계를 보면, 실내 온도가 20~26℃일 때 쾌적함을 느끼고, 19℃ 이하가 되면 추위를 느끼죠. 30℃ 이상이 되면 더위를 느끼게 된답니다.

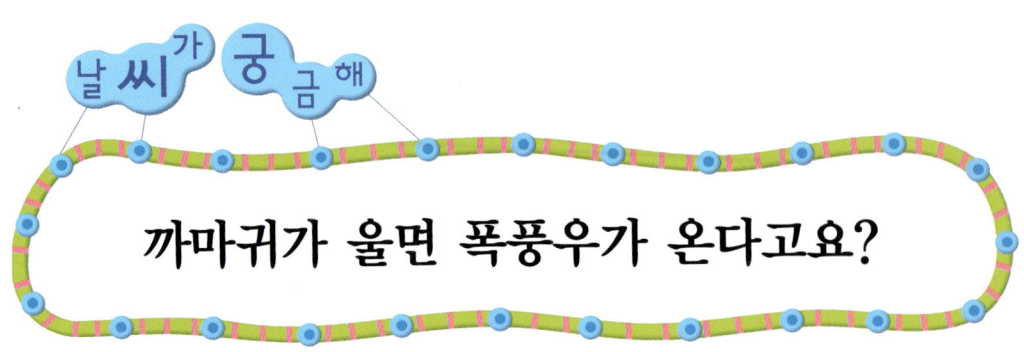

까마귀가 울면 폭풍우가 온다고요?

동물들이 날씨에 따라 여러 가지 다른 행동을 하는 것을 본 적이 있을 거예요.

사람들은 돼지가 불안해서 우리를 뛰어다니면 폭풍우가 곧 올 것이라고 생각하고, 들쥐들이 집 안으로 몰려들면 비가 올 징조라고 믿습니다. 또 황소가 웅크리고 앉아서 풀을 뜯고 있으면 비가 올 징조라고 믿지요.

꿀벌들이 밖으로 나가지 않고 집 안에서 생활을 하면 곧 뇌우(번개, 천둥, 돌풍 따위와 함께 내리는 비)가 칠 징조래요.

맑은 날에는 거머리가 유리병 밑바닥에서 몸을 움츠리고 있다가, 비가 올 때가 되면 병 주둥이까지 올라옵니다. 그리고 바람이 불면 민첩하게 움직이지요.

까마귀가 시끄럽게 울면 폭풍우가 올 징조예요. 저기압의 접근으로 습하고 무더운 날이면 불쾌해서 소란을 피우는 거랍니다.

비둘기가 울면 비가 올 징조고, 까치가 울면 맑을 징조래요. 또 제비가 땅 가까이로 날면 비가 올 징조입니다. 비가 올 듯하면 날벌레들은 그것을 알아차리고 낮은 곳으로만 다니기 때문에 제비도 그 벌레들을 잡아먹기 위해서 땅에 닿을 만큼 낮게 나는 거예요.

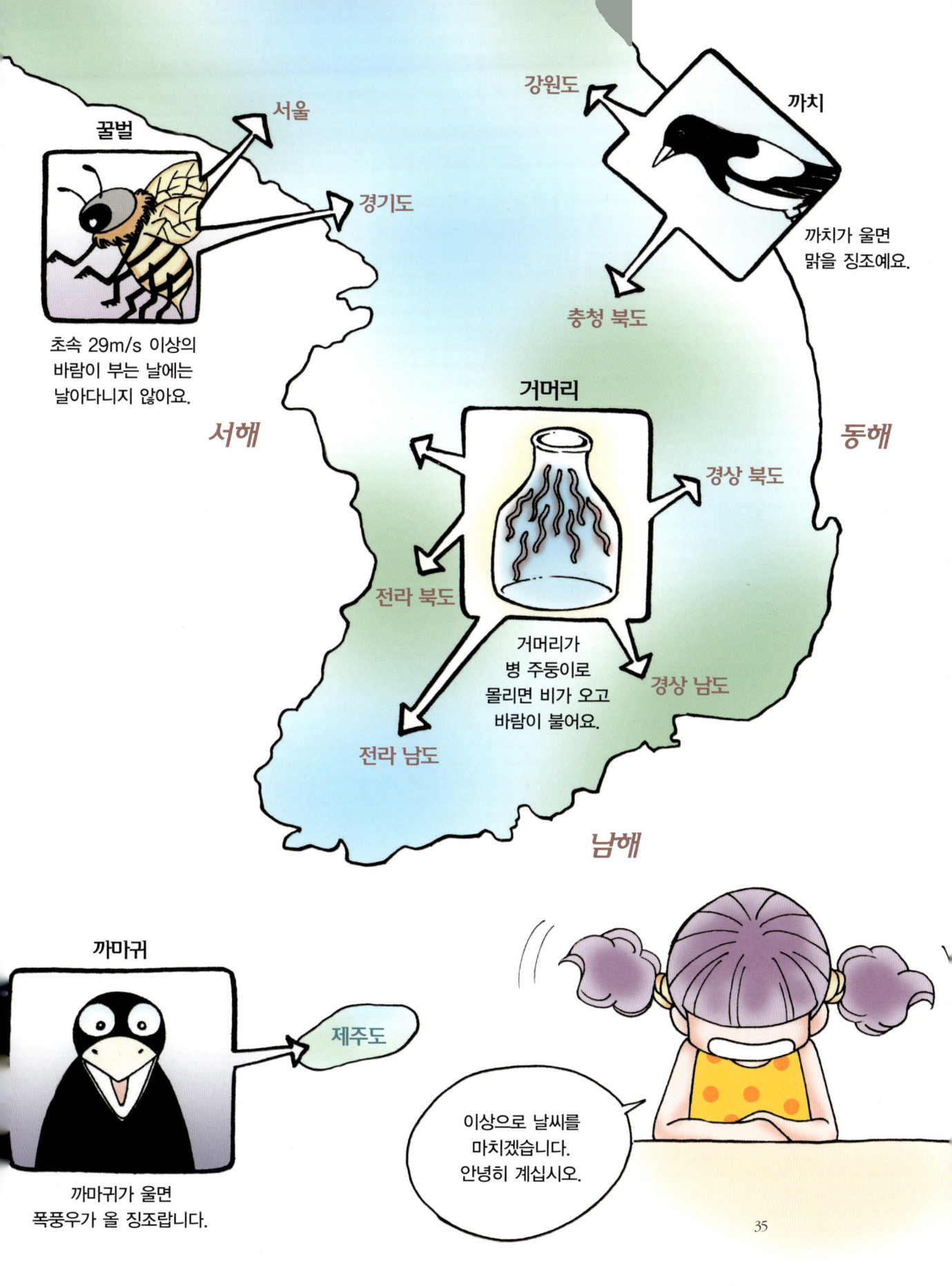

치마 길이에 따라 느끼는 온도가 다른가요?

　기온이 0℃일 때 미니스커트를 입은 여자들이 느끼는 체감 온도는 영하 2℃라고 하고, 반대로 긴 바지를 입으면 체감 온도는 4℃ 이상이 된다고 합니다. 즉 미니스커트를 입었을 때는 긴 바지보다 체감 온도에서 6℃ 이상 차이가 나는 셈이지요. 치마 길이가 2㎝ 오를 때마다 체감 온도가 0.5℃씩 낮아진다고 합니다.

　미니스커트를 입은 여자들이 추위를 덜 느끼려면 열을 낼 수 있는 음식을 충분히 먹어야 합니다. 추위로 빼앗기는 열량을 보충해 주어야 하니까요.

그리고 두뇌 활동이 활발해지는 기온이 있어요. 약 4.4℃죠. 실험 결과에 의하면 이 때가 성적이 가장 좋고, 그보다 더 추우면 성적이 떨어지고, 그보다 더 따뜻해도 성적이 서서히 내려가는데, 약 21℃가 넘으면 급속히 떨어진다고 하네요.

우리나라의 추위가 호수 때문이라고요?

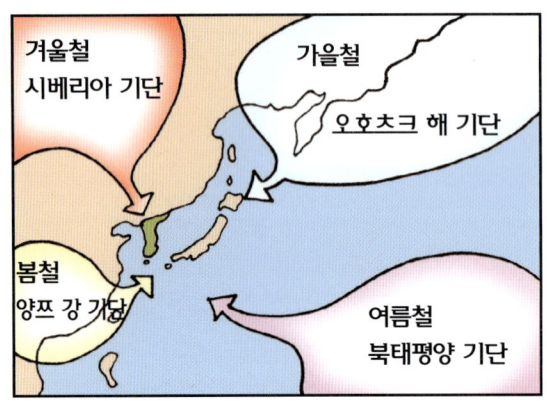

▷ 양쯔 강 기단 - 따뜻하고 건조하죠.
▷ 북태평양 기단 - 덥고 습기가 많아요.
▷ 오호츠크 해 기단 - 차고 습기가 많죠.
▷ 시베리아 기단 - 차고 건조해요.

우리나라의 추위는 바이칼 호 주변에서 발생한 시베리아 고기압이 겨울의 편서풍을 타고 오게 됩니다.

세계 최대 담수호인 바이칼 호는 수심이 최고 1,200m고, 1년 중 4~5개월은 계속 얼어 있어요.

그러나 호수의 온도는 오히려 주변보다 따뜻해 기압차에 의한 강풍을 만들어 내기도 해요.

바이칼 호의 기온이 주변보다 높은 겨울에는 시베리아 북쪽에서 이 호수로 밀리는 강풍이 극동 쪽으로 몰려와서 우리는 한파에 시달리게 됩니다.

2000년 1월 중순께 한반도에 몰아쳤던 몇 십 년만의 강추위도 바로 바이칼 호에서 발생한 고기압의 확장인 것입니다.

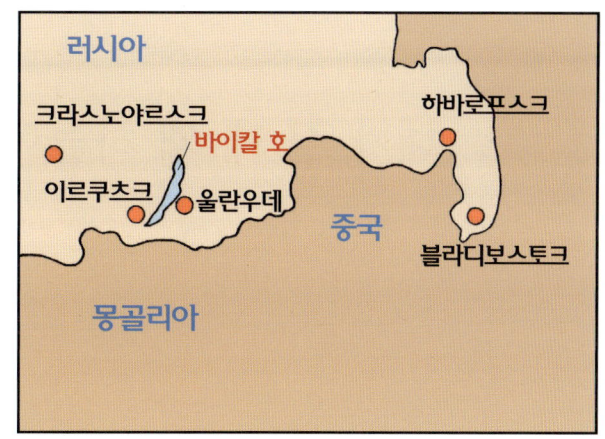

한파는 러시아의 바이칼 호 주변에서 발생한 시베리아 고기압이 겨울의 편서풍을 타고 우리나라로 불어 오는 바람이죠.

내 이름은 바이칼 호, 초승달처럼 생겼단다.

길이 636km, 최대 너비 79km, 면적 31,500km², 가장 깊은 곳은 1,742m로 세계에서 가장 깊은 호수지.

이러한 기압차 때문에 강풍을 만들어 내기도 하는데 이 때 북동풍이 불면 한국은 한파를 맞게 되는 거란다.

수면이 해발 454m여서 1년 중 4~5개월은 계속 얼어 있단다.

그러나 워낙 많은 물을 담고 있기 때문에 주변보다 겨울엔 따뜻하고 여름엔 시원하지.

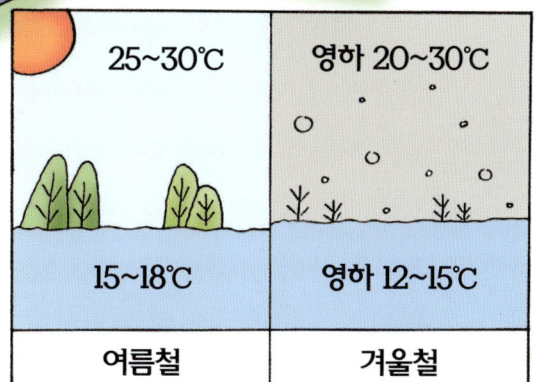

해가 질 때 왜 하늘이 빨개지나요?

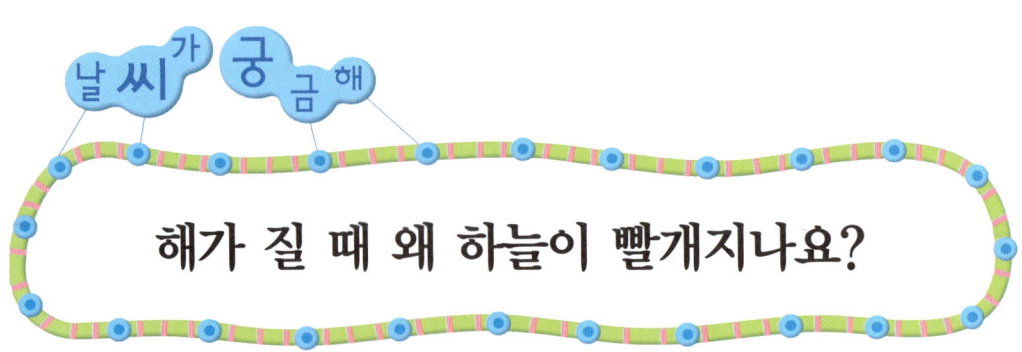

해가 질 때 구름이 끼어 있으면 더 아름다워요. 구름 속에 있는 물방울이 빛을 반사하여 색깔에 변화를 주기 때문이랍니다. 이처럼 해가 질 무렵, 서쪽 하늘이 붉게 물드는 이유는 대기 중에 떠 있는 불순물이 대기 중의 입자들이 빛을 산란시키기 때문이지요. 부드럽고 온화한 노을빛은 해가 진 후에도 얼마 동안은 남아 있는 거예요.

물이 담긴 유리 컵에 빛을 통과시켜 보면 무지개와 같은 몇 가지 색깔이 나타나는 것을 볼 수가 있는데, 공기 중의 물방울도 태양이 일정한 각도에서 비치면 이와 똑같은 작용을 한답니다.

빛이 직선으로 온다고
생각한다면
"땡!"
빛은 파도와 같은 성질이 있어요.

눈에 보이는 빛에서는
붉은색 파장이 가장 길어요.

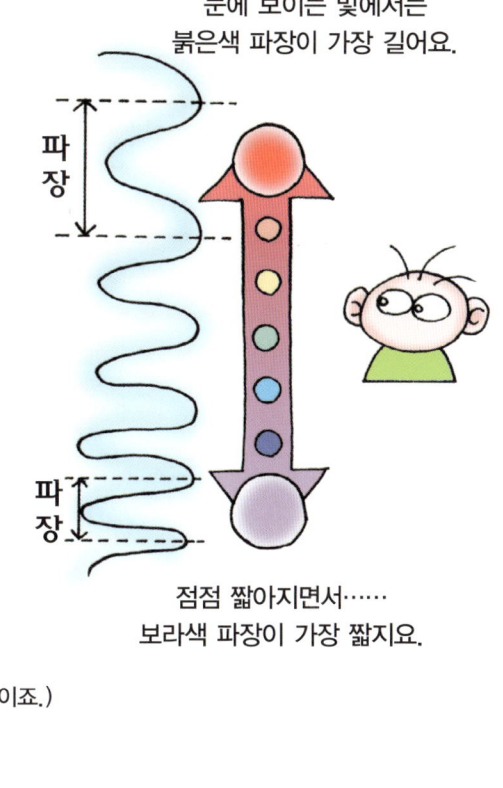

점점 짧아지면서……
보라색 파장이 가장 짧지요.

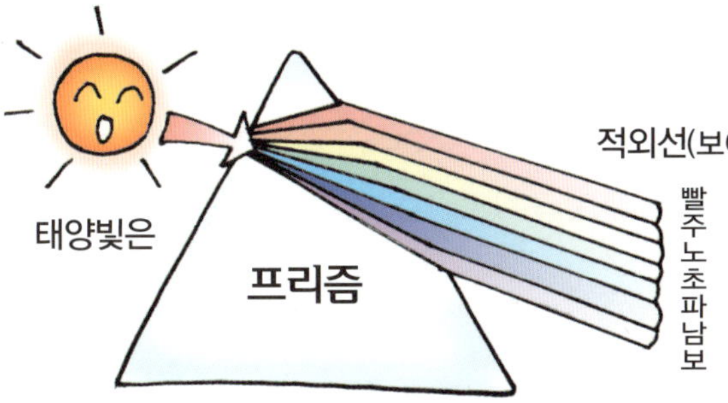

태양빛은

프리즘

삼각 기둥 모양의 유리

적외선(보이지 않아요.)

빨주노초파남보

가시 광선(보이죠.)

자외선(보이지 않아요.)

프리즘을 통과하면 일곱 빛깔 무지개색으로 나누어져요.

저녁 무렵의 태양 광선은 대기를 통과하는 거리가 낮보다 훨씬 길죠.

파란색이나 보라색은
대기 중의 티끌에
의해 쉽게
흩어져요.

오늘도 하루가
가는구나,

붉은빛은 끝까지 도달해요.

날씨를 알면 전쟁도 이긴다고요?

기상은 전쟁의 승패를 좌우할 정도로 아주 중요해요.

세계 제2차 세계 대전 중인 1945년 3월 10일 밤, 미국의 전투기 약 300대가 도쿄에 2천 t의 폭탄을 쏟아부어서 큰 화재가 발생했답니다. 이 때 36만 채의 집이 타 버렸고, 10만 명이 넘는 인명 피해가 발생했어요. 이 날의 기압 배치는 건조한 강풍이 유발되는 서고동저형이었습니다. 서고동저형이란 기압이 서쪽은 높고 동쪽은 낮다는 뜻으로, 이런 날은 화재가 일어나기 쉽고 불이 번지는 것이 빨라 큰 화재로 이어지죠. 미국은 이것을 이용해 공습한 것이지요.

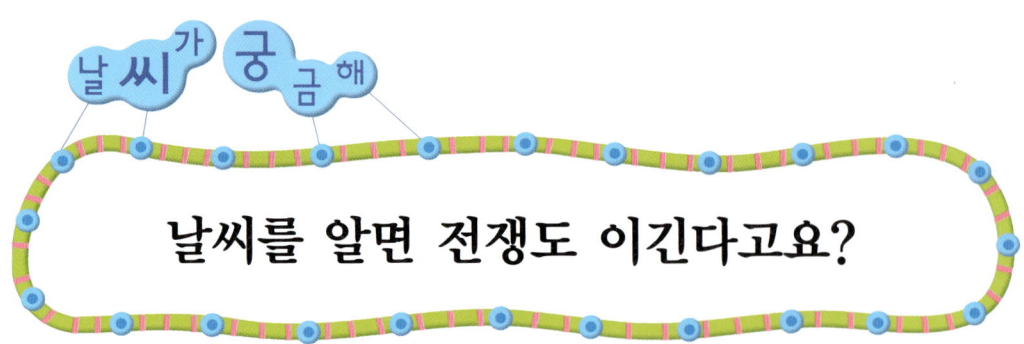

서고동저 기압 배치도

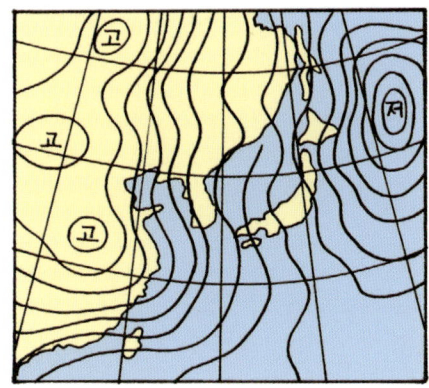

겨울철 계절풍의 방향

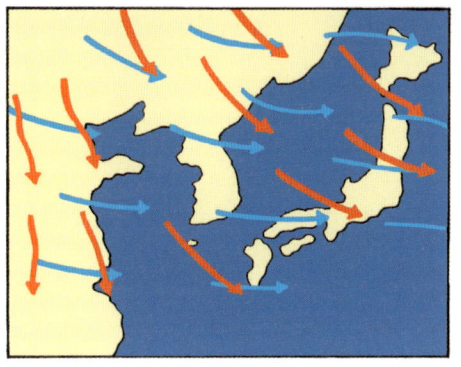

▷ 건조한 북서 계절풍이 불죠.

▷ 삼한사온의 날씨를 보이죠.

　1941년, 독일이 소련과의 전쟁에서 패배한 후 독일 장군은 그 원인이 러시아의 군대에 있지 않고, 기온이 -45℃까지 내려간 혹한 때문이었다고 말했답니다.

　서고동저형은 우리나라 겨울철의 대표적인 기압 배치예요. 북서 계절풍이 강하게 불고, 기온이 갑자기 내려가며, 서해안 지방은 눈이 오기도 합니다.

　이런 현상은 기상 통보시에 자주 언급되죠. 보통 이러한 기압 배치에서 추위는 3일 정도 계속되며, 그 후 4일간은 따뜻해지죠. 이것을 삼한사온 현상이라고 합니다.

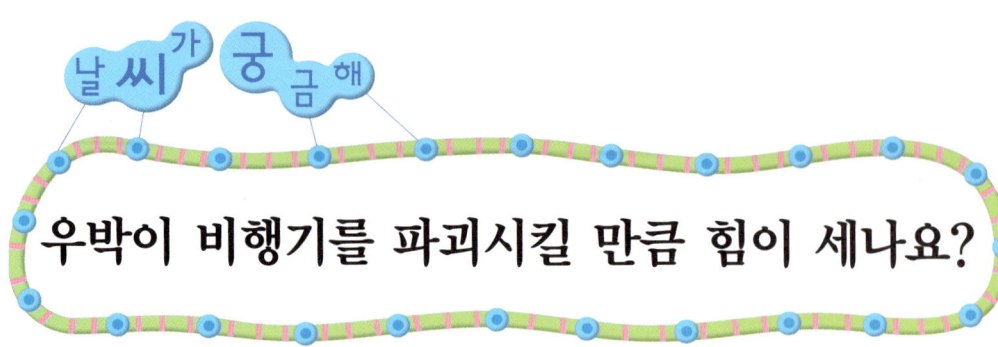

우박이 비행기를 파괴시킬 만큼 힘이 세나요?

우박은 주로 소나기구름 속에서 만들어진 지름 5㎜ 이상의 얼음덩어리입니다. 우박은 대개 둥근 모양을 하고 있으며 밑이 비교적 매끄럽지요. 위쪽에는 돌기가 많이 달라붙어 울퉁불퉁한 모양을 하고 있습니다.

우박은 구름 속의 작은 얼음 알갱이들이 커져서 생기는 것으로 큰 우박을 쪼개 보면 흰 층과 투명한 층이 교대로 쌓여 있어요. 또 속과 겉이 바뀐 듯한 구조를 하고 있는 경우가 많습니다.

이것은 우박이 기온이 높은 곳에 있으면 녹고 다시 위로 올라가면 얼고, 그것이 다시 떨어지면서 녹고……. 이런 일이 여러 번 반복되면서 우박의 모양이 만들어진 것입니다.

우박은 매우 좁은 면적에 내리고, 떨어지는 속도가 빠른데, 직경 1㎝일 때 초속 14m/s입니다. 만약, 3㎞ 위에 있는 구름에서 우박이 떨어진다고 한다면 몇 분 안에 지면에 도달하게 되지요.

우박은 초여름에 주로 내리지만 가끔은 가을에 내릴 때도 있어요. 겨울에는 공기 중에 수증기가 적어서 큰 우박이 생길 수 없지요. 한여름은 기온이 높아서 우박이 생겨도 내리는 과정에서 녹아 버리기 때문에 볼 수가 없답니다.

우박이 내리면 피해가 큰데 농작물이 엉망이 되기도 하고 직접 맞으면 상처를 입거나 심하면 생명을 잃을 수도 있어요. 우리나라에서도 큰 우박에 맞아 사람과 소가 죽었다는 기록이 있어요. 항공기가 우박을 맞아 파괴된 적도 있답니다. 우박이 지상에 20㎝ 이상이나 쌓인 때도 있었습니다.

우박이 만들어지는 과정

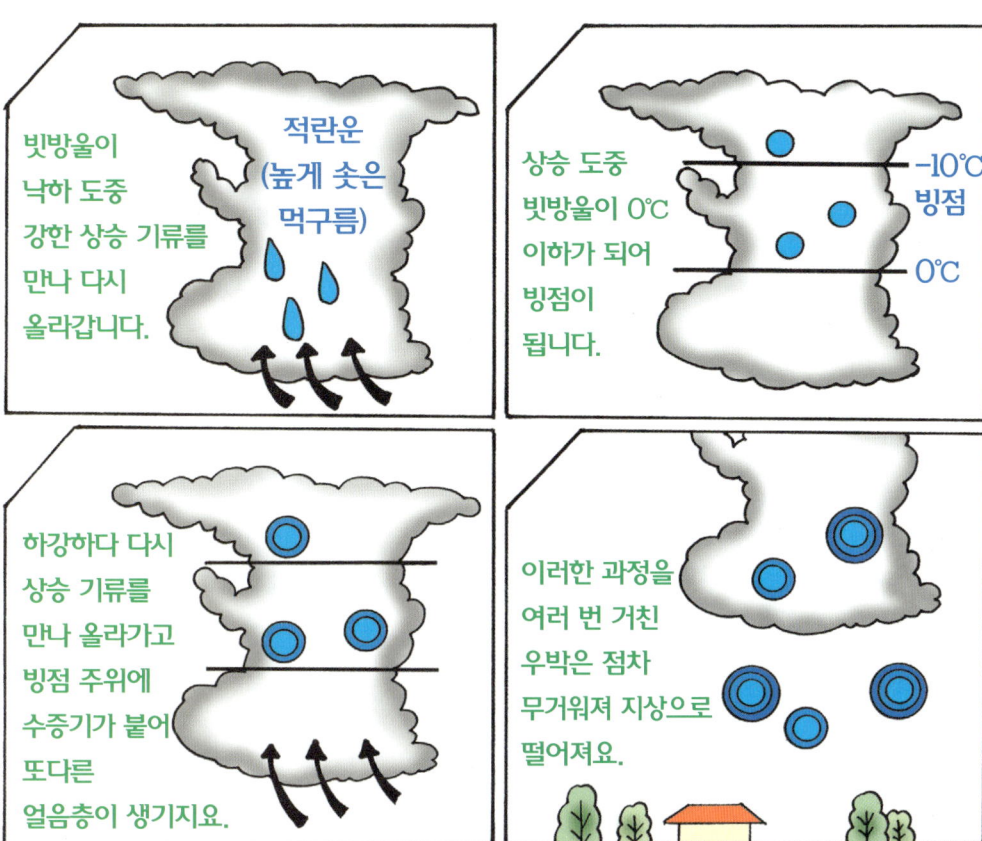

빗방울이 낙하 도중 강한 상승 기류를 만나 다시 올라갑니다.

적란운 (높게 솟은 먹구름)

상승 도중 빗방울이 0℃ 이하가 되어 빙점이 됩니다.

−10℃ 빙점
0℃

하강하다 다시 상승 기류를 만나 올라가고 빙점 주위에 수증기가 붙어 또다른 얼음층이 생기지요.

이러한 과정을 여러 번 거친 우박은 점차 무거워져 지상으로 떨어져요.

 우박 의 이동 속도는 시속 40km/h 정도고 한 곳에서 10분 정도 내리죠.

농작물에 피해를 주며

가축이 죽거나

집 또는 비행기 등을 파손하기도 해요.

날씨가 궁금해

바람이 불면 왜 더 추운가요?

추위나 더위 등 피부로 느끼는 체감 온도는 단순히 기온이 높고 낮음 때문만이 아닙니다. 몸에서 빼앗기는 열이 바람이나 습도, 햇볕 등에 따라 다르기 때문에 체감 온도는 깊은 관계가 있죠.

일반적으로 따뜻한 곳이나 여름철에는 바람의 속도보다는 습도나 햇볕의 영향이 크고 추운 곳이나 겨울은 바람의 속도가 큰 영향을 줍니다. 체감 온도는 풍속이 초속 1m/s 증가할 때마다 약 1~1.5℃ 가량 낮아지는 것이 보통입니다.

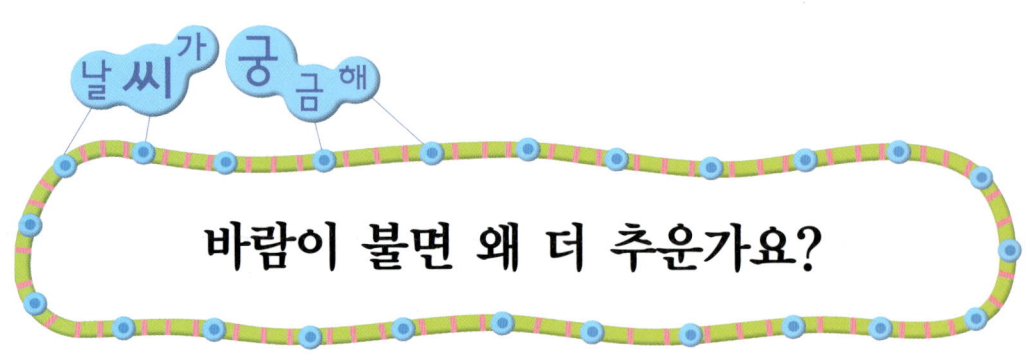

예를 든다면 밤 기온은 -20℃이고, 초속 20m/s의 강한 바람이 불고 있다면 체감 온도는 약 -40℃가 되어 체온의 손실은 예상 외로 커지게 되지요.

그러므로 추운 겨울, 바람이 불면 더 춥게 느껴지는 것은 우리 몸 가까이에 있는 데워진 공기층을 바람이 몰고 가 버리고 그 자리에 찬 공기가 채워지기 때문이에요. 이 때 바람이 셀수록 우리들의 몸에 닿는 찬 공기의 양은 많아지고 이에 따라 우리 몸에서 빼앗기는 열의 양도 많아지므로 더욱 춥게 느껴지는 것이죠.

또한 우리 피부는 숨구멍을 통해 수분을 증발시키는데 액체가 증발하려면 열이 있어야 해요. 공기가 움직이지 않는다면 몸에서 나온 열을 천천히 빼앗기므로 그만큼 추위를 덜 느끼지만 바람이 불게 되면 몸 주위의 공기를 재빨리 쫓아 내므로 추위를 더 느끼게 되는 것입니다.

찬 공기

우리의 피부는 추운 공기 속에서도 항상 수분을 증발합니다.

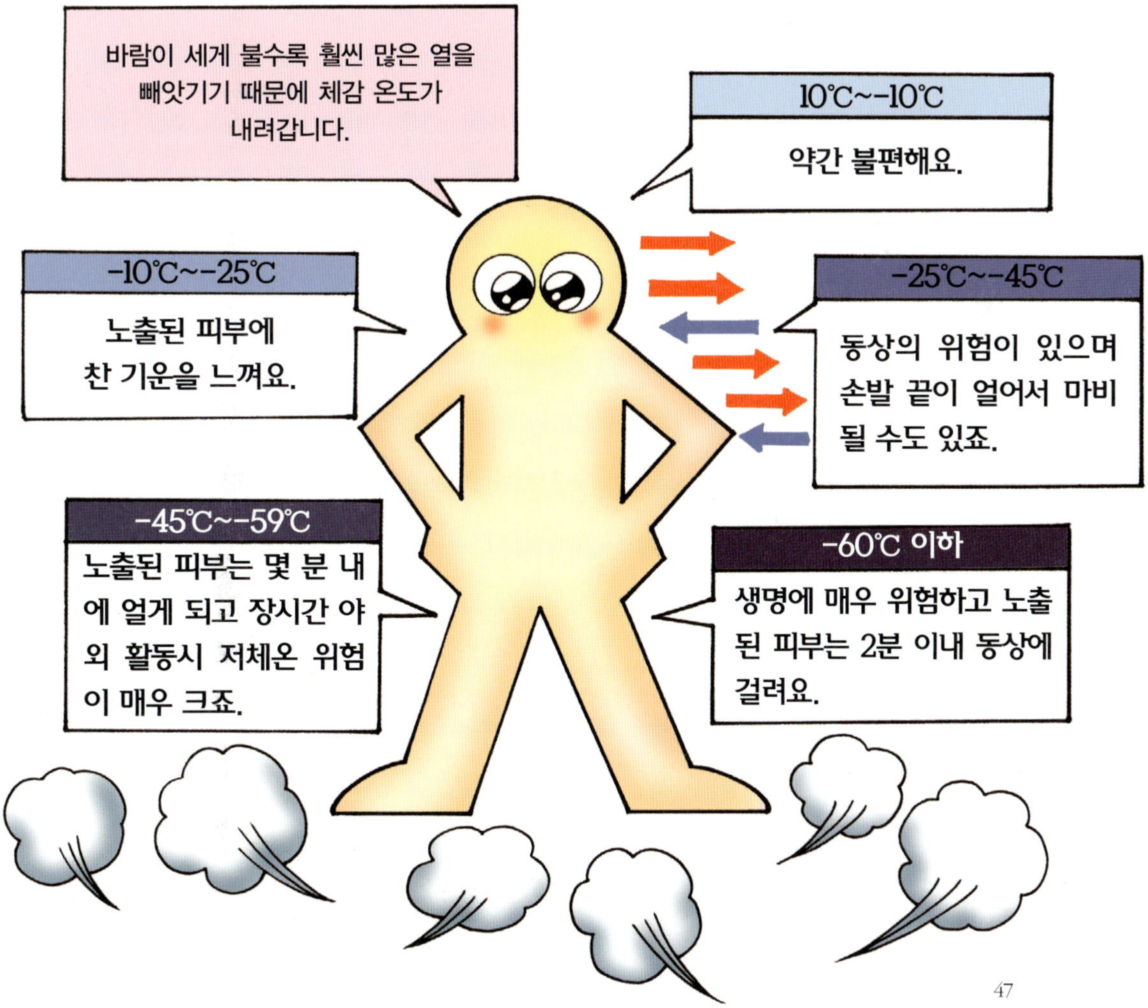

바람이 세게 불수록 훨씬 많은 열을 빼앗기기 때문에 체감 온도가 내려갑니다.

10℃~-10℃
약간 불편해요.

-10℃~-25℃
노출된 피부에 찬 기운을 느껴요.

-25℃~-45℃
동상의 위험이 있으며 손발 끝이 얼어서 마비될 수도 있죠.

-45℃~-59℃
노출된 피부는 몇 분 내에 얼게 되고 장시간 야외 활동시 저체온 위험이 매우 크죠.

-60℃ 이하
생명에 매우 위험하고 노출된 피부는 2분 이내 동상에 걸려요.

사람들은 더위를 얼마만큼 견딜 수 있나요?

기온이 18℃가 될 때부터 우리 몸에서는 땀이 분비되요. 이 때의 수분은 곧 공기 중으로 증발해 버리기 때문에 사람들은 더운 줄 모르고 지내죠.

그러나 온도가 올라갈수록 수분의 분비량도 많아지는데, 습도가 높으면 높을수록 수분의 증발이 점점 늦어지면서 결국은 수분의 증발이 중지되고 맙니다. 이 때 피부의 표면에 남게 되는 것이 바로 땀인데, 이 때 더위를 느끼게 되지요.

무더위와 습도와의 관계를 조사해 본 바에 따르면 기온이 32℃, 습도가 96%가 되면 가만히 있어도 땀이 나지만, 습도가 48%로 낮아지면 35℃의 더위가 되어야 땀이 난다고 해요. 따라서 기온이 높더라도 습도가 낮을 경우에는 참을 수 있다는 거죠. 실제로 100℃가 훨씬 넘는 사우나에서는 건조하기 때문에 견딜 수 있지만, 약 60℃의 물 속에서는 오래 견딜 수 없답니다.

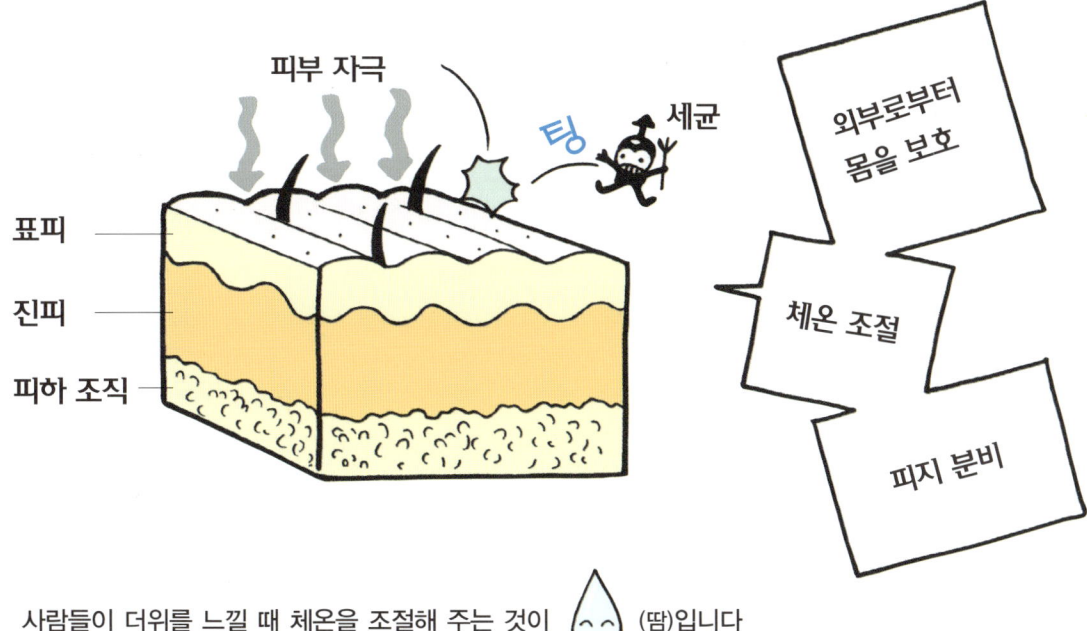

사람들이 더위를 느낄 때 체온을 조절해 주는 것이 (땀)입니다

땀은 한선(땀샘)에서 분비되는 분비물이에요.
전체 체온 발산의 70~80%고,
땀의 성분은 99%가 수분입니다.

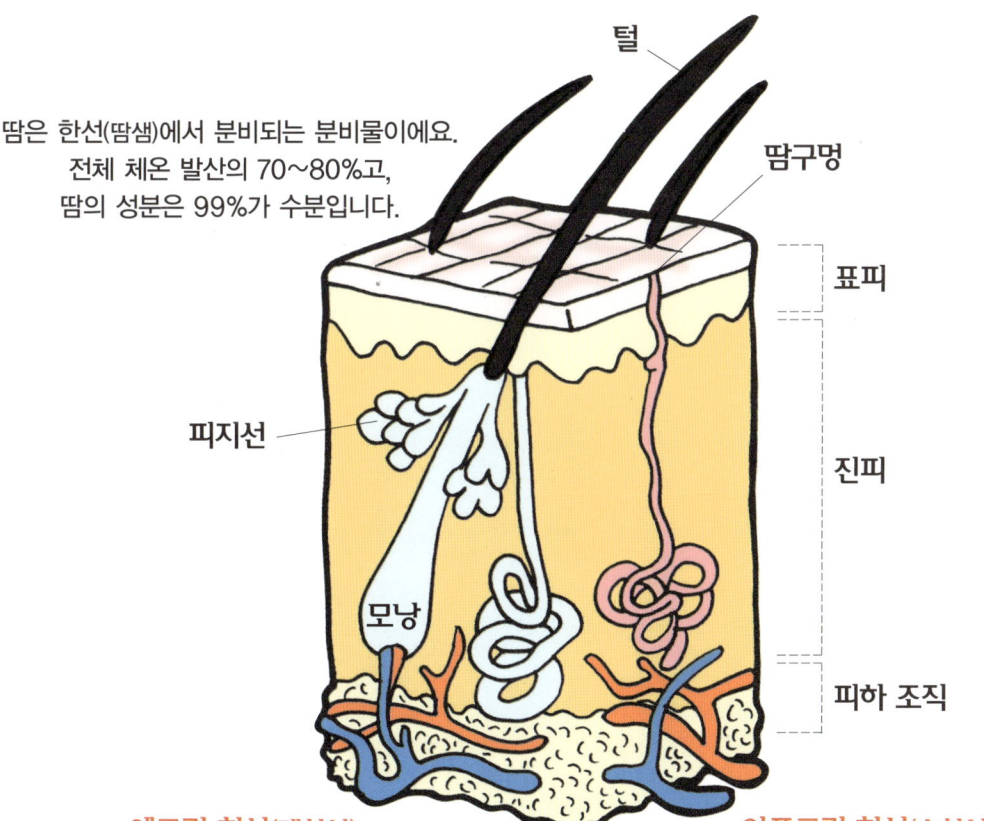

에크린 한선(대한선)
체온을 조절하고
손바닥, 발바닥, 이마, 겨드랑이
등에서 발생하죠.

아포크린 한선(소한선)
몸에서 냄새가 나게 하고
모발, 피지선 등에서 발생하죠.

날씨가 궁금해

우리나라 영서 지방의 가뭄이 산 때문이라고요?

우리나라에 영향을 주고 있는 장마는 북태평양에서 올라오는 해양성 열대 기단과 오호츠크 해에서 내려오는 해양성 기단에 의해 생겨납니다. 그러나 어느 한 기단이 지나치게 강하거나 약하여 우리나라 부근을 벗어날 때 장마가 아니라 가뭄이 생기기도 합니다.

영서 지방은 봄 가뭄이 특히 심해요. 이것은 바로 푄 현상(바람이 산을 타고 넘어오게 되면 기온이 오르고 습도가 낮아지는 것) 때문입니다. 즉, 습기를 머금고 불어 오던 바람은 높은 산을 타고 넘어오는 과정에서 머금고 있던 습기가 비로 변해 바람은 건조해지고 기온은 올라가게 되어 가뭄이 생기는 거죠.

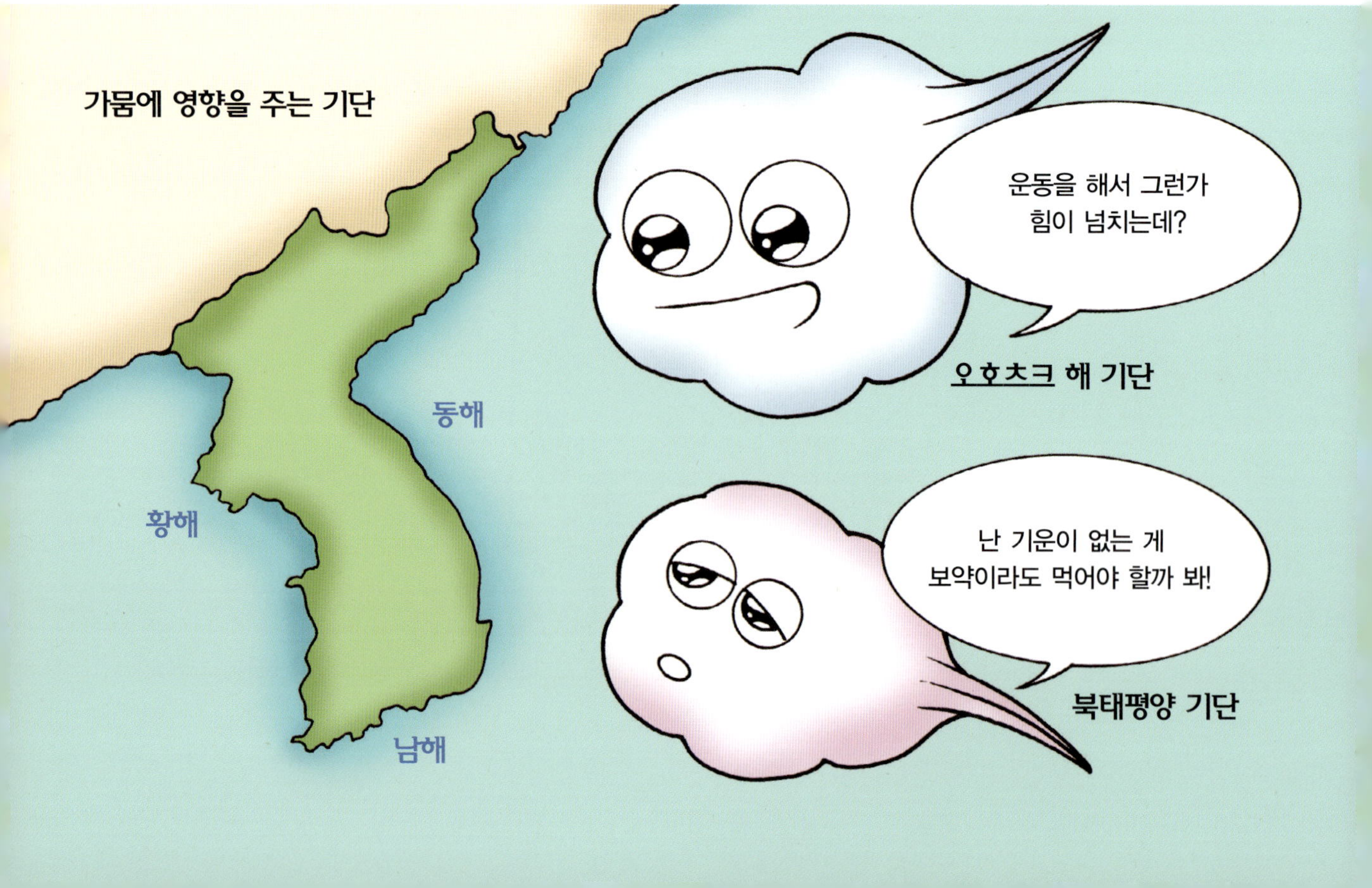

가뭄에 영향을 주는 기단

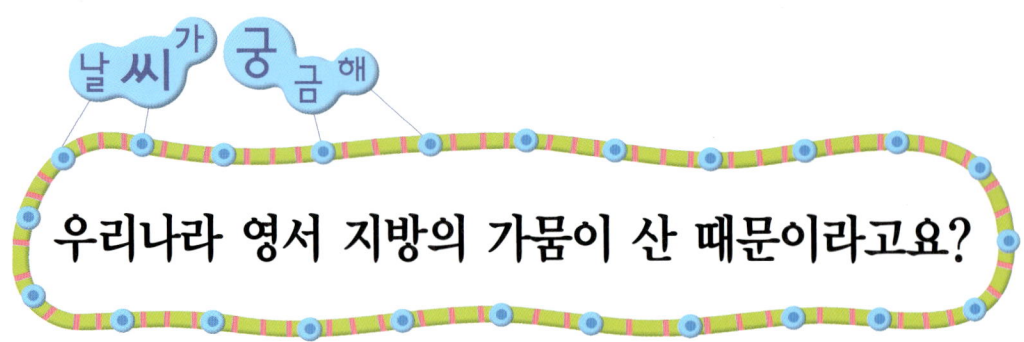

운동을 해서 그런가 힘이 넘치는데?

오호츠크 해 기단

난 기운이 없는 게 보약이라도 먹어야 할까 봐!

북태평양 기단

동해
황해
남해

푄 현상

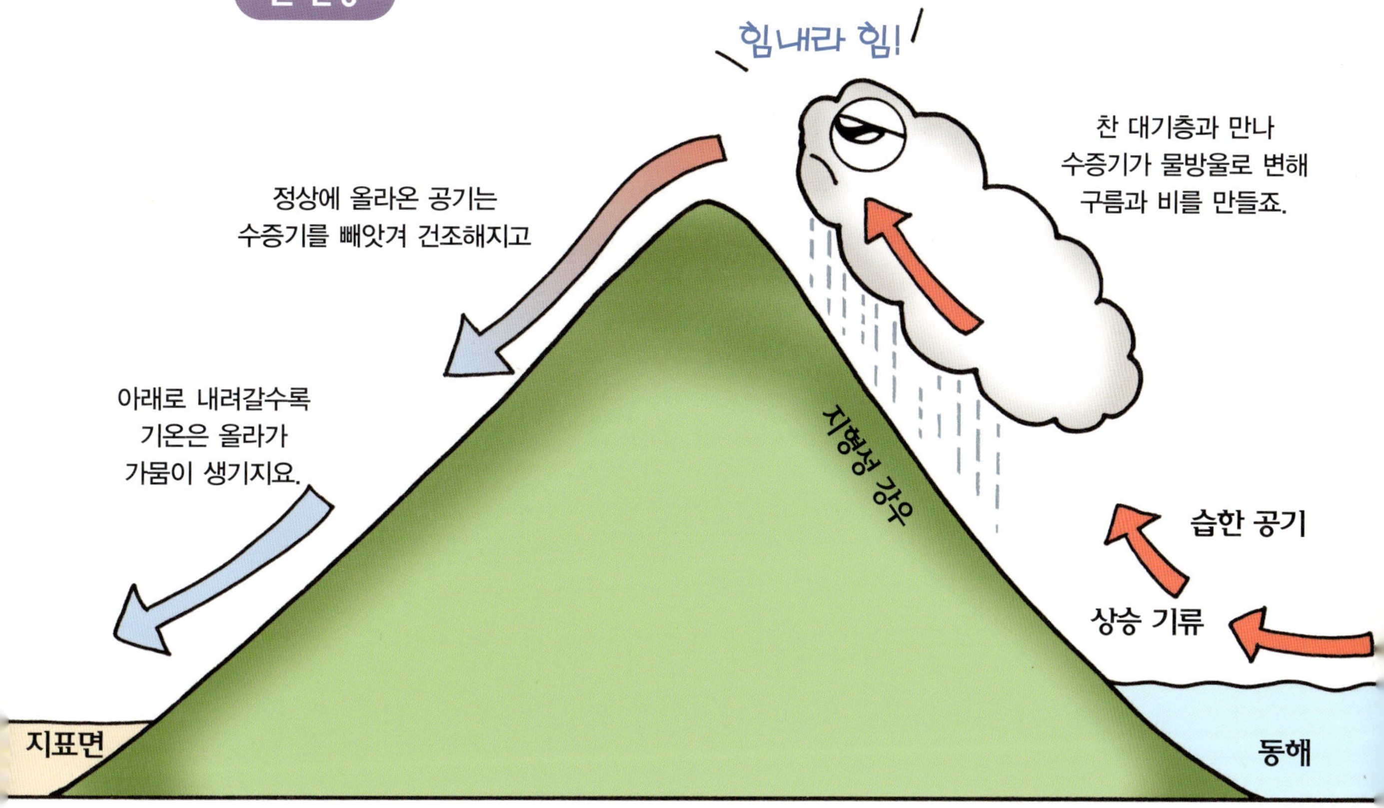

힘내라 힘!

찬 대기층과 만나 수증기가 물방울로 변해 구름과 비를 만들죠.

정상에 올라온 공기는 수증기를 빼앗겨 건조해지고

아래로 내려갈수록 기온은 올라가 가뭄이 생기지요.

지형성 강우

습한 공기

상승 기류

지표면

동해

가뭄이 발생하면

장기간에 걸쳐 강수량이 적고 강한 햇빛이 내리쬐어 지표면이 건조해져 갈라지게 됩니다.

푄 현상으로 고온 건조 상태가 되므로 산불이 날 확률이 매우 높습니다.

음식이 궁금해

지금까지 알려진 버섯의 종류는 2,000여 종 이상이 되지만,
그 중에서도 먹을 수 있는 버섯은 약 100여 종 정도입니다.
버섯은 엽록소가 없으므로 필요한 영양분을
스스로 만들어 살 수가 없기 때문에
다른 식물이 만들어 놓은 영양분을 흡수하여 살아갑니다.
버섯은 종류에 따라서 맛이나 향기
그리고 영양가 및 그 쓰임이 각각 달라요.

— '버섯이 왜 노인들에게 좋은가요?' 중에서

비타민 C가 스트레스를 없애 주나요?

비타민 C는 체내에서 합성이 되지 않는 필수 영양제입니다. 비타민 C는 감기에 좋고, 미용에 좋으며, 항암 효과도 있지요.

또 비타민 C는 콜레스테롤의 수치를 떨어뜨리고, 피를 맑게 하며, 철분의 장내 흡수를 촉진시킵니다. 또한 호르몬의 합성과 분비에 관여하고,

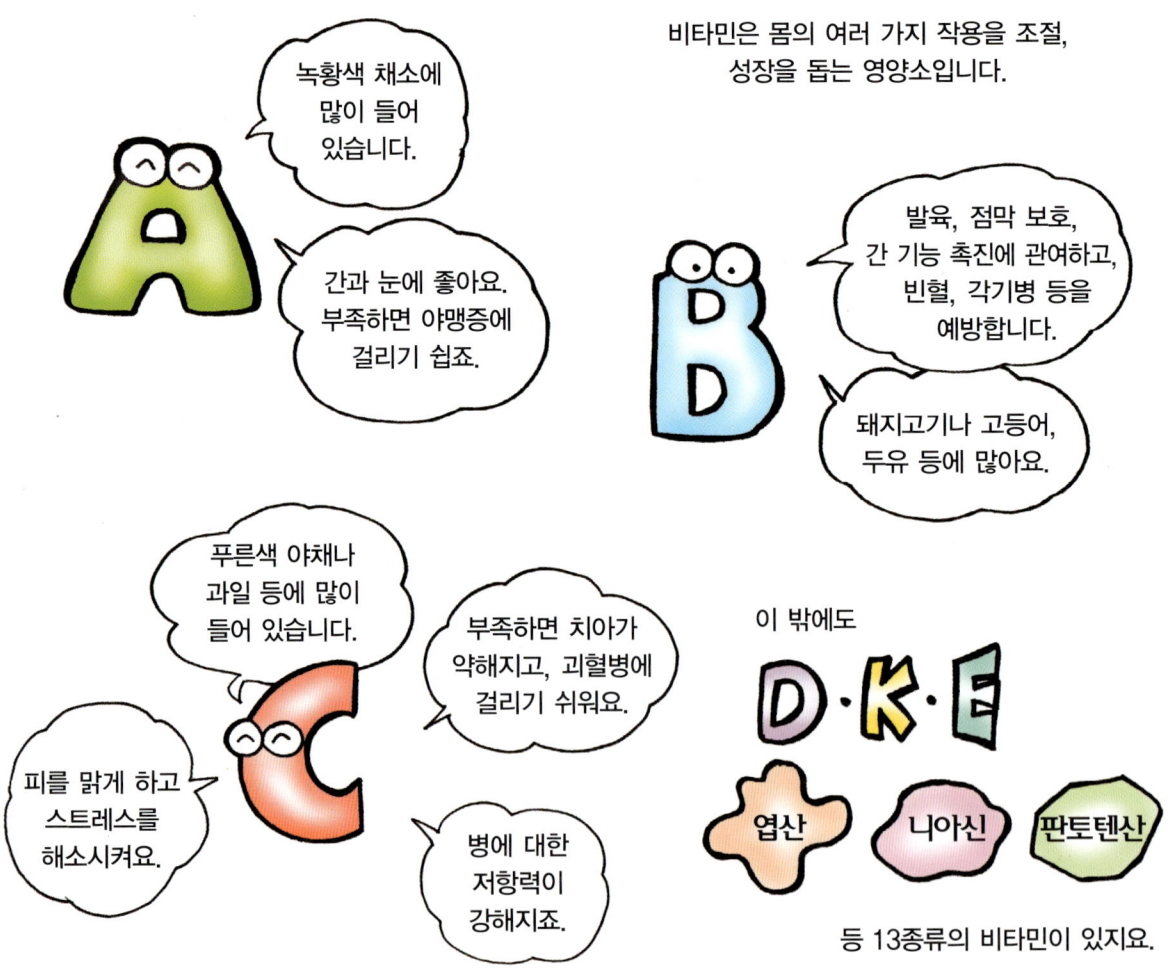

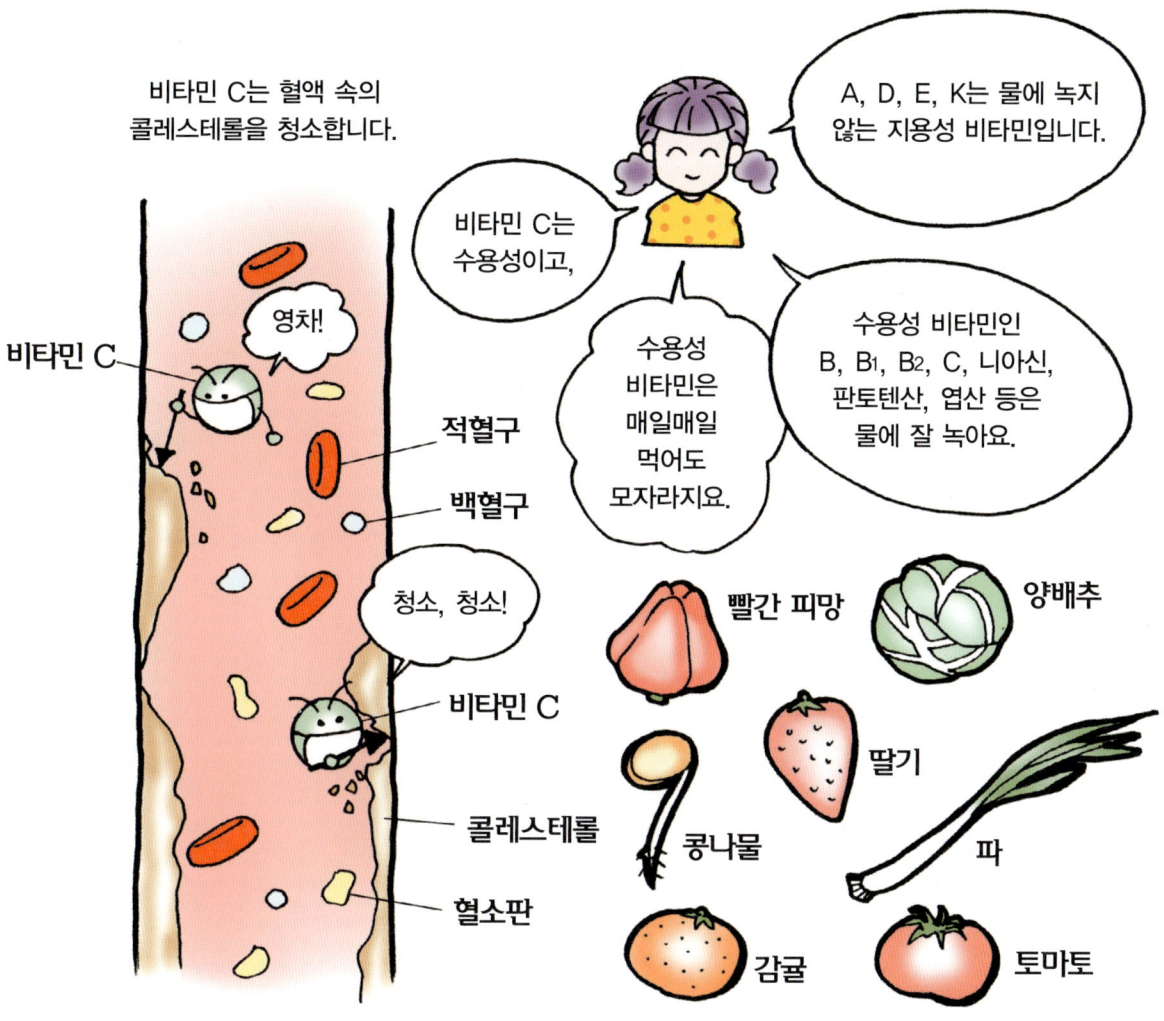

등에 비타민 C가 많이 들어 있어요.

알코올을 분해하는 등 많은 역할을 합니다.

비타민 C는 수용성 비타민이에요. 그래서 지금까지 보고된 부작용이나 독성이 거의 없다고 하네요.

쥐들에게 하루 200mg의 비타민 C를 섭취시킨 결과 스트레스를 받을 때 생성되는 부신 호르몬이 혈액에서 증가하지 않았다고 해요. 또 비타민 C를 다량 제공하자, 스트레스를 받은 쥐, 스트레스를 받지 않은 쥐 모두에서 병균이나 바이러스와 싸우는 항체의 수치가 증가했다고 합니다.

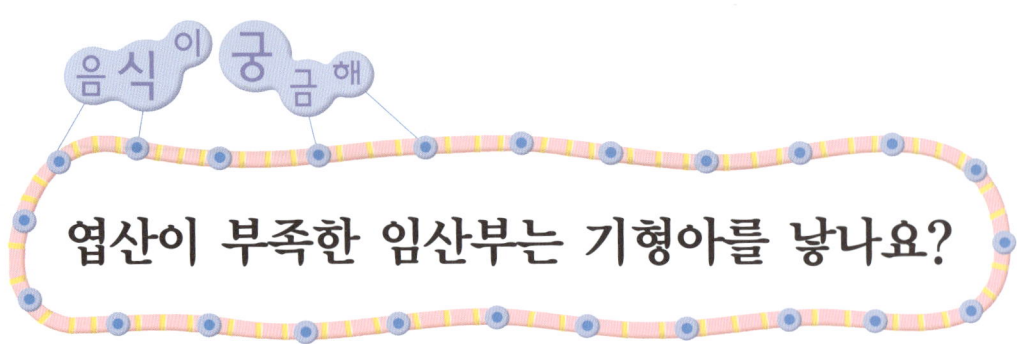

엽산이 부족한 임산부는 기형아를 낳나요?

엽산이 많이 들어 있는 식품에는

등이 있습니다.

최근 국내에서 1년 동안 출생하는 아기 70만 명 중에서 3만 명이 기형아로 태어나고, 신생아 100명 중 4명이 정신 박약 등 선천성 기형아로 태어난다고 합니다.

그런데 비타민 B의 일종인 엽산을 적당량 섭취하면 기형아 예방에 효과적이라고 해요. 엽산이 부족하면 기형아는 물론 조산아, 저체중아가 태어나게 됩니다. 또한 습관성 유산을 초래하는 호모시스테인 과다 증도 엽산 부족 때문이라고 합니다.

10년 동안 선천성 기형아를 낳거나 습관성 유산의 경험이 있는 여성에게 임신 전 2~3개월 동안 엽산과 종합 비타민을 복용시킨 결과 재발을 95%나 막았다고 해요. 특히 무뇌아, 언청이, 심장병 등 구조적 기형은 98%가 예방되었습니다. 그리고 유전성 난쟁이, 손·발가락 기형 등은 80%, 청각 장애는 90%의 예방 효과를 얻었다고 합니다.

미국이나 영국의 발표에 따르면 임산부가 엽산을 충분하게 섭취하자 아기가 백혈병에 걸릴 확률이 4~5% 낮아지고 뇌와 척추 등 신경 계통 기형아 출산도 약 80% 줄었다고 합니다.

엽산은 두뇌에 필수적인 영양분으로 녹색 잎이 있는 채소와 콩, 참치와 달걀, 오렌지 주스와 간, 근대와 통밀 등에 많이 들어 있습니다.

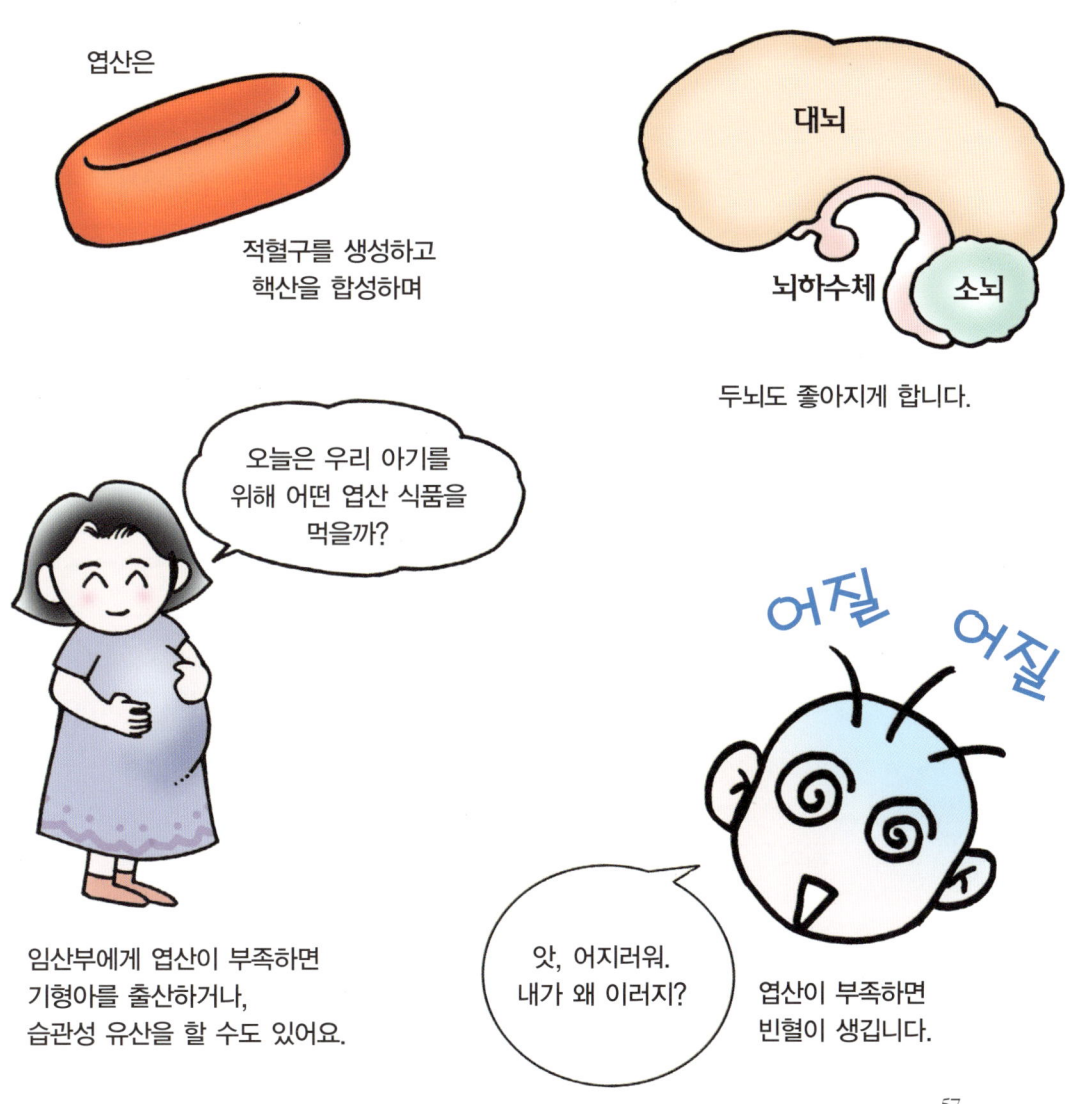

콜레스테롤이 부족하면 중풍에 걸리나요?

동맥 경화로 인한 심장병, 중풍이 많아지면서 콜레스테롤이 나쁘다고 알려지게 되었어요. 그래서 달걀이나 고기의 지방을 먹지 않는 사람들이 늘어나고 있지요.

그러나 콜레스테롤과 몇 가지 필수 아미노산은 우리 몸 안에서 만들어지지 않으므로 반드시 외부에서 공급 받아야 하는 영양소입니다. 지방은 가장 중요한 에너지원일 뿐만 아니라 호르몬과 혈관벽을 만드는 데 없어서는 안 될 중요한 물질입니다.

콜레스테롤이 너무 적으면 뇌혈관이 약해지고, 오히려 뇌혈관이 터져서 중풍이 생길 수 있습니다.

모르시는 말씀!

몸 속 콜레스테롤 수치의 정상 범위는 180~200mg!

음식 속의 콜레스테롤

계란 노른자 262mg

버터 210mg

물오징어 150mg

치즈 80mg

베이컨 110mg

새우 397mg

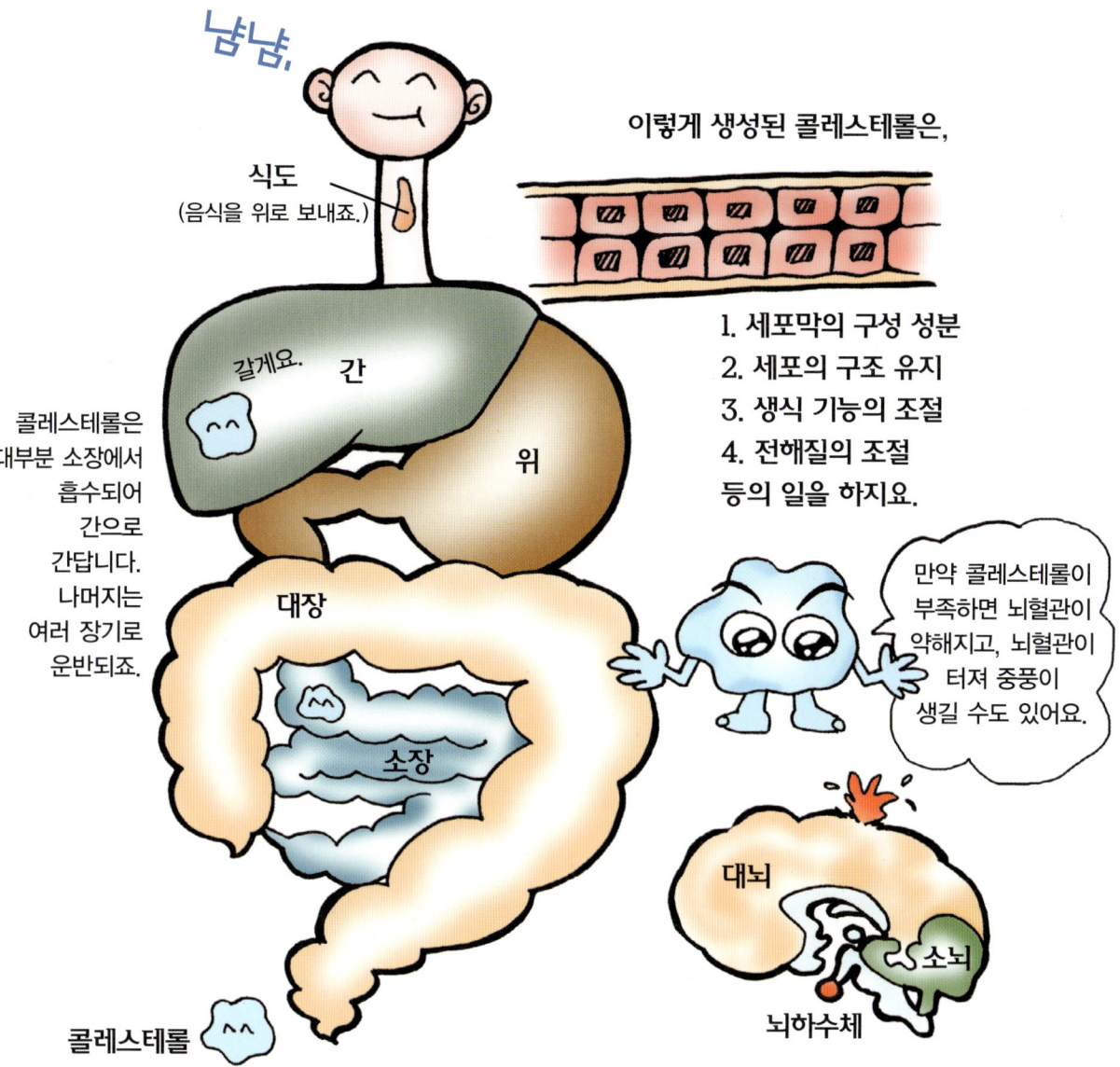

　우리 몸 핏속의 콜레스테롤의 정상 범위는 140~200㎎/㎗예요. 콜레스테롤 수치가 240㎎ 이상이면 치료가 필요합니다.

　콜레스테롤 권장량은 300㎎인데 달걀 노른자에는 262㎎이 들어 있으므로 계란은 하루에 한 개만 먹는 것이 좋고, 콜레스테롤이 많이 들어 있는 식품인 새우, 버터, 치즈, 아이스크림, 생선알 등은 피하는 것이 좋습니다. 닭은 껍질을 벗기고 육류는 지방을 피하고 살코기만 먹는 것이 좋지요.

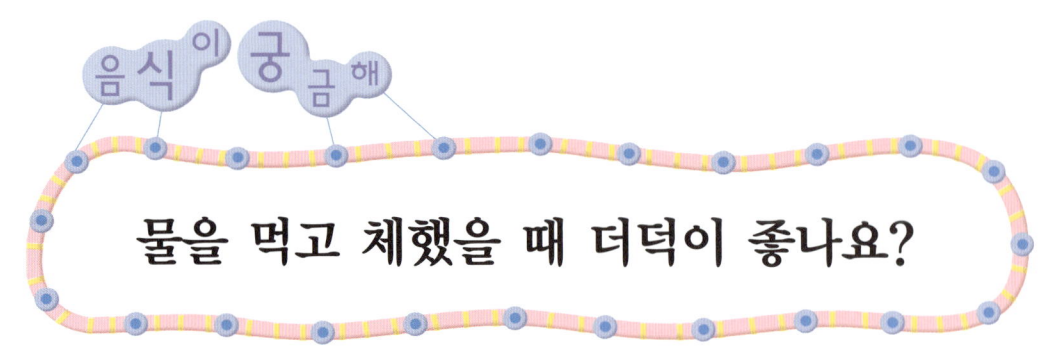

물을 먹고 체했을 때 더덕이 좋나요?

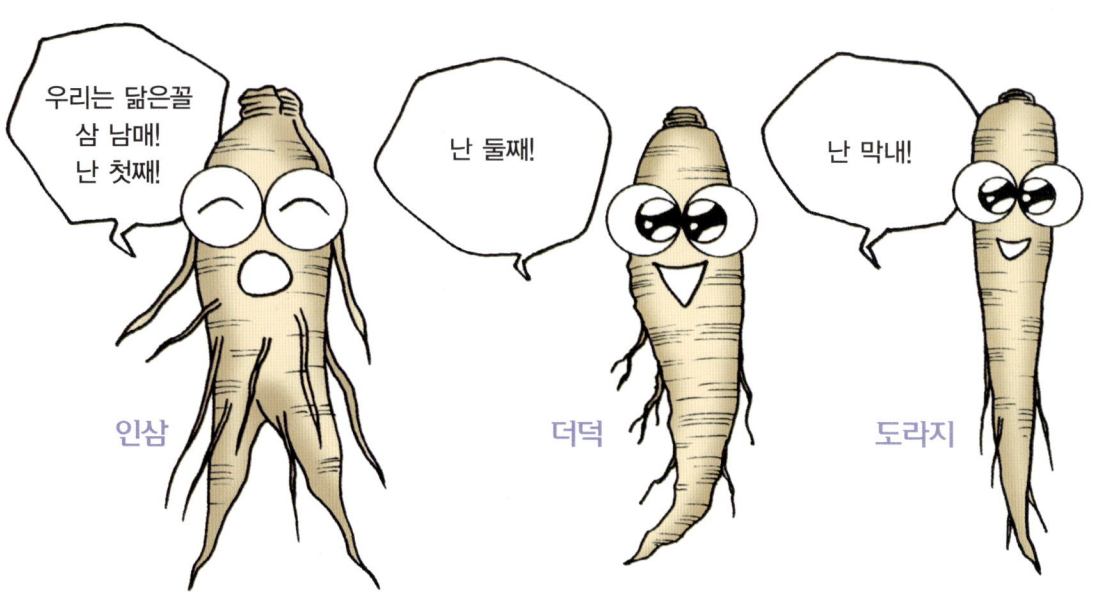

　더덕은 인삼과 생김새와 효능이 매우 비슷합니다. 인삼과 마찬가지로 더덕은 강장 효과가 있으며, 사포닌 성분이 많이 들어 있어 종기가 심할 때나 독충에 쐬었을 때 더덕 가루를 바르면 효과가 있어요.

　또한 더덕은 호흡기 질환 치료에 효과가 있는 것으로 널리 알려져 있어요. 감기로 인해 열이 심하고 갈증이 심해 물을 자주 마시는 사람의 증상을 개선시켜 주지요. 그래서 폐결핵 환자에게 적극적으로 권하는 식품입니다.

　또한 더덕은 위를 튼튼하게 하는 효과가 있고 물을 먹고 체했을 때도 좋아요.

　하지만 더덕은 혈당을 상승시켜 당뇨 환자에겐 좋지 않습니다.

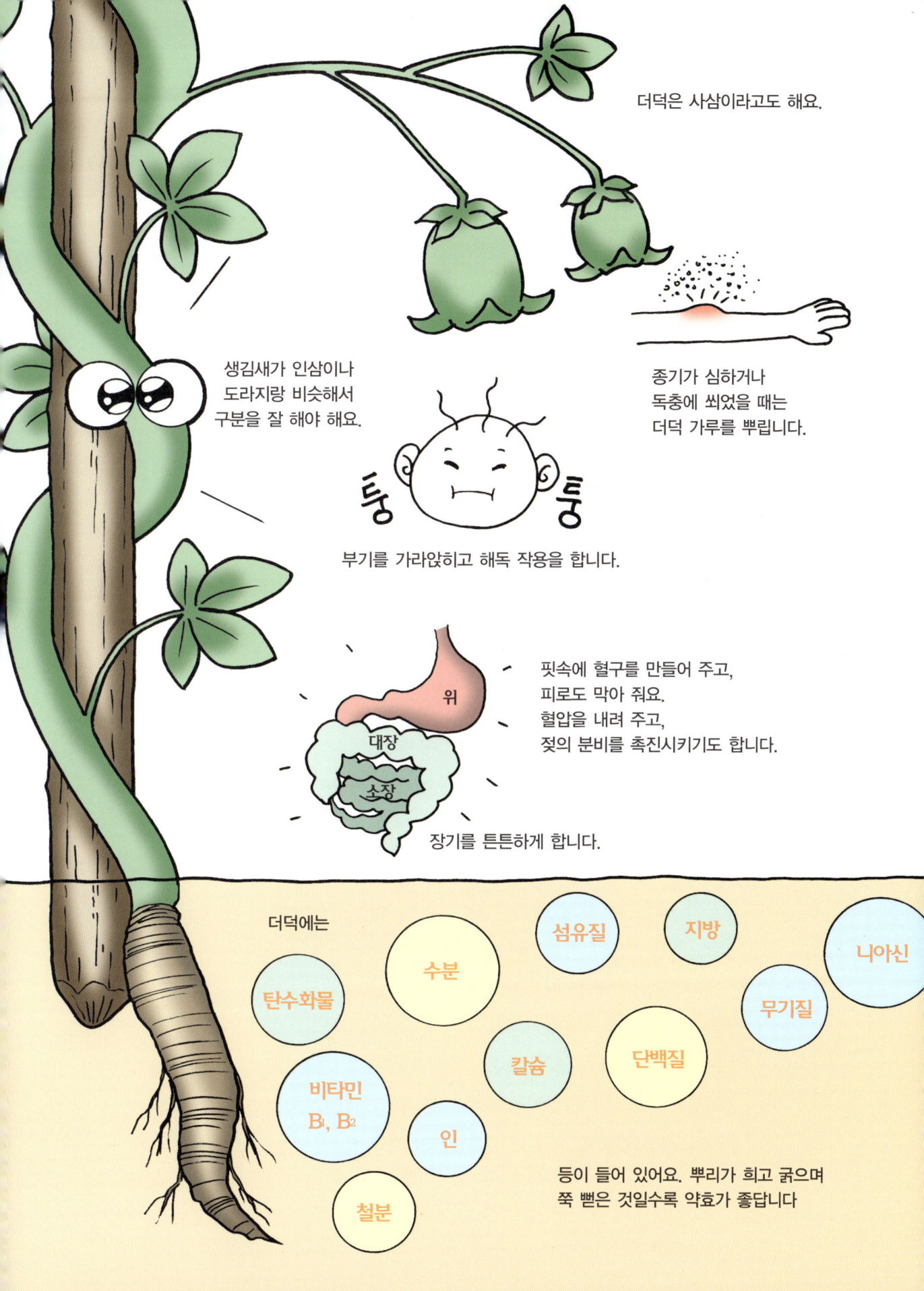

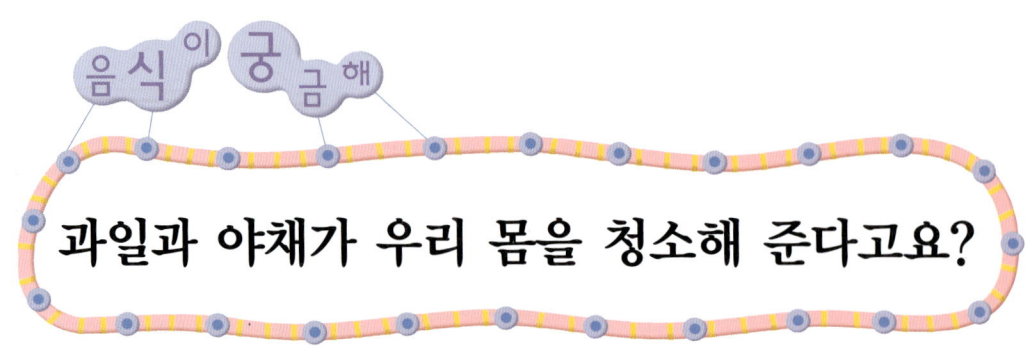

과일과 야채가 우리 몸을 청소해 준다고요?

노폐물을 내보내는 데 좋은 음식

　신선한 과일과 야채는 몸 안에서 청결제와 같은 역할을 해 혈액을 알칼리성으로 만들어 주며 체내에서 생성된 독소와 필요 없는 노폐물을 내보내지요. 특히 미역은 방사성이 있는 물질과 친화력이 있기 때문에 체내에 들어와 있는 방사성 물질을 대변과 함께 배출시킵니다. 그리고 녹두죽이나 녹두를 끓여 만든 녹두탕은 체내에 있는 독소를 배출하는 효능이 탁월하므로 인체의 기초 신진대사를 촉진시켜 주는 역할을 합니다. 또한 선짓국의 선지는 위 속에 들어간 미세한 먼지나 해로운 물질들과 화학 반응을 일으켜 인체에 쉽게 흡수되지 못하도록 쓰레기로 만든 후, 체외로 배출시키지요.

　또 목이버섯과 균류 식물은 항암 효과가 뛰어나므로 혈액을 깨끗하게 해요. 독소를 제거하는 효능이 있어서 자주 섭취하면 체내의 오염 물질을 없애는 데 많은 도움이 된답니다.

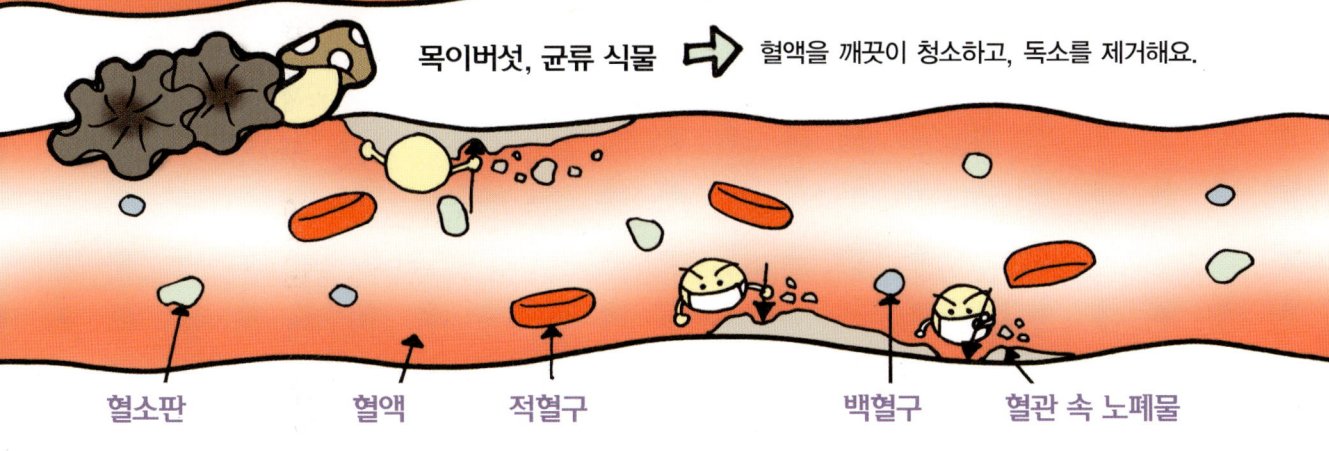

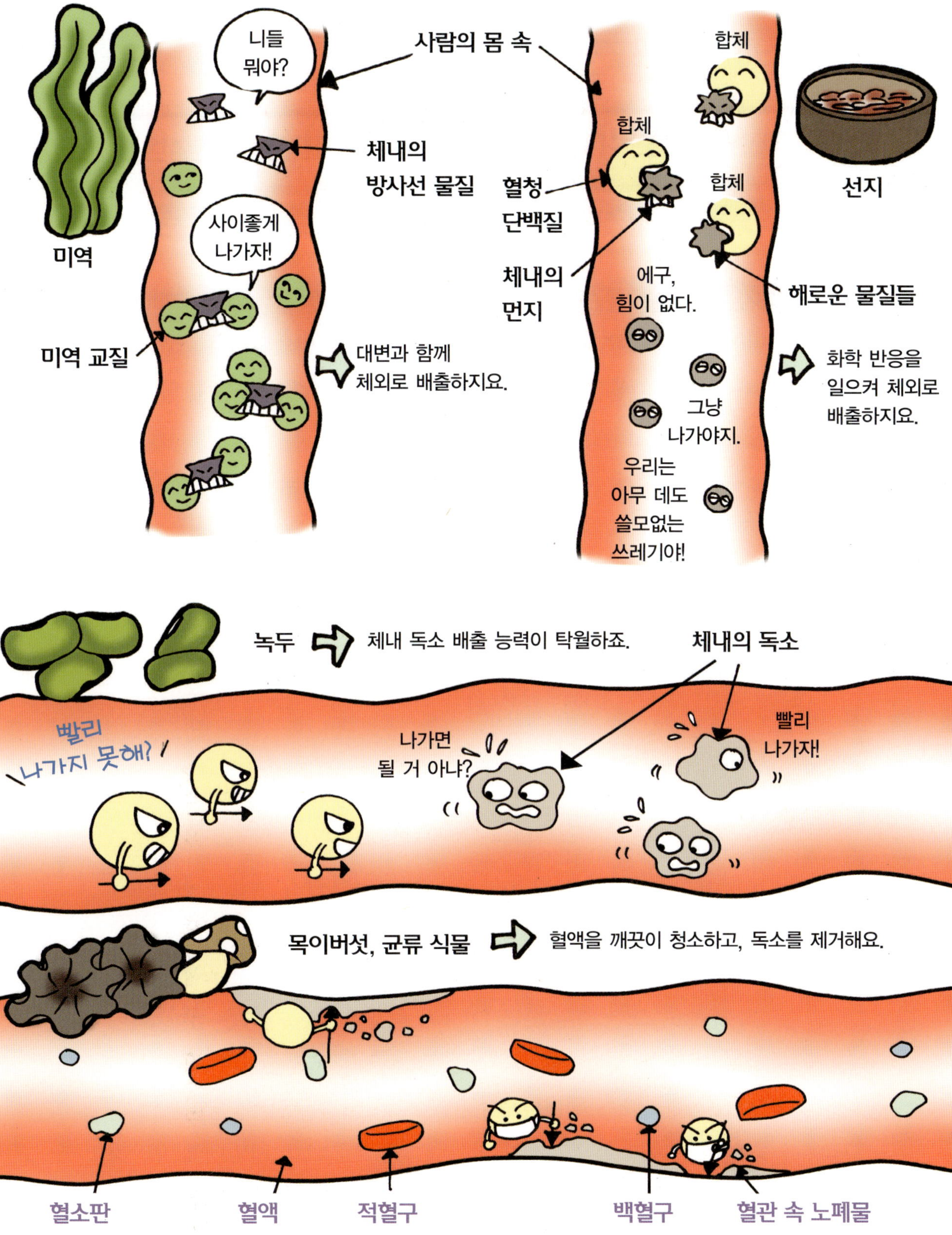

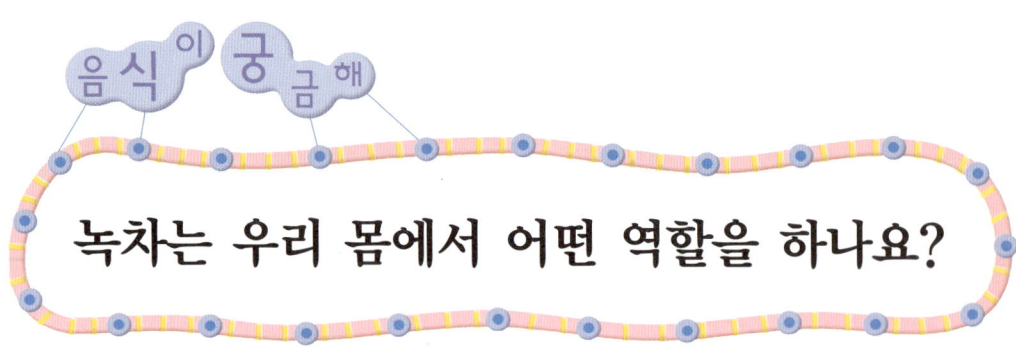

녹차는 우리 몸에서 어떤 역할을 하나요?

녹차를 우려낼 때, 물의 온도는 70℃ 정도가 좋아요. 그러나 발효된 차는 약 85℃~100℃의 뜨거운 물로 우려낸 것이 맛있답니다.

녹차는 특유의 떫은 맛을 가지고 있어요. '카테킨'이라는 타닌 성분 때문인데, 카테킨이라는 성분은 습관성 변비에 좋고, 몸 속의 지방 축적을 억제시켜 체중 감량에도 효과적입니다. 체내로 흡수된 카테킨은 주로 위나 폐, 대장, 간에 분포됩니다.

이 카테킨은 암세포를 억제하는 효과도 크답니다. 그래서 녹차를 꾸준히 마시게 되면 암을 예방할 수 있다고 해요. 실제로 폐암 억제율이 64%, 간암 억제율은 45%, 대장암 억제율은 52%라는 연구 결과도 있어요.

녹차에 들어 있는 비타민 C나 아스파라긴산, 알라닌 등의 아미노산들은 알코올 분해 효소 작용을 해서 숙취 해소에도 도움을 줍니다.

또 녹차는 중금속을 해독하는 작용이 뛰어날 뿐만 아니라 타닌 성분이 니코틴과 결합해서 체외로 배출되는 작용을 하기 때문에 흡연자에게 더 좋습니다.

녹차를 많이 마신 사람은 관상 동맥 질환과 뇌졸중의 발생 위험률도 현저히 낮아요. 또한 하루 한 잔 이상의 녹차를 마신 사람은 전혀 안 마시는 사람보다 심장 마비를 절반으로 줄일 수 있다고 합니다.

그러나 녹차가 누구에게나 좋은 것만은 아닙니다. 몸이 차거나 소화가 잘 안 되거나 저혈압 증세가 있거나 피부가 건조한 사람에게는 맞지 않는다고 해요.

 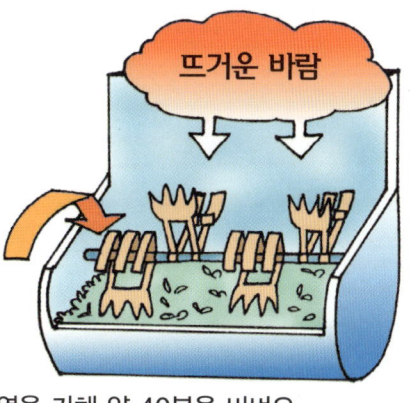

100℃ 이상의 증기를 쐬어서 ➡ 재빨리 식힌 뒤에 ➡ 열을 가해 약 40분을 비벼요. 그 뒤에 압력을 가해 비빕니다.

막 딴 생잎

무게가 약 1/10로 줄어요.

완성된 찻잎

하루 정도 재운 물을 끓여

차호(찻잔)

60℃~70℃로 식혀서 타 마셔요.

차는 발효의 정도에 따라
홍차(끝까지 발효), 우롱차(중간까지 발효)
녹차(발효 안 시킴)로 나뉜답니다.

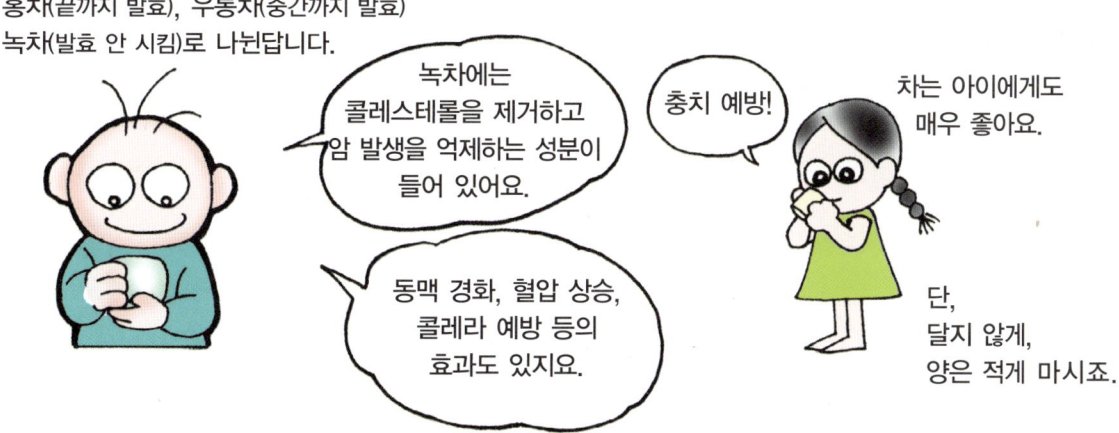

녹차에는 콜레스테롤을 제거하고 암 발생을 억제하는 성분이 들어 있어요.

동맥 경화, 혈압 상승, 콜레라 예방 등의 효과도 있지요.

충치 예방!

차는 아이에게도 매우 좋아요.

단, 달지 않게, 양은 적게 마시죠.

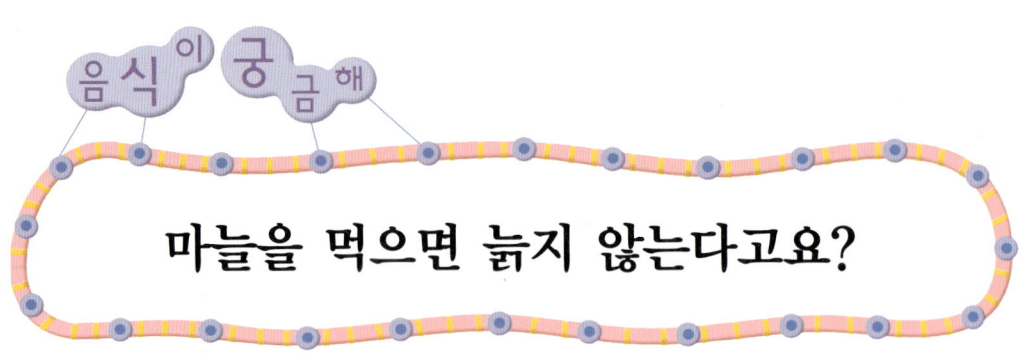

마늘을 먹으면 늙지 않는다고요?

마늘의 가장 큰 효과는 적혈구 수를 증가시켜 몸 속에 신선한 혈액을 공급하고, 세포 노화를 막는 것이죠. 또한 체력을 증진시켜 성인병의 가장 큰 주범인 암이나 심장 질환, 뇌혈관 질환을 예방하죠.

또 마늘은 페니실린보다 강한 살균·항균 작용을 합니다. 결핵균이나 콜레라균, 이질균, 티푸스균 등에 강력한 살균 작용을 하고, 항암, 심장병 및 각기병 예방에 노화 방지까지 합니다.

비타민 B_1과 결합하여 흡수를 촉진시키기 때문에 피로 회복이나 체력 증진의 강장 작용도 갖는다고 합니다.

마늘의 껍질을 벗길 때 나오는 알리신이라는 물질은 황을 포함한 휘발성 물질로 이것은 암, 동맥경화, 노화의 원인이라 생각되는 물질을 제거하는 효과가 매우 뛰어나죠. 그러나 생마늘은 시력을 해치고 간이나 위의 기능을 약화시킬 우려가 있으니 조심해야 합니다.

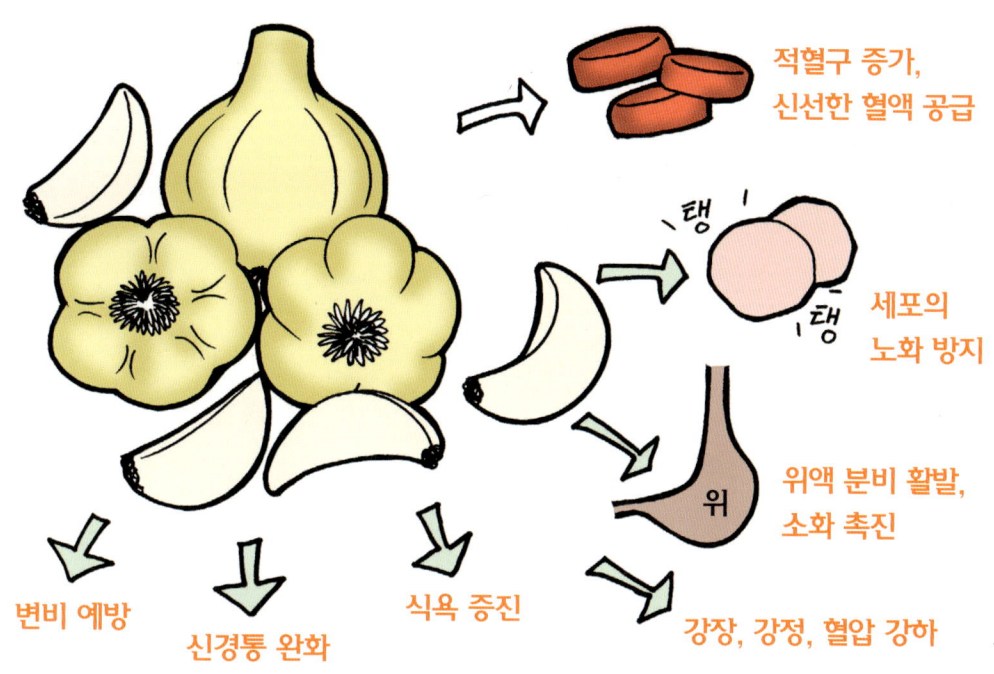

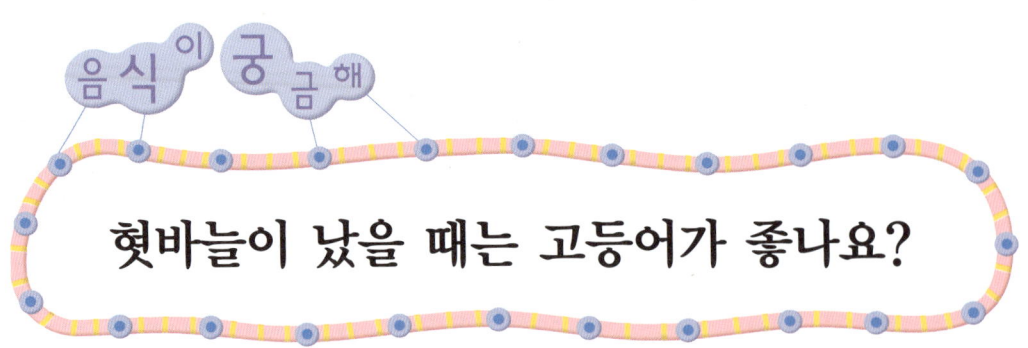

혓바늘이 났을 때는 고등어가 좋나요?

《동국여지승람》에 따르면 우리 민족은 450년 전부터 고등어를 먹었다고 해요.

가정에서는 시장에서 사 온 고등어를 조림이나 소금에 절인 자반으로 구워 먹습니다. 싱싱한 고등어는 회로 먹기도 하죠.

고등어에는 DHA라는 지방산이 풍부하게 들어 있어 뇌세포를 활발하게 하여 학습 효과를 높이지요. 고등어의 또다른 지방산인 불포화 지방산 EPA 역시 혈중 콜레스테롤 수치를 떨어뜨리는 중요한 역할을 하는 것으로 밝혀졌습니다.

또한 고등어에는 무기질 성분인 셀레늄이 많이 들어 있는데, 이것은 우리 몸에 이로운 불포화 지방산의 산화를 막는 역할을 합니다. 그렇기 때문에 암이나 심장 질환 같은 성인병 예방에 도움이 됩니다. 같은 생선이라도 흰살 생선보다는 고등어와 같은 붉은살 생선에 불포화 지방산이 많이 들어 있습니다.

또 고등어 껍질은 비타민 B_2의 성분이 풍부해, 조금만 피곤해도 입가가 헐거나 혓바늘이 돋는 사람들에게 매우 좋아요.

하지만 고등어는 쉽게 부패된다는 특성이 있어요. 고등어 피에 많이 들어 있는 히스티딘은 효소 작용에 의해 분해되어, 독성 물질인 히스타민으로 변하기 때문이에요. 히스타민은 두드러기, 복통 등을 일으키죠. 그러므로 고등어는 살 때나 조리할 때 주의가 필요하답니다.

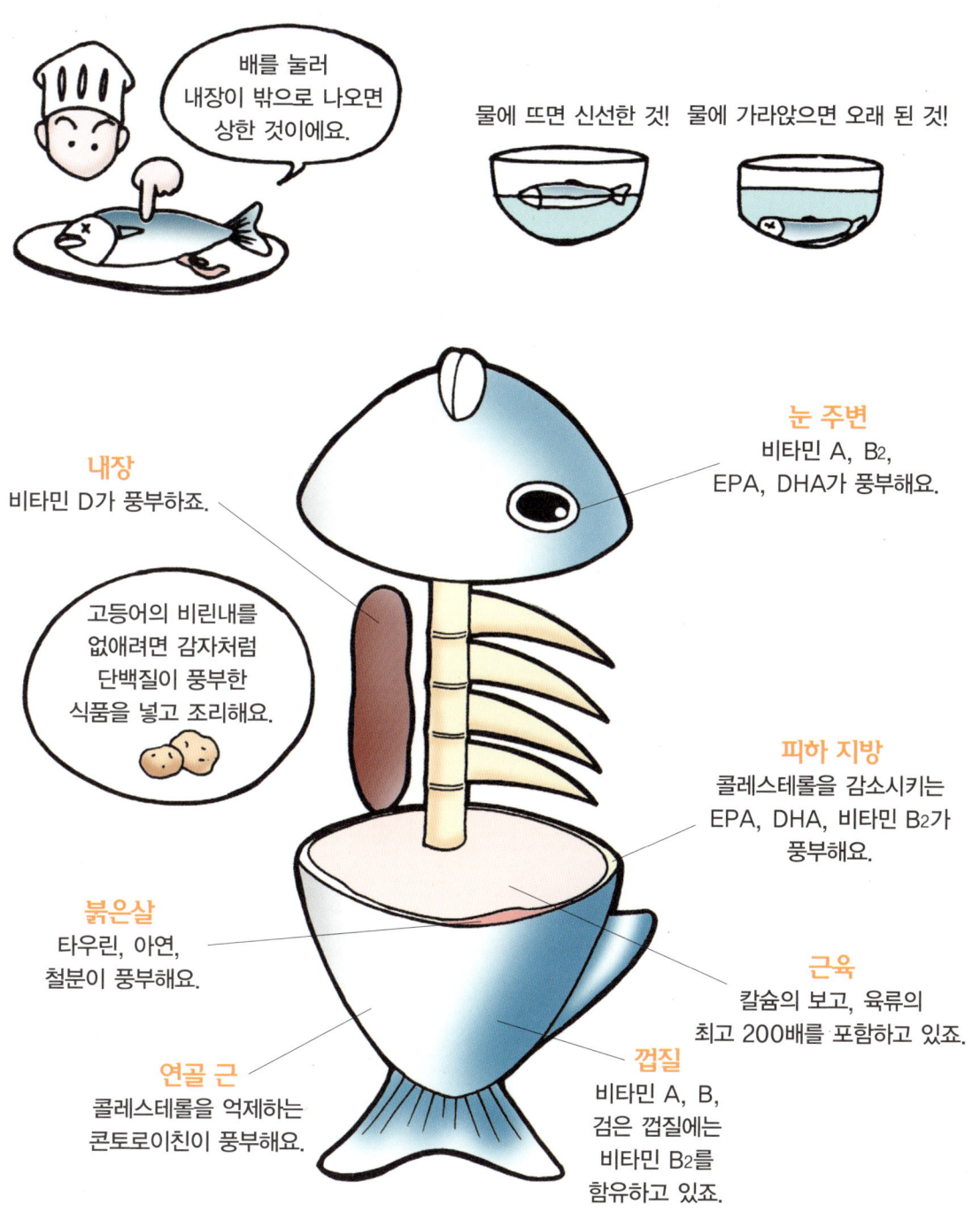

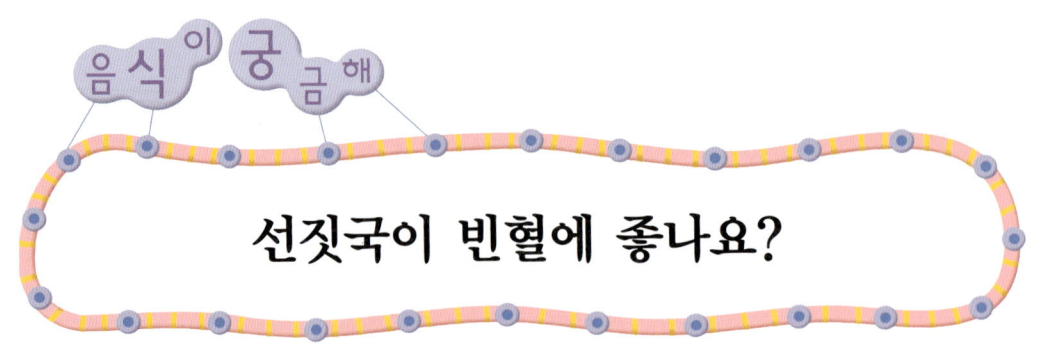

선짓국이 빈혈에 좋나요?

철분이 많이 들어 있는 선짓국

선지(소의 피가 굳어진 덩어리)
고단백 식품으로 철분 함량이 높지만 많이 먹으면 변비에 걸려요.

우거지
식이섬유가 풍부해요.

비타민 C 식품과 같이 먹으면 흡수율을 향상시키죠.

선짓국

어질 어질

빈혈이란 혈액 중에 적혈구 또는 헤모글로빈의 양이 감소되어 산소 운반 능력이 저하되어 나타나는 어지럼증이에요.

    빈혈에는 철분이 좋아요. 철분이 많이 함유된 음식으로는 선짓국이 있어요. 일반적으로 빈혈이 있는 사람에게 가장 좋은 식품은 '동물 간'이라고 하지만 먹기 어려워 이의 대용으로 선짓국을 추천하죠.
    선짓국에는 흡수되기 쉬운 철분과 단백질이 많고 부재료로 쓰이는 콩나물과 무가 선지와 잘 어울려 영양적으로 균형잡힌 음식입니다.
    인체 내의 철분은 절반 이상이 혈액 중의 헤모글로빈 속에 들어 있는데, 남자는 매일 0.7mg, 여자는 1.2mg씩 몸 밖으로 배설합니다.

그 외 철분 함유 식품

따라서 식사를 통해 철분이 제대로 공급되지 못하면 곧 빈혈이 나타나게 되는데 식물성 식품에 있는 철분은 1~6%만이 체내로 흡수되는 반면, 생선과 육류 등 동물성 식품에 포함된 철분은 10~20%가 흡수된다고 해요.

일반적으로 철분은 비타민 C가 풍부한 식품과 함께 먹으면 흡수율이 향상되며 현미나 녹차, 콜라, 감 등과 같이 먹으면 흡수에 방해됩니다. 특히, 차와 감에 들어 있는 타닌 성분은 철분과 만나 흡수되지 못하는 '타닌산철'을 만들기 때문에 피하는 것이 좋아요.

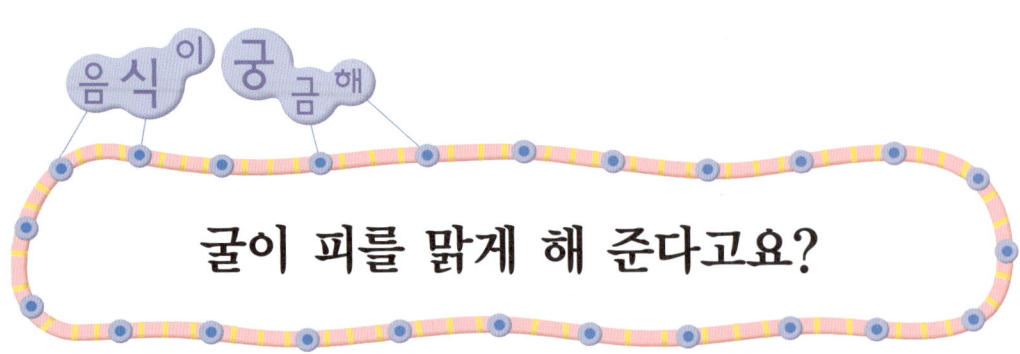

굴이 피를 맑게 해 준다고요?

굴은 대개 11월에서 다음 해 2월까지 잡히는 것이 제일 맛있다고 합니다. 그리고 5월에서 8월은 산란기라서 독성 물질을 배출하기 때문에 먹지 않지요. 이 때 잘못 먹으면 식중독이나 배탈을 일으키기 쉽습니다.

나폴레옹이 전쟁터에서까지 즐겨 먹었다고 전해질 만큼 굴은 영양식으로도 유명해요.

실제로 굴에는 각종 비타민과 철분·요오드·인·칼슘·망간 등 무기질이 풍부하게 들어 있습니다.

특히, 굴의 단백질을 구성하는 아미노산에는 일반 곡류에는 적은 라이신과 히스타민 등이 많이 들어 있습니다. 그래서 소화 흡수에 도움이 되지요.

굴의 탄수화물은 대부분이 글리코겐인데 '동물성 녹말' 이라는 별명이 붙을 만큼 소화 흡수가 아주 잘 됩니다.

또 굴은 멜라닌 색소를 파괴하는 작용을 하므로 하얀 살결을 원하는 사람에게 아주 좋답니다.

그런데 단지 콜레스테롤이 많다는 이유로 굴을 외면하는 사람이 있습니다. 굴은 돼지고기나 마요네즈보다 콜레스테롤 함량이 많아요. 그러나 굴에 있는 콜레스테롤은 불포화 지방산이므로 동맥경화를 유발하는 포화 지방산과는 다르답니다. 오히려 굴은 약알칼리성 식품이라서 피를 맑게 해 주는 효과가 있어요.

굴에는 단백질과 철분이 많기 때문에 식은땀을 잘 흘리는 허약 체질을 개선하는 데 아주 좋지요.

굴의 종류에는

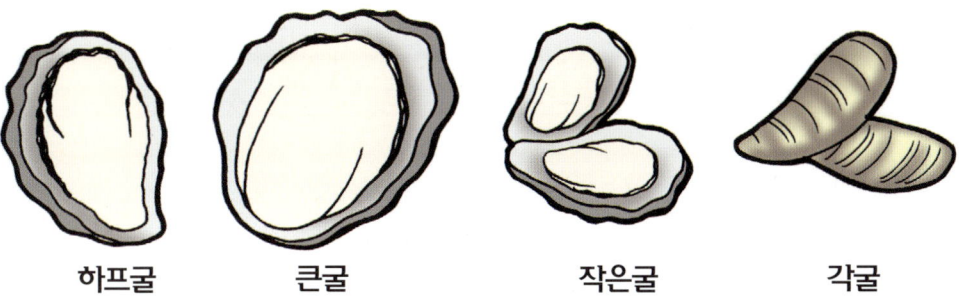

하프굴　　큰굴　　작은굴　　각굴

등이 있습니다.

생굴 속에 들어 있는 성분

단백질
다른 수산물보다 타우린의 함량이 많아서 유아의 두뇌 발달에 좋으며, 뇌졸중, 동맥경화, 담석증 등을 예방합니다.

유기산
굴 특유의 상쾌한 맛을 내죠.

핵산, 베타딘
굴의 맛을 내요.

당질
대부분 글리코겐으로 소화 흡수가 잘 되어 어린이나 노인, 병약자에게 좋은 식품입니다. 체력 회복과 빈혈에 좋습니다.

바다의 우유라 불리는 생굴에는

지방
DHA와 EPA가 다량 함유되어 있습니다. DHA는 학습 기능을 향상시키고 항암 작용과 노화 억제를 하고, EPA는 동맥경화와 고혈압, 뇌출혈 등을 예방하는 효과가 있습니다.

비타민 A_1, B_1, C, D, E, 니아신 등을 함유하고 있습니다. 각기병 예방, 피부, 뼈, 혈관을 튼튼, 백혈구의 작용을 증강시킵니다.

무기질
칼슘, 인, 나트륨, 칼륨, 아연, 구리, 망간 등이 풍부합니다. 빈혈 예방, 조혈 작용(혈액 속의 혈구가 만들어지는 과정), 학습 능력 향상, 눈의 피로 감소 등의 효과가 있습니다.

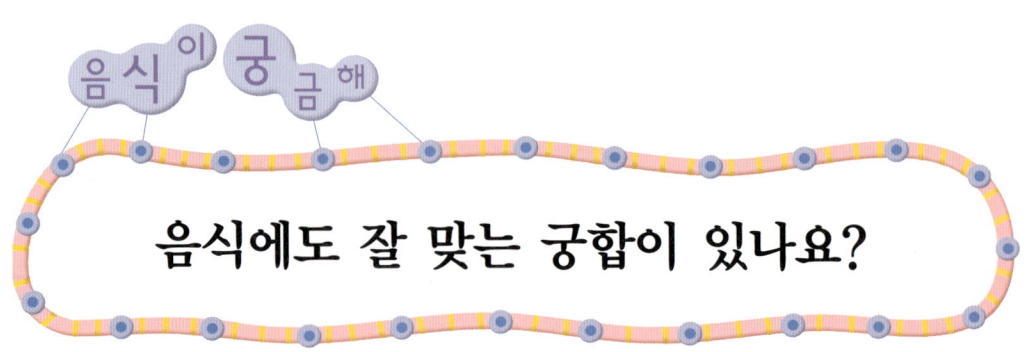

음식에도 잘 맞는 궁합이 있나요?

아무리 훌륭한 음식이라도 궁합이 안 맞는 음식과 함께 먹으면 영양소를 제대로 흡수할 수 없을 뿐 아니라, 설사나 변비 등의 부작용이 나타날 수도 있어요. 따라서 궁합을 잘 알고 음식을 먹어야 합니다.

먼저 쇠고기와 배는 찰떡궁합이에요. 배에는 단백질 분해 효소가 있어 질긴 고기 속에 있는 단백질을 분해하는 작용을 해요. 즉, 아미노산

궁합이 맞는 음식

위산 중화 — 치즈 + 커피
자극성 음식에 의한 위벽과 소화 기관을 보호해요.

초콜릿 + 아몬드
초콜릿의 자극을 중화시켜요.

꿀 + 인삼
꿀이 인삼에 부족한 칼로리를 보충하죠.

옥수수 + 우유
비타민 A와 B를 보충해요.

대추 · 약식
찹쌀에 부족한 철분과 칼슘, 섬유질을 보충해요.

수정과와 잣
빈혈과 변비에 좋아요.

소주 + 오이
소주에 오이를 썰어 넣으면 술 냄새가 가시고 순해져요.

배즙 + 쇠고기
고기가 연해지고 맛이 좋아지죠.

대장균 억제 — 식초 · 냉면

당근 + 식용유
비타민 A가 많은 당근은 주스로 먹는 것보다 기름에 조리하는 것이 더 좋답니다.

궁합이 맞지 않는 음식

이 형성되어 고기가 연해지고 맛은 더욱 좋아집니다.

생선회와 생강도 궁합이 맞아요. 절인 생강은 생선의 비린내를 제거하고, 살균 작용이 뛰어나 장염, 비브리오균에 의한 식중독을 예방하죠.

된장과 부추도 가까운 편이에요. 된장의 원료인 콩에는 비타민 A, 비타민 C가 부족한데 부추는 이들 성분을 보충하기에 충분한 식품입니다.

그런가 하면 음식 중에는 서로 상극 관계도 많아요.

미역은 칼슘과 요오드가 풍부한 저열량 식품이지만 파와는 어울리지 않아요. 파에 들어 있는 인과 유황 성분이 미역 속의 칼슘 흡수를 방해해요. 문어와 고사리도 궁합이 맞지 않아요. 위가 약한 사람이 이 두 가지 음식을 함께 먹으면 소화가 되지 않지요. 장어와 복숭아, 도토리묵과 감, 커피와 크림도 서로 맞지 않는 식품들입니다.

음식이 궁금해

양파를 까면 왜 눈물이 나오나요?

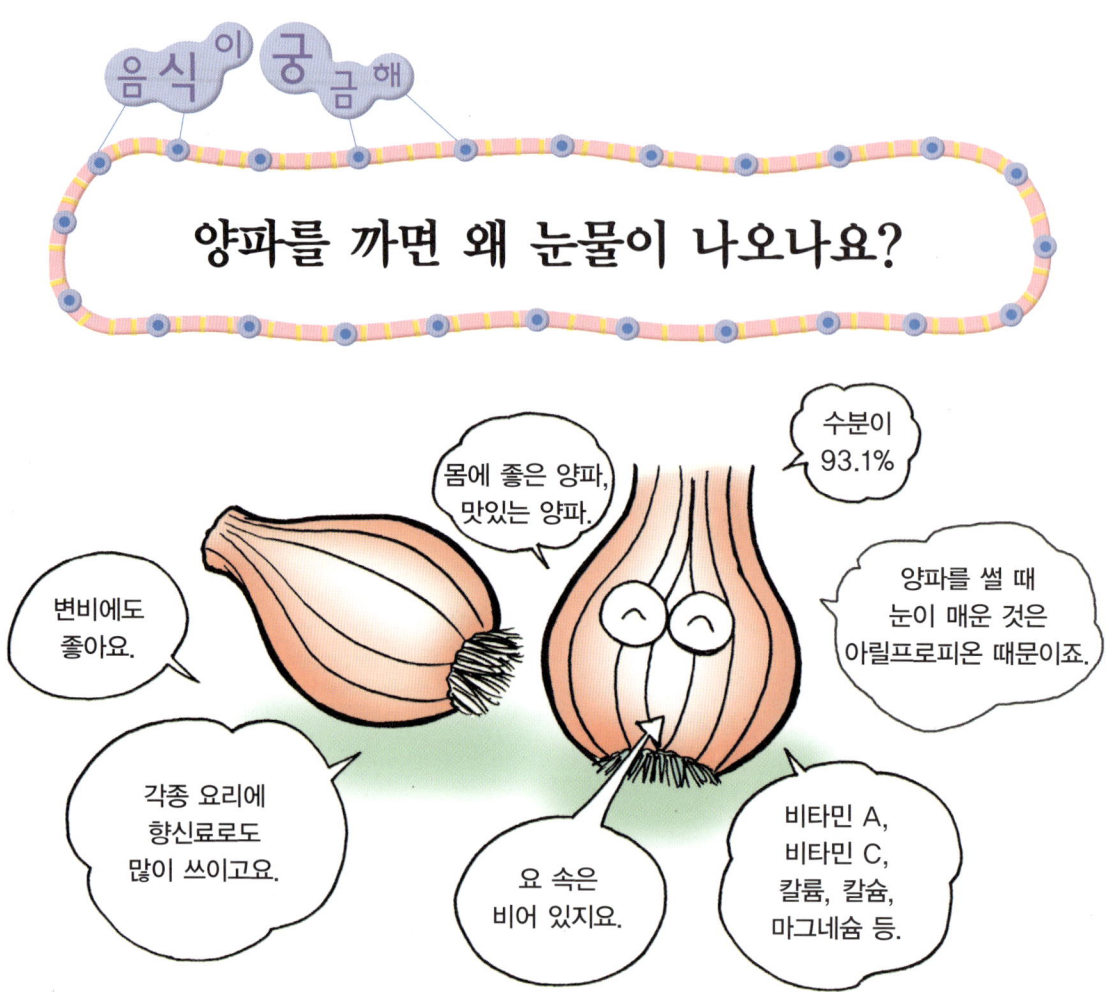

양파는 수분을 93.1% 함유하고 있어요. 그리고 주성분은 포도당, 과당, 맥아당 등으로 단맛이 나는 채소예요. 또 양파에는 칼슘과 철분도 많이 들어 있으므로 피를 맑게 해서 잘 돌게 하고, 신진 대사를 촉진하며 혈액 중의 당분을 분해시키는 역할을 합니다. 또 각종 신경통, 동맥경화와 고혈압 등의 성인병 예방과 당뇨, 간장병 등에도 좋아요.

특히, 양파는 간장병을 예방하는 탁월한 효능이 있다고 해요. 양파를 먹으면 간 안에서 '글루타티온'이라는 효소가 만들어지므로 간의 해독 작용과 과산화지질 억제 등을 하면서, 간을 보호하고 간장병을 예방 및 치료하는 데 큰 도움이 된답니다.

또한 양파는 위의 기능을 활발하게 하기 때문에 병후 체력 회복에 좋습니다. 또 양파를 잘라서 베개 밑에 두고 자면 잠이 잘 온다고 하네요.

또한 양파를 계속 먹으면 대머리가 되는 걸 막을 수 있다고 해요.
하지만 양파에는 아릴프로피온이라는 성분이 들어 있어서 깔 때 그 성분이 눈과 코에 자극을 주어 눈물이 나오죠. 이럴 때는 양파를 물에 잠시 넣었다가 꺼내 까면 눈물이 나오지 않는답니다.

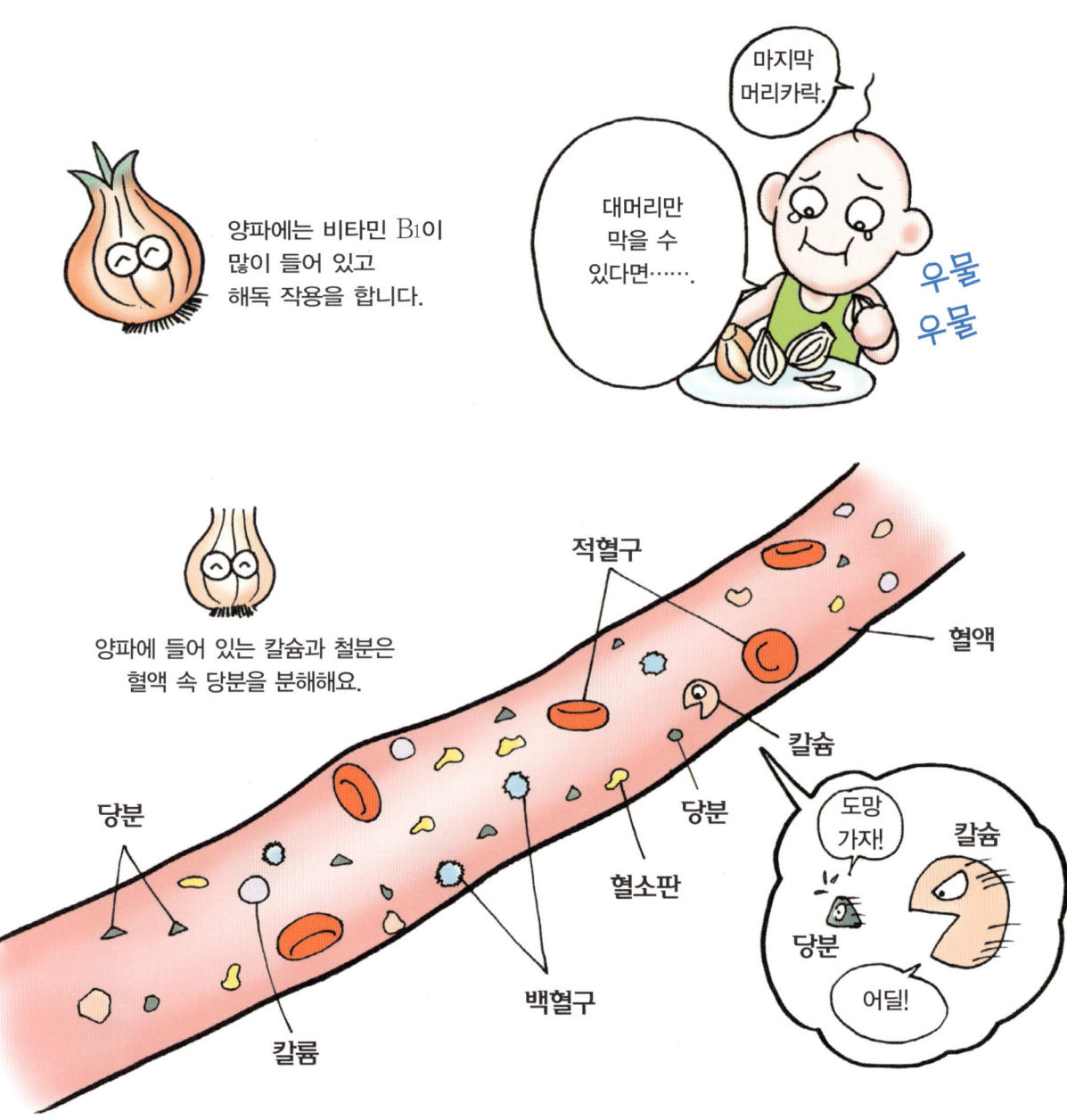

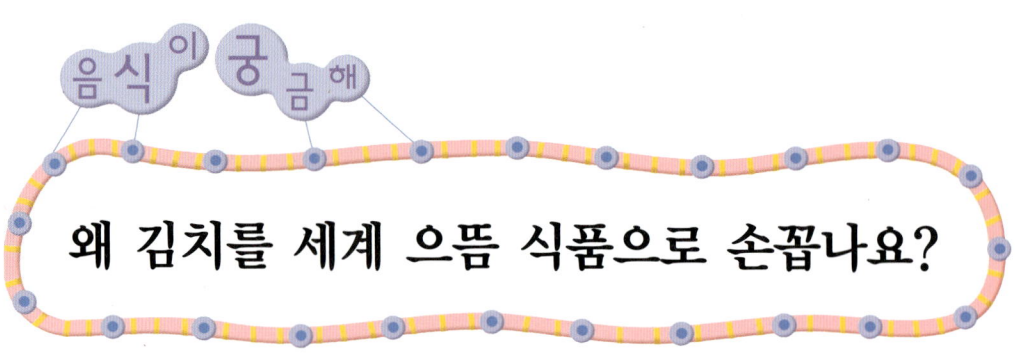

왜 김치를 세계 으뜸 식품으로 손꼽나요?

김치의 주재료는 배추와 무인데 여기에는 비타민이나 무기 염류, 섬유질, 그리고 각종 효소들이 들어 있습니다.

또 양념 재료로 쓰이는 고추, 마늘, 파, 생강, 양파 등에는 우리 몸에 꼭 필요하고 활력을 북돋워 주는 미네랄이나 비타민 등이 들어 있지요.

특히, 고추나 마늘은 김치를 발효시키는 젖산균의 활동을 크게 도와 줄 뿐만 아니라 몸에 해로운 병균의 침입을 막아 주기도 합니다.

이 밖에도 소화를 촉진시켜 주는 젖산균의 활동과 함께 칼슘이나 철분, 무기 염류가 많아 산성으로 변하는 체질을 막고 혈액 순환과 소화를 촉진시킵니다.

따라서 김치는 식물성 식품과 동물성 식품이 배합되고 몸에 이로운 균과 효소의 활동이 활발할 뿐만 아니라 향기와 맛, 모양이 아주 독특하고 우수하기 때문에 세계에서 가장 으뜸가는 식품으로 손꼽히지요.

김치 속에 들어 있는 비타민 C는 배추 100g당 약 40mg이 들어 있고, 무 100g 속에는 약 30mg이 들어 있기 때문에 포기 김치를 하루에 100g만 먹게 되면 우리나라 성인 남녀의 비타민 C 하루 권장량의 2/3 이상을 섭취하게 되는 거랍니다. 또 고춧가루에도 비타민 C가 많이 들어 있지요.

몸의 신진 대사를 도우며 저항력을 길러 주는 비타민 C는 섭씨 5~10℃에서 담근 지 15~20일이 되면 가장 많이 증가했다가 점차 시간이 지나면서 파괴되어 나중에는 본래의 30%밖에 남지 않는다고 해요.

만약에 김치가 없었더라면 무슨 맛으로 밥을 먹을까?

- 비타민 — 소화 촉진, 면역성 강화
- 섬유질 — 상처 회복 능력, 혈중 콜레스테롤 저하
- 젖산균 — 노화 억제
- 각종 효소들 — 생체 리듬 조절
- 무기 염류 — 항균성, 소염성, 항암성

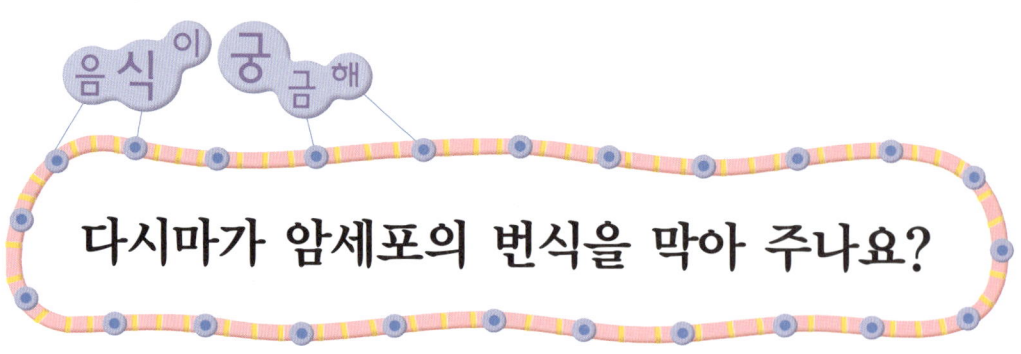

다시마가 암세포의 번식을 막아 주나요?

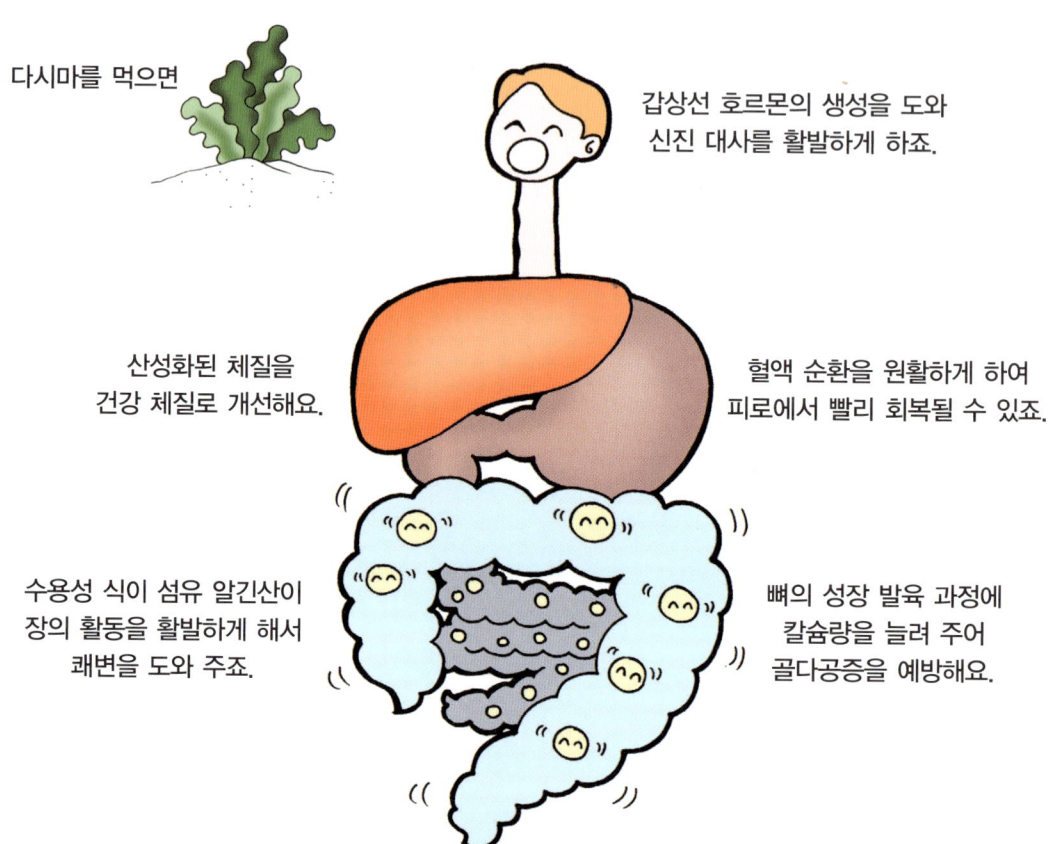

다시마를 먹으면

갑상선 호르몬의 생성을 도와 신진 대사를 활발하게 하죠.

산성화된 체질을 건강 체질로 개선해요.

혈액 순환을 원활하게 하여 피로에서 빨리 회복될 수 있죠.

수용성 식이 섬유 알긴산이 장의 활동을 활발하게 해서 쾌변을 도와 주죠.

뼈의 성장 발육 과정에 칼슘량을 늘려 주어 골다공증을 예방해요.

　동의보감에 따르면 몸이 붓는 데에는 12가지 원인이 있는데 다시마는 이 모든 부기를 다 내려 주는 역할을 한다고 합니다. 또 다시마는 이뇨 작용도 하기 때문에 체내에 돌처럼 굳어진 것을 말랑말랑하게 만들어 주어 악성 종양이나 염증성 질환들을 풀어 주는 일을 하기도 해요.
　다시마가 몸에 좋은 이유는 그 안에 함유되어 있는 요오드 때문인데, 그것은 조직과 혈중에 흡수되면 일반 전해질의 삼투압 작용을 나타내며 흡수를 촉진시킵니다.

또한 다시마는 편도선염이나 갑상선, 뼈의 성장 발육 과정의 칼슘량을 늘려 줘 골다공증에 효과가 있어요.

다시마는 적혈구를 31.4% 늘리고 혈색소도 20.8%나 늘려 혈액 형성을 자극해서 피로 회복을 돕습니다. 또한 다시마에는 요오드, 칼슘, 나트륨, 알긴산, 마그네슘 등 40여 가지의 각종 미네랄이 풍부하게 함유되어 있어 우리 몸의 신진 대사 기능을 확실하게 도와 주지요.

특히, 다시마에 있는 알긴산은 암세포의 번식을 막는 것으로 알려져 있답니다. 알칼리성도 매우 높아 산성화된 체질을 개선시켜 줄 뿐만 아니라 장 운동을 활성화시켜 배변을 촉진하며 장 속의 유해 물질을 빠르게 배설하도록 이끌어 주기도 하죠.

혈압 상승을 막아 고혈압을 예방해요.

세포 내 신진 대사를 활발하게 해 피부 노화를 억제하죠.

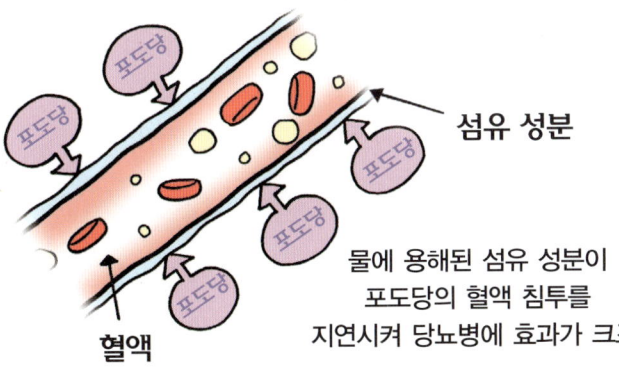
물에 용해된 섬유 성분이 포도당의 혈액 침투를 지연시켜 당뇨병에 효과가 크죠.

인체 내 필요 없는 지방을 몸 밖으로 배출하여 비만을 억제해요.

장내 음식물 흡수를 조절, 불필요한 지방, 콜레스테롤, 과다 염분, 중금속, 유해 물질의 흡수를 방해하여 몸 밖으로 배출하죠.

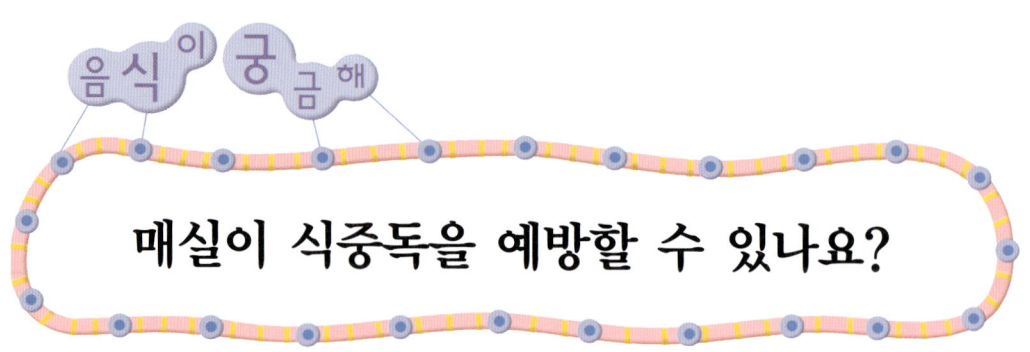

매실이 식중독을 예방할 수 있나요?

매실은 알칼리성 식품으로 피로 회복과 알레르기성 체질 개선, 피부 미용에 좋습니다. 또 매실은 파라틴 분비를 촉진해서 뼈와 근육과 혈관의 노화를 방지하고, 피부와 모발에 윤기를 주며 성호르몬의 분비도 도와요. 매실에는 칼슘과 인, 칼륨 등 무기질과 비타민, 유기산이 풍부하게 함유되어 있습니다. 또한 칼슘 흡수를 도와 뼈를 튼튼하게 하므로 골다공증에도 좋지요.

매실은 열을 흡수하는 작용을 하기 때문에 열이 달아올랐을 때, 해열 작용을 해요. 또 숙취나 편두통, 빈혈, 멀미에도 효과가 있는데, 이는 매실의 피크린산이 간의 기능을 활성화하기 때문입니다. 또 담석이 생기는 것과 커지는 것을 막아 주고, 괄약근을 수축시켜서 담즙이 잘 분비되게 합니다. 또한 매실은 대장균, 콜레라균 등에 대한 살균 작용을 해요. 또한 카테긴산이 함유되어 있어서 장의 연동 운동을 활발하게 하여 장내 유산균을 죽이므로 정장 작용도 한답니다. 매실을 먹으면 위 속의 산성이 강해져 식중독을 예방할 수도 있답니다.

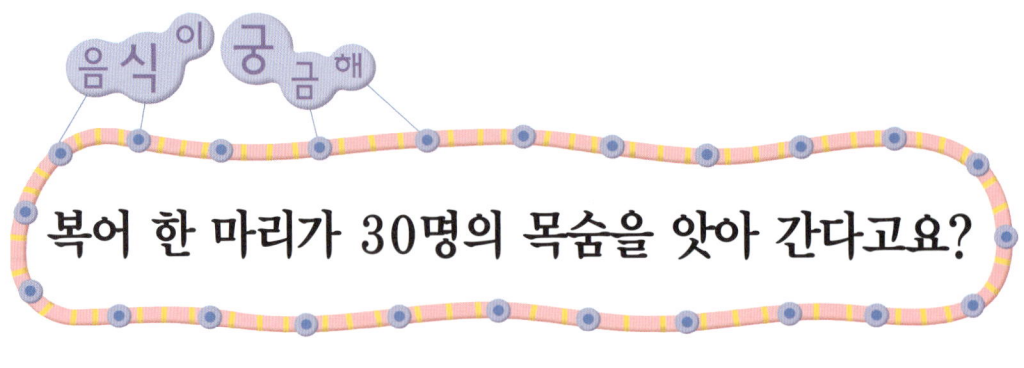

복어 한 마리가 30명의 목숨을 앗아 간다고요?

복어탕에 없어서는 안 될 친구들입니다.

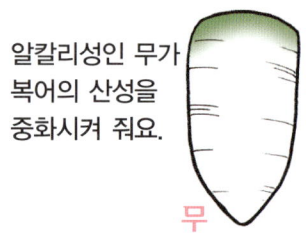

알칼리성인 무가 복어의 산성을 중화시켜 줘요.

무

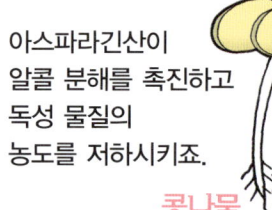

아스파라긴산이 알콜 분해를 촉진하고 독성 물질의 농도를 저하시키죠.

콩나물

독을 해독시키고 비타민을 첨가시킵니다.

미나리

　세계 4대 진미 식품의 하나인 복어에는 풍부한 영양분들이 골고루 있습니다. 복어는 고단백 저칼로리 식품으로 각종 무기질과 비타민이 풍부해 혈액을 맑게 하고, 간 해독에 탁월한 효과를 발휘합니다. 그래서 수술 전후 환자와 비만, 당뇨, 간 질환을 앓는 사람의 식이 요법으로 권합니다.

　한의학에서도 복어는 몸이 허약해서 나는 열을 내리고, 이뇨 작용이 뛰어난 음식으로 정신을 맑게 하며 기운을 보충하는 데도 아주 좋은 식품으로 꼽는대요.

　그러나 복어는 산란기인 3월에 독성이 가장 강한데 복어의 내장 속에 들어 있는 독은 청산가리의 1,300배 가량에 맞먹는다고 해요.

이와 같은 양이라면 단 한 마리만으로도 약 30명의 목숨을 앗아 갈 수 있죠. 복어 독에 중독되면 즉각 지각 마비, 언어 장애가 일어나고, 심하면 호흡 곤란과 함께 혈압이 떨어지면서 숨이 멎기도 합니다.

복어탕은 흔히 무, 콩나물, 미나리를 넣고 끓이는데 콩나물에 들어 있는 아스파라긴산은 알코올 분해를 촉진시키고 독성 물질의 농도를 낮춰 숙취를 해소하는 역할을 합니다. 게다가 복어에 들어 있는 글루타티온 성분은 알코올 분해 과정에서 생긴 아세트알데히드란 독성분이 세포의 지질과 단백질을 손상시키는 것을 막아 주는 역할을 합니다.

복어의 독은

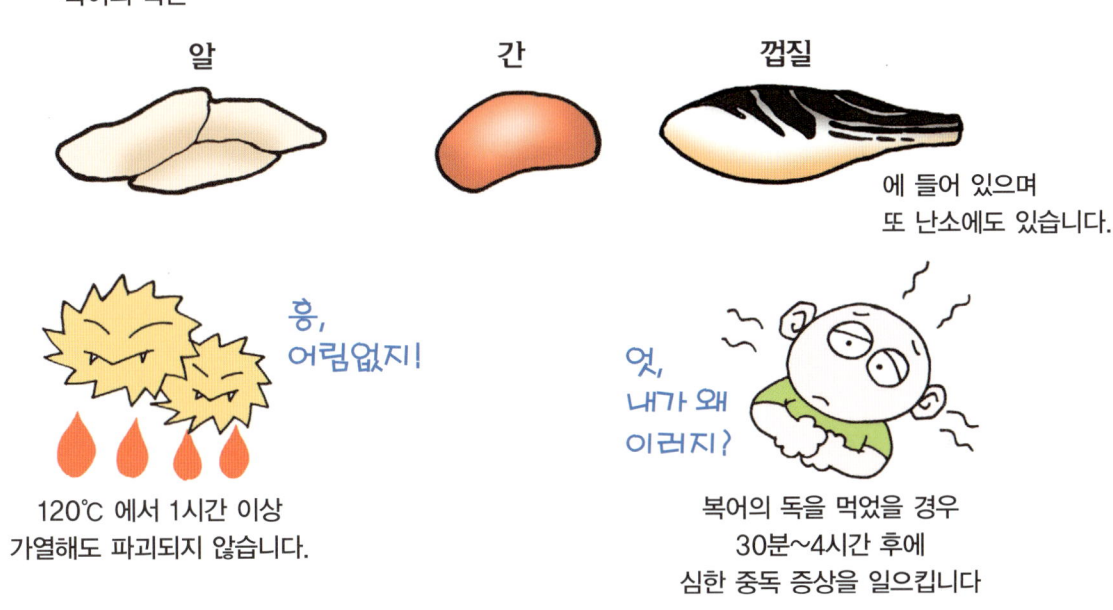

알   간   껍질

에 들어 있으며 또 난소에도 있습니다.

흥, 어림없지!

120℃에서 1시간 이상 가열해도 파괴되지 않습니다.

엇, 내가 왜 이러지?

복어의 독을 먹었을 경우 30분~4시간 후에 심한 중독 증상을 일으킵니다

피가 나는군!

감각이 둔해지고   메스꺼움과 구토   언어 마비와 온몸 마비   의식이 흐려지며 숨을 쉬지 못하죠.

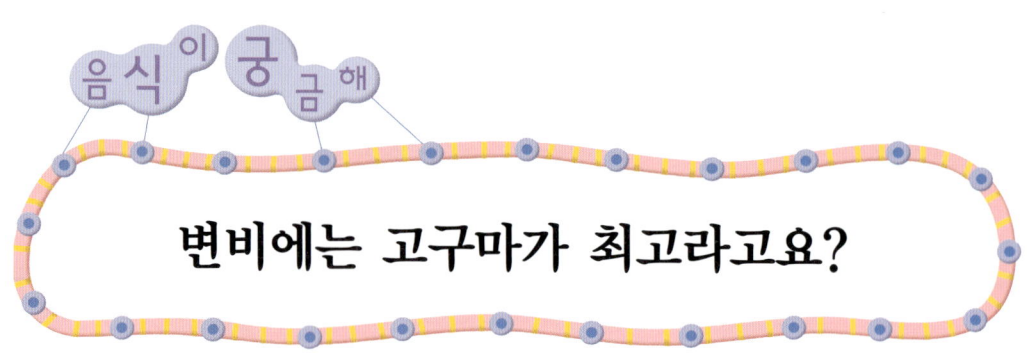

변비에는 고구마가 최고라고요?

우리나라에 처음 고구마가 들어온 건 조선 영조 때예요. 통신사 조엄이 일본에서 돌아오는 길에 대마도에서 그 종자를 얻어 왔지요.

고구마의 성분은 수분이 70% 정도를 차지하고 전분, 당분, 단백질, 지방질, 섬유질 등이 들어 있어요.

또한 고구마 속에는 뇌졸중 예방에 좋은 성분으로 알려진 칼륨이 풍부해요. 칼륨은 나트륨과는 상반되는 작용을 하기 때문에 사람들의 몸 안에 들어 있는 나트륨을 몸 밖으로 밀어 내는 작용을 합니다. 고구마에는 칼륨 외에도 미네랄과 비타민 C 등이 풍부하여 이들 영양분이 결핍되기 쉬운 겨울철 먹거리로 아주 훌륭하지요.

특히 고구마에 들어 있는 미네랄과 비타민은 긴장이나 스트레스, 무력증 해소에 좋기 때문에 수험생의 간식으로도 좋답니다. 또 고구마에 들어 있는 비타민 C는 일반 과일에 있는 비타민 C와는 달리 조리 과정에서도 거의 파괴되지 않는 특징이 있습니다. 고구마의 주성분인 전분질에 비타민 C가 싸여 있기 때문에 조리할 때 열을 가해도 남아 있을 수 있는 거예요. 또한 고구마에 들어 있는 식이성 섬유질은 변의 배설을 촉진하는 데 효과가 있습니다.

고구마에 있는 섬유질은 장내 세균 중에 이로운 세균을 증가시키고 대장암 등을 예방하며 혈액 순환을 원활하게 하여 설사나 만성 소화 불량 치료에도 도움이 됩니다.

또한 고구마에 풍부한 베타카로틴은 위암을 예방하고, 발암 물질을 억제하는 물질도 많이 포함하고 있다고 합니다.

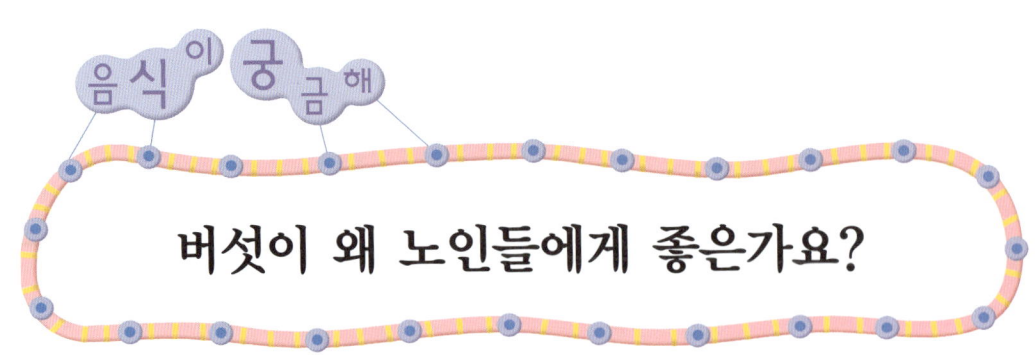

버섯이 왜 노인들에게 좋은가요?

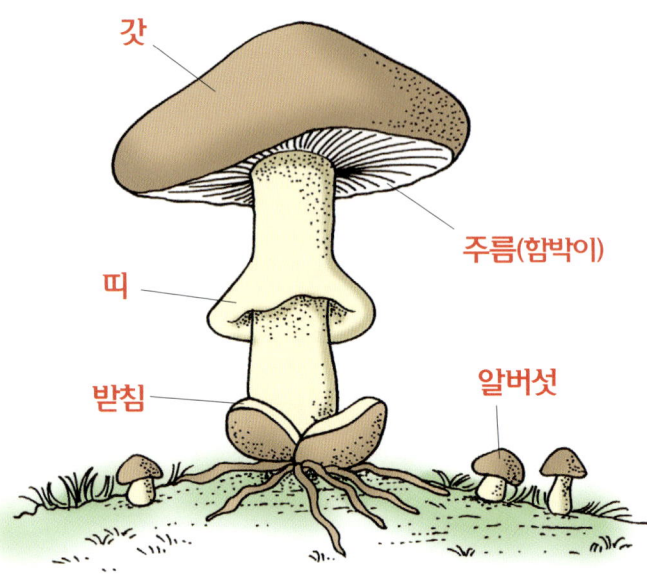

지금까지 알려진 버섯의 종류는 2,000여 종 이상이 되지만, 그 중에서도 먹을 수 있는 버섯은 약 100여 종 정도입니다.

버섯은 엽록소가 없으므로 필요한 영양분을 스스로 만들어 살 수가 없기 때문에 다른 식물이 만들어 놓은 영양분을 흡수하여 살아갑니다.

버섯은 종류에 따라서 맛이나 향기 그리고 영양가 및 그 쓰임이 각각 달라요. 버섯은 다른 식품보다 소화가 잘 되고 우리 몸에 꼭 필요한 질 좋은 영양분을 고루 가지고 있어 우수하고 맛좋은 식품이죠. 3대 영양소와 칼슘, 인, 철분 같은 무기 염류 및 비타민 A, B, C, D 등 각종 영양소가 골고루 들어 있습니다. 버섯 속에는 소화 효소가 듬뿍 들어 있어 병약한 환자나 노인들의 음식으로 적당합니다.

특히 고혈압, 당뇨병, 간염 등 성인병의 원인이 되는 혈중 콜레스테롤의 수치를 감소시키지요.

특히 표고버섯은 날것보다 말린 것에 두 배의 영양가가 있을 뿐만 아니라 에르고스텐이라는 비타민 D의 모체가 많이 포함되어 있어 많은 사람들로부터 사랑을 받고 있답니다.

버섯의 종류

표고버섯
비타민 B_1, B_2, B_6, D, 무기질, 탄수화물을 포함하고 있으며, 뇌신경 안정, 항암, 항바이러스, 빈혈 예방, 동맥경화, 고혈압, 비만증, 당뇨병 등을 예방합니다.

느타리버섯
비타민 D_2를 포함하고 있으며, 항암, 동맥경화, 고혈압, 알레르기 반응 억제, 면역 기능 강화 등의 효과가 있습니다.

동충하초
면역 기능 증강, 항암, 마약 중독 해독, 운동 능력 향상, 염증 억제 효과가 있습니다.

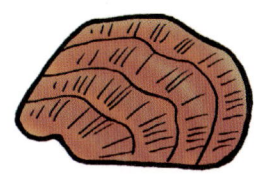
상황버섯
위장 기능 활성화, 해독 작용, 면역 기능 강화, 항암 효과가 있습니다.

신령버섯
탄수화물, 단백질, 식물 섬유가 풍부해서 암에 대한 면역력을 높여 줍니다.

양송이버섯
비타민 B_2, D, 엽산 등을 포함하고 있으며, 고혈압 예방, 빈혈 치료, 당뇨병, 비만에 좋습니다.

팽이버섯
위암, 식도암, 췌장암 등을 치료하고 예방하죠.

영지버섯
비타민 B_1, B_2, B_6, D, 무기질, 탄수화물을 포함하고 있으며, 뇌신경 안정, 항암, 항바이러스, 빈혈 예방, 동맥경화, 고혈압, 비만증, 당뇨병 등을 예방합니다.

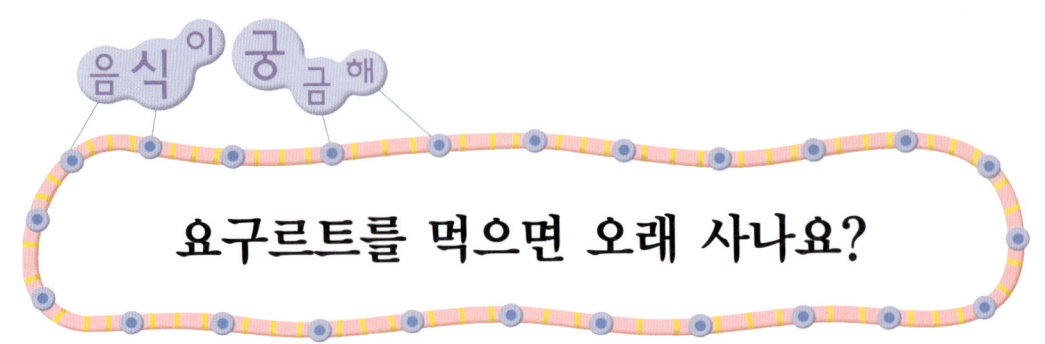

요구르트를 먹으면 오래 사나요?

요구르트는 발효유의 일종으로 다른 건강 식품과는 달리 살아 있는 유산균이 대장까지 도달하는 식품이에요. 장수촌의 건강식으로 널리 알려져 있는 식품이지요.

요구르트는 마시는 것에서부터 떠 먹는 것, 그리고 고농도 요구르트까지 종류가 많아요. 하지만 세균 수에서 엄청난 차이가 있습니다. 마시는 요구르트의 경우 1cc에 1만 마리 이하의 유산균이 있는데 반해, 농후 요구르트에는 약 14억~18억 마리의 유산균이 함유되어 있다고 합니다.

하지만 문제는 유산균이 위와 장을 지나면서 강력한 위산 등에 의해 대부분 죽어 버린다는 점이에요. 그래서 요구르트는 식사 후 바로, 또 공복일 때에는 냉수 한 잔을 마신 후에 먹는 것이 좋습니다. 이는 위 속에 위산이 가장 적을 때 먹어야 유산균이 죽는 걸 막을 수 있기 때문이지요. 요구르트는 살아 있는 균이기 때문에 상품화된 용기 속에서도 번식합니다. 그런데 자신들의 대사 산물로 산을 분비해 일정 기간이 지나면 오히려 균의 숫자가 줄어들게 돼요. 그러므로 요구르트는 생산된 날부터 3일째 되는 날에 먹는 것이 가장 좋습니다.

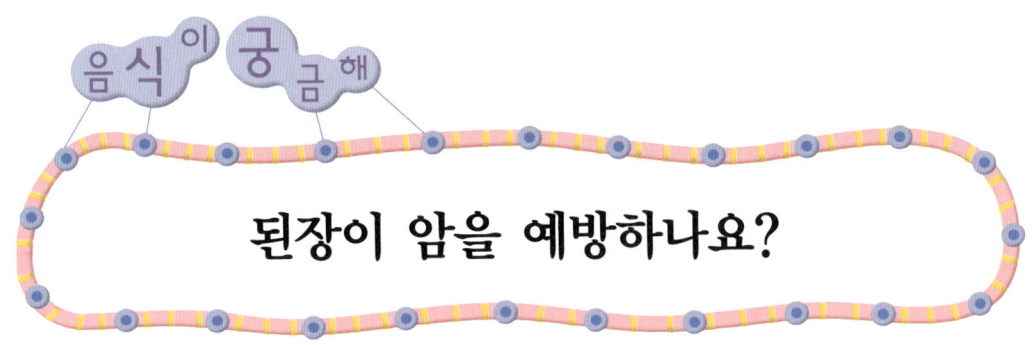

된장이 암을 예방하나요?

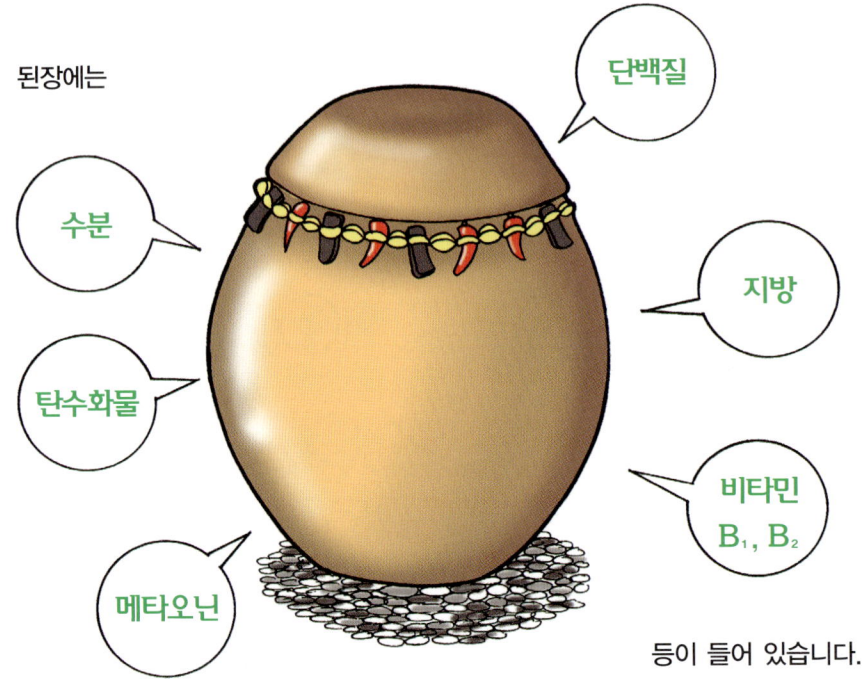

된장에는 수분, 탄수화물, 메타오닌, 단백질, 지방, 비타민 B₁, B₂ 등이 들어 있습니다.

　된장은 한국 음식의 기본 조미료이면서 단백질원으로도 중요한 식품입니다.

　우리가 즐겨 먹는 된장국은 위암을 비롯한 위궤양, 심장병 등의 예방 및 치료에 놀랄 정도로 효과가 있습니다. 된장을 자주 먹는 사람은 안 먹는 사람에 비해 위암 발생률이 3배가 낮다고 하며, 특히 된장을 자주 먹으면 해독 작용에 큰 효과를 볼 수 있어요.

　된장의 성분 중 항암 효과가 있는 물질은 아직 구체적으로 밝혀지지 않았으나 된장이 발효되면서 나온 불포화 지방산의 일종인 리놀산일 것으로 추측하고 있습니다.

된장에는 수분, 단백질, 지방, 탄수화물과 그 밖의 비타민 B_1, B_2 등이 들어 있답니다. 두부와 함께 찌개를 끓일 때 독특한 냄새와 맛을 내는 청국장도 단백질, 지방, 탄수화물, 섬유질 등을 비롯하여 칼슘, 철분, 비타민 B_2 등이 들어 있지요.

된장을 이용한 찜질 방법도 있어요. 된장을 거즈에 4~5센티미터 넓이로 발라 배꼽 부분을 빼고 배에 붙이면 장의 통증이 말끔히 사라진다고 해요.

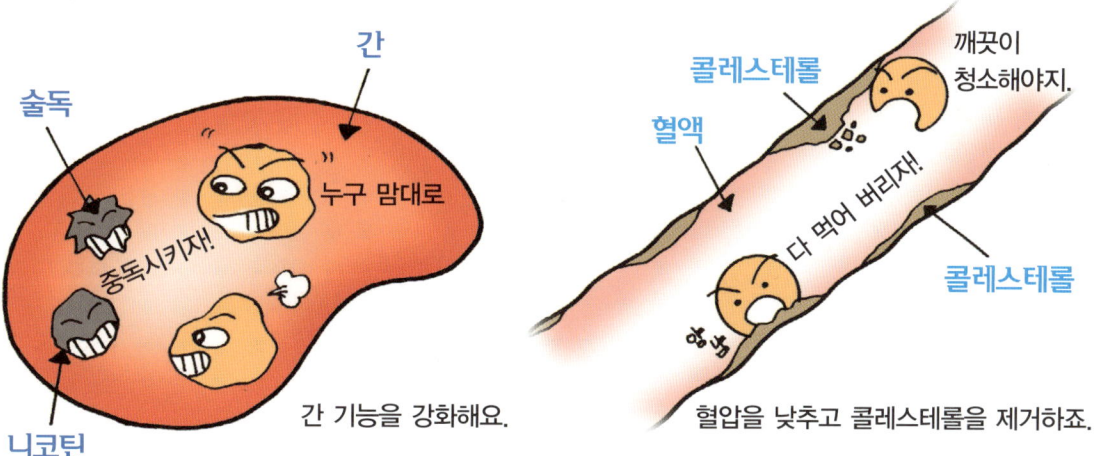

▶ 항암, 변비, 노화 방지, 당뇨 개선, 골다공증, 비만 등에 좋아요.

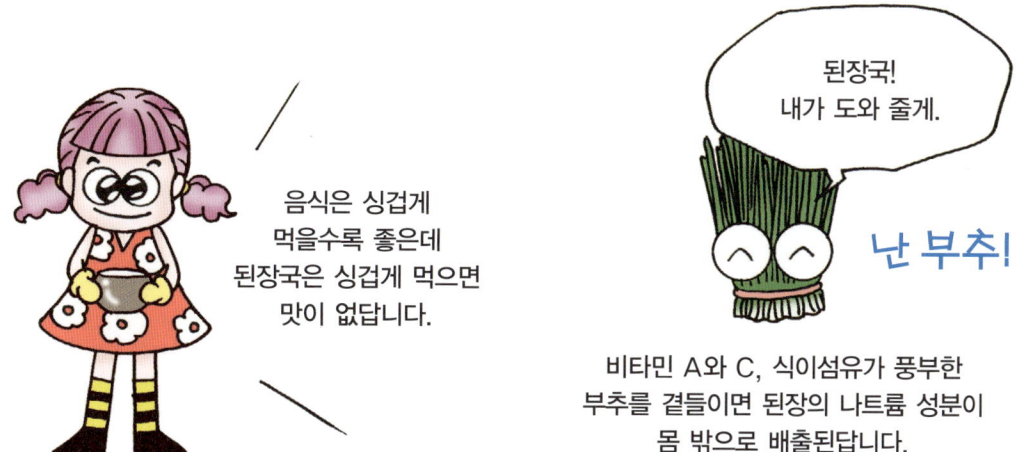

지진은 지구 내부의 급격한 변동으로 땅이 움직이는 걸 말해요.
지진이 발생하면 땅이 갈라진 곳을 경계로
양쪽의 지층이 크게 어긋나게 됩니다.
1906년에 발생한 미국 캘리포니아 지진 때는
무려 435km나 땅이 어긋났어요.
지금까지 우리나라에서 일어난 지진 기록도
무려 2,000여 회가 넘어요.
이 가운데 집이 흔들리고 벽에 금이 가는 지진도
70여 회나 있었지요.

- '지진은 왜 일어나나요?' 중에서

외핵

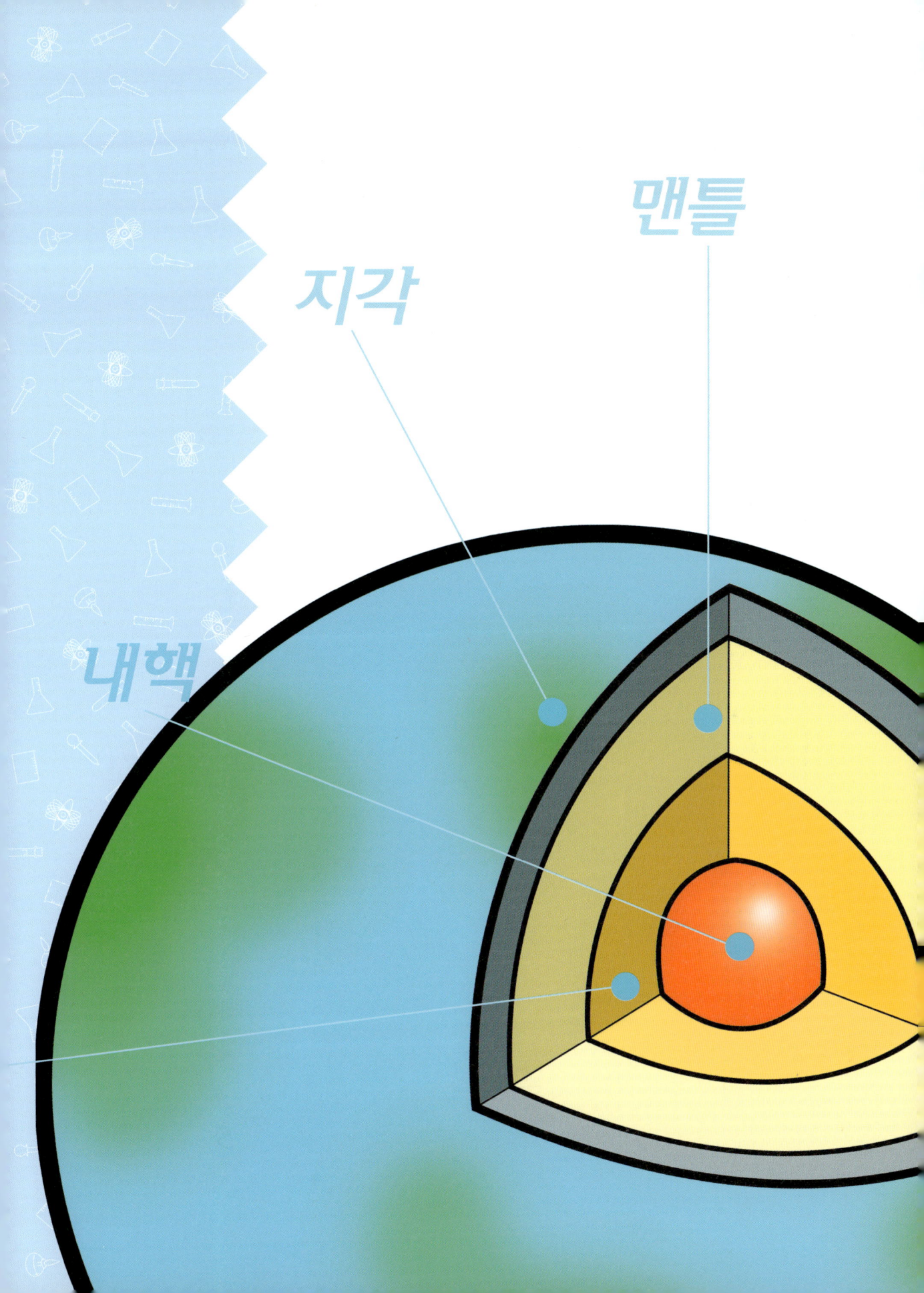

지진은 왜 일어나나요?

지진은 지구 내부의 급격한 변동으로 땅이 움직이는 걸 말해요.

지진이 발생하면 땅이 갈라진 곳을 경계로 양쪽의 지층이 크게 어긋나게 됩니다. 1906년에 발생한 미국 캘리포니아 지진 때는 무려 435㎞나 땅이 어긋났어요.

지진의 강도는 0~8단계로 나눕니다. 지진 자체의 규모를 나타내기 위하여 매그니튜드(M)라는 척도를 사용하고 있어요.

최근 지구 곳곳에서 대형 지진이 발생하고 있는데 1999년에는 리히터 규모 5.8의 강진이 콜롬비아의 서부 지역을 강타해 약 1,000명이 숨졌고, 그 며칠 후에는 리히터 규모 7.4의 강력한 지진이 터키 서부 지역

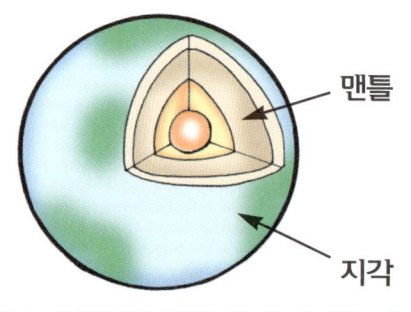

지각은 유동성인 맨틀 위에 떠 있는데

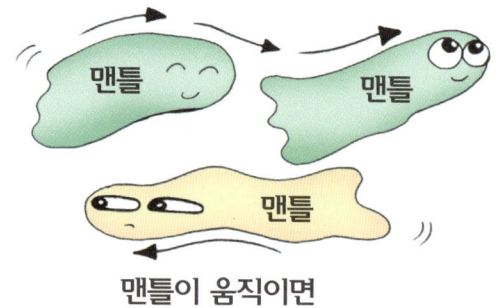

맨틀이 움직이면

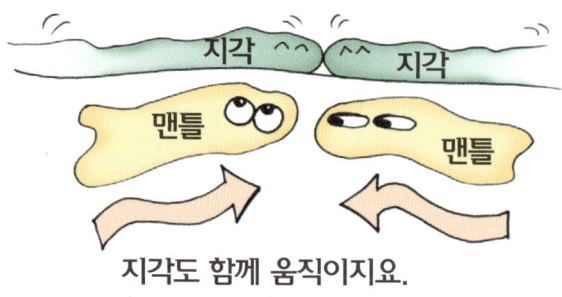

지각도 함께 움직이지요.

을 강타해 1만 6천여 명의 사상자를 내기도 했습니다. 대만에서는 리히터 규모 7.4에서 6.2까지 크고 작은 지진이 끊이지 않고 일어나고 있는데, 한 해에 3,000여 회의 지진이 발생한다고 합니다. 대만 중앙에 있는 아리산은 아직도 용암 활동을 하고 있는데, 이 곳을 진원지로 하는 지진이 끊임없이 발생하고 있는 거예요.

지금까지 우리나라에서 일어난 지진 기록도 무려 2,000여 회가 넘어요. 이 가운데 집이 흔들리고 벽에 금이 가는 지진도 70여 회나 있었지요.

단층 운동

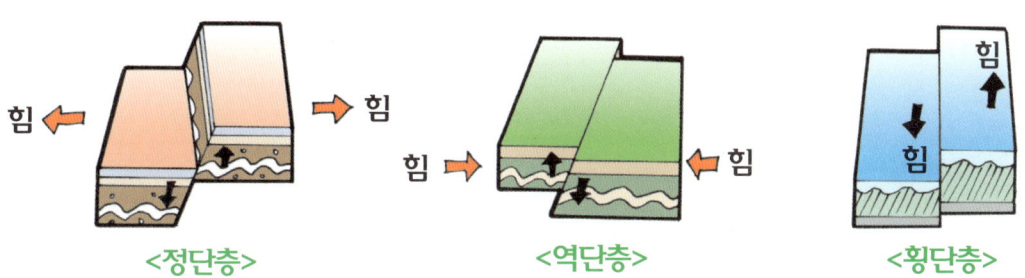

우선 큰 지판이 운동해요.

지구 내부에서 변형되죠.

변형이 없는 상태로 되돌아가려는 에너지가 축적됩니다.

지판이 견디지 못해요.

단층 운동이 생기죠.

충격

지진

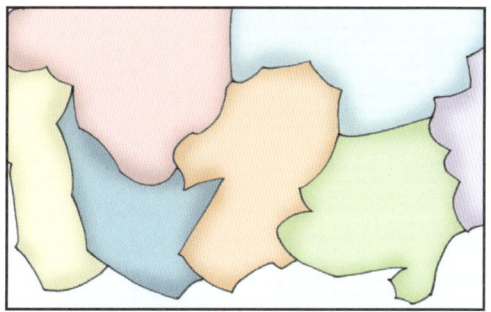

지판은 일곱 개의 구간으로 나뉘죠.

지구가 궁금해

황사는 어디서 오는 건가요?

황사란 중국과 몽골의 사막 지대와 황하 중류의 황토 지대에서 발생해 황해를 건너 우리나라는 물론 일본까지 날아가는 흙먼지를 말하죠.
만주에서 발생한 황사는 고도 1~3km를 유지하면서 날아와, 1~3일이면 우리나라에까지 도달해요. 황하에서 오는 황사는 이동 거리가 짧아 예측이 쉽지만, 내몽골에서 오는 황사는 예측이 쉽지 않아요. 내몽골 자치구에서 발생한 모래 폭풍은 최고 초속 22km/s의 빠른 속도로 동쪽으로 이동합니다. 내몽골 남쪽에 있는 베이징도 황사를 동반한 강풍권에 들어 있지요. 중국 황하와 몽골, 중국 간 경제 지역 같은 황토 지역은 강수량이 평년에 비해 상당히 적어서 토양이 메말라 황사 피해가 더욱 큰 것으로 알려지고 있습니다.

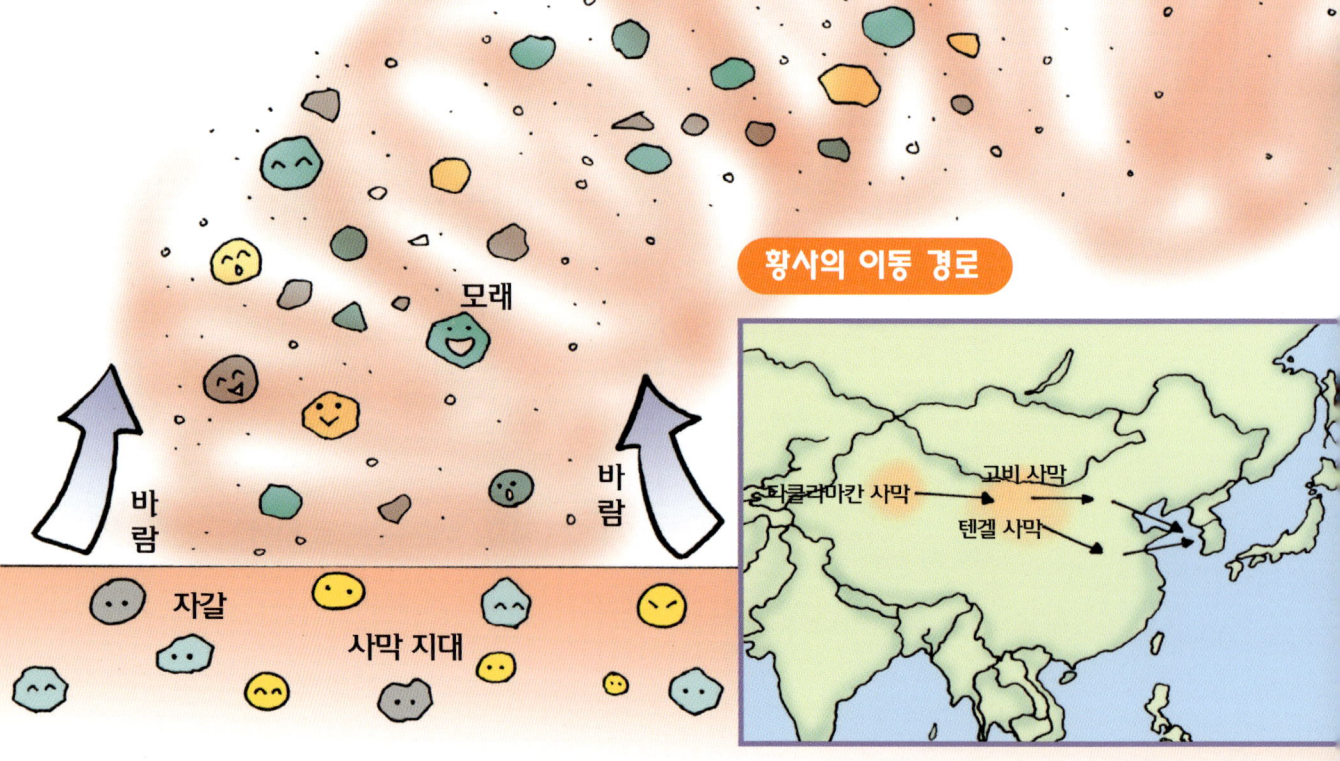

황사의 이동 경로

    2000년 3월에 나타난 먼지 농도는 1999년 국내 연평균 먼지 농도의 150배가 넘는 수준이었어요.

    이처럼 황사로 인해 도심 도로변의 미세한 먼지가 증가하고, 자동차 배기 가스에서 나오는 매연과 섞여서 호흡기 질환, 알레르기 반응을 일으킵니다.

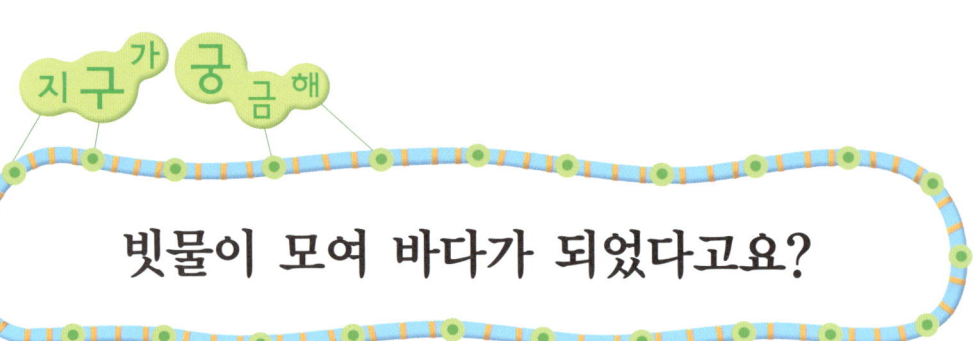

빗물이 모여 바다가 되었다고요?

해양학자들은 남반구의 육지 모양과 옛날에 살았던 생물들의 화석을 연구, 조사했어요. 지금 있는 대륙들은 원래 한 덩어리였는데, 지구의 지각 변동에 의해 서로 갈라져 지금과 같이 나뉘어진 거라고 추측하고 있습니다.

최근에 깊은 바다 밑의 굴착 연구로 밝혀진 바에 의하면, 바닷속에서 가장 오래 된 흙은 약 1억 9천만 년 전의 것이래요. 그리고 태평양과 대서양 사이에는 해저 산맥이 있고, 해저 산맥 꼭대기에 있는 해저 흙의 연대가 젊으며, 여기서부터 두꺼워진다는 것이 밝혀졌습니다.

태양계는 거의 같은 시기에 이루어졌을 거예요. 부글부글 끓던 지구의 표면이 서서히 식으면서 대기 중에 많은 수증기가 생겨났고, 이것들은 한데 뭉쳐 구름이 되었어요. 그리고 결국 땅으로 떨어져 지구에 비가 내리기 시작했는데, 이것이 지구 최초의 비였지요. 이 비 때문에 지

구 표면의 열은 빠른 속도로 식을 수 있었습니다.

이렇게 만들어진 비는 오랫동안 내렸고, 빗물은 낮은 곳으로 모이기 시작했어요. 모인 빗물은 다시 지구의 뜨거운 열 때문에 다시 수증기로 변해 증발되었고, 대기 중에서 다시 구름이 되고 비로 쏟아지는 일이 오랜 세월을 두고 반복되었습니다.

이 같은 일이 수십억 년을 두고 계속되는 사이에 지구의 표면 온도는 점점 식어서, 열기를 거의 느끼지 못할 정도가 되었지요. 그 뒤 다시 낮은 곳으로 모여든 빗물이 바다의 처음이 되었다고 보는 것입니다.

이렇게 바다가 만들어진 것은 지금으로부터 약 15억 년 전으로 추정하고 있어요. 만약 지구에 바다가 없다면 모든 생명체는 존재하지 않았을지도 모른답니다.

삼림욕을 하면 예뻐지나요?

숲 주위의 1m 내에는 세균이 거의 없다고 해요. 그리고 신선한 떡갈나무나 자작나무의 잎을 잘라 그 곳에 결핵균이나 대장균을 넣으면 몇 분 지나지 않아 죽는답니다.

삼림욕이 중환자의 병을 모두 고쳐 주는 것은 아니지만, 나무에서 내보내는 독특한 성분이 몸을 좋아지게 한대요. 또 공기 중의 작은 먼지가 나무에서 내보내는 독특한 물질과 함께 만나면 먼지의 80%가 정화되는 등 심폐 기능의 강화에 탁월한 효과가 있답니다.

울창하고 건강한 숲은 마치 하나의 테라륨과 같아요. 그 속에는 오염되지 않은 깨끗한 산소와 인체에 유익한 물질들이 살아 숨쉬지요.

일반적으로 양이온은 혼탁한 도시나 환기가 잘 되지 않는 실내 공기, 또는 폭풍우 전에 발생해요. 반대로 음이온은 태양의 자외선 폭포, 계곡의 물가, 분수 등 물 분자가 격렬하게 운동하는 곳, 비가 올 때 빗방울이 튀기는 곳, 식물의 광합성 작용이 왕성한 곳에 많이 존재하죠.

공기 중에 음이온이 증가하면 건강에 매우 좋으며 여러 가지 병을 치료하는 데 매우 좋아요.

즉, 불면증을 없애고 피를 깨끗하게 합니다. 또한 세포의 기능을 활발히 해서 얼굴색이 맑아져 예뻐집니다.

음이온은 산림 중에서 소나무 숲이나 삼나무 숲 등 침엽수로 이루어진 숲에 더 많이 분포되어 있습니다. 그리고 숲에서 존재하는 음이온의 양은 도시의 음이온보다 14~70배 이상 많고, 교외 지역에 비해서는 3~10배 이상 된다고 합니다.

나는 음이온!

슬슬 나가 볼까?

삼림욕을 하게 되면
1. 불면증을 없애고,
2. 혈액을 정화하며,
3. 심폐 기능을 강하게 합니다.

심폐 기능이 약한 사람도 여기선 맘놓고 숨쉴 수 있죠.

그 외 음이온이 많이 생기는 곳

식물의 광합성이 왕성한 곳

쏴아

비가 올 때 빗방울이 튀는 곳

물 분자가 격렬하게 운동하는 곳

어떻게 하면 바닷물을 마실 수 있나요?

바닷물을 먹는 물로 바꾸는 방법에는 크게 두 가지가 있는데 하나는 소금기가 빠지지 않는 특수한 막을 사용하여 염분을 걸러 내는 '역삼투압법'과 열을 이용하여 바닷물을 증류시켜서 얻어 내는 '증류법'이 있습니다.

역삼투압법은 비용이 많이 든다는 단점이 있어요. 적은 양의 물을 얻기 위해 높은 압력이 필요하기 때문이지요. 하지만 연구가 활발하게 진행되고 있고, 또 역삼투압법에 사용되는 특수한 막에 대한 연구도 꾸준히 진행되고 있답니다.

현재는 증류법이 보편적으로 쓰이고 있습니다.

물이 이렇게 많은데도 먹을 수 없다니……,

바닷물에는 염분이 녹아 있기 때문에 그냥 마실 수는 없습니다.

염분

증류법의 원리

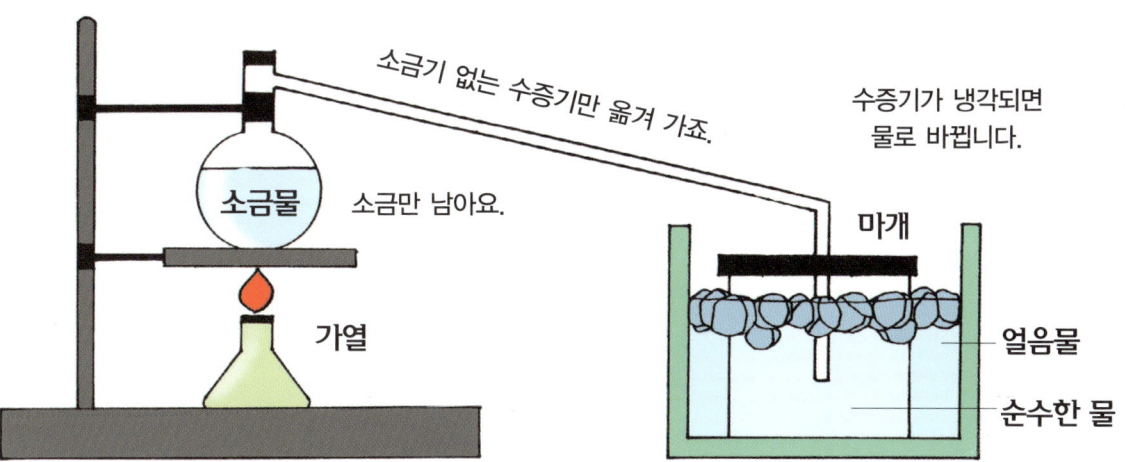

삼투압과 역삼투압

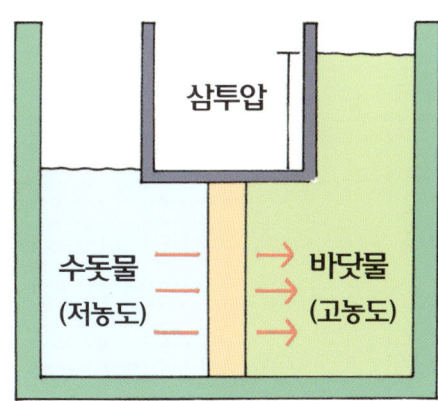
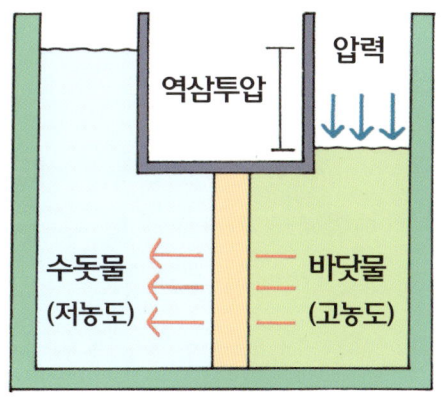

농도가 다른 액체를
특수한 막으로 분리해 놓으면
농도가 높은 쪽으로 물이 이동해 가요.
이 때 생기는 물 높이의 차이를
삼투압이라고 하죠.

하지만 농도가 높은 바닷물 쪽에
삼투압 이상의 압력을 주면
반대로, 농도가 낮은 쪽으로
물이 이동하게 되는데
이것은 역삼투압이에요.

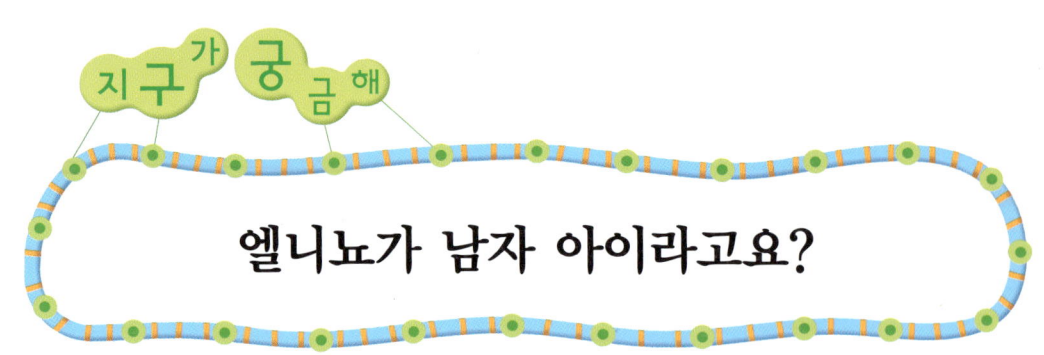

엘니뇨가 남자 아이라고요?

　엘니뇨 현상이란 태평양 적도 부근에 있는 바닷물의 온도가 태양열로 데워져서 평년보다 몇 도 높은 상태로 약 1년 동안 지속되는 현상을 말해요. 1970년 초에 처음 보고된 이 현상은 대체로 4년 만에 한 번씩 발생하는데, 보통 9월부터 이듬해 3월까지 계속되죠.

　엘니뇨가 나타나면 따뜻한 바닷물이 머물러 있는 동태평양에는 많은 비가 내리고, 동남아시아에서는 가뭄이 나타납니다. 정상적인 경우라면 무역풍이 불면서 따뜻한 물이 옮겨 온 동남아시아쪽 바다에서 고온 다습한 상승 기류가 형성되어 비가 많이 내려야 하죠.

　엘니뇨가 발생하면 더워진 바닷물은 거꾸로 흘러 지구촌 곳곳에 극심한 홍수, 가뭄, 이상 기온 등 기상 이변을 일으킵니다.

엘니뇨 때문에 입는 피해는 매우 큽니다. 오스트레일리아에서는 가뭄으로 물과 목초가 부족해져서 가축들을 무더기로 도살했구요, 인도네시아에서는 한 달 동안이나 산불이 계속되었지요. 또 아프리카 사하라 사막 남쪽에는 가뭄이 덮쳐 옥수수가 말라 죽었습니다. 중국 북부는 가뭄으로 농지가 말라 가는데, 반대로 남쪽에서는 홍수가 나서 농작물에 심한 타격을 받았답니다.

자석은 왜 남북을 가리키나요?

지구는 커다란 막대 자석과 같아요. 북극은 S극, 남극은 N극의 성질을 띠고 있기 때문이지요. 그런데 사실 지구 자석의 N극은 실제 북극이 아니라, 캐나다 북쪽 서경 약 100도, 북위 약 75도 되는 지점이래요. 그러므로 서울에서는 자석이 정북보다 약 6도 서쪽을 가리키지요.

지구 중심부에는 니켈이나 코발트, 철 등과 같이 자석이 되기 쉬운 물질들이 있어요. 이런 물질들이 지구의 자전에 의해 회전하고 있지요.

다이너모 이론

외핵의 니켈, 코발트, 철 등이 지구의 자전에 의해 회전하며 전류를 발생시켜 지구 전체에 자기장이 생긴다는 이론이에요.

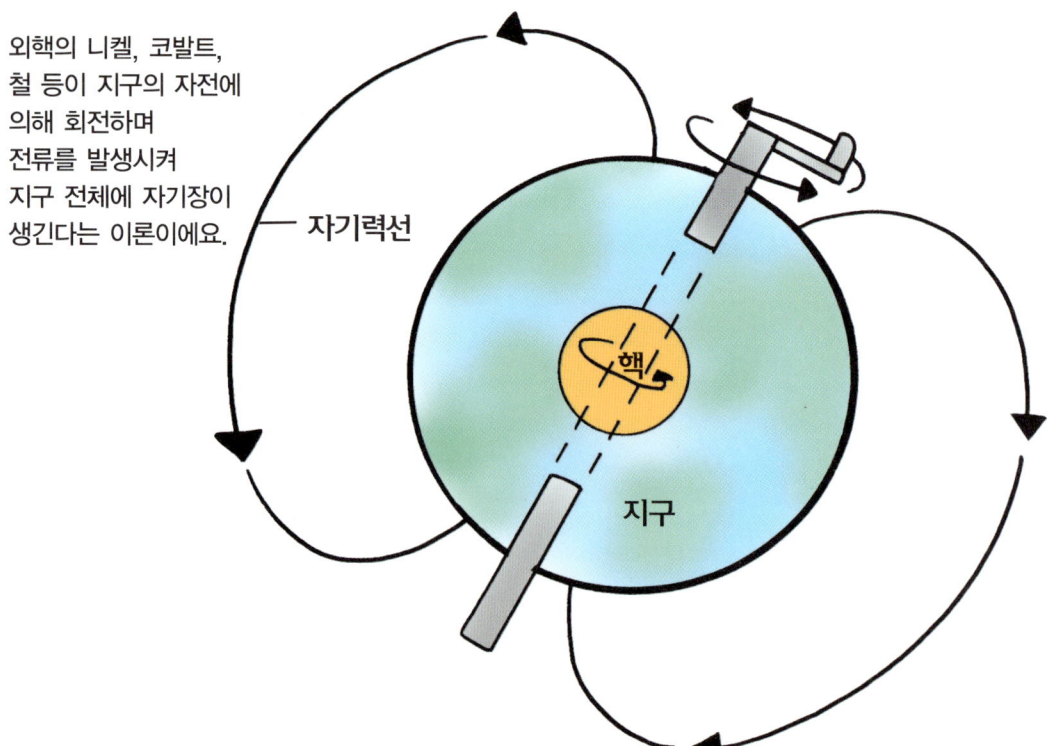

지구의 자전이 한 방향으로 이어지면
자장과 전류는 서로 강하게 합쳐져서
지구 전체가 커다란 자장을 가지게 된답니다.

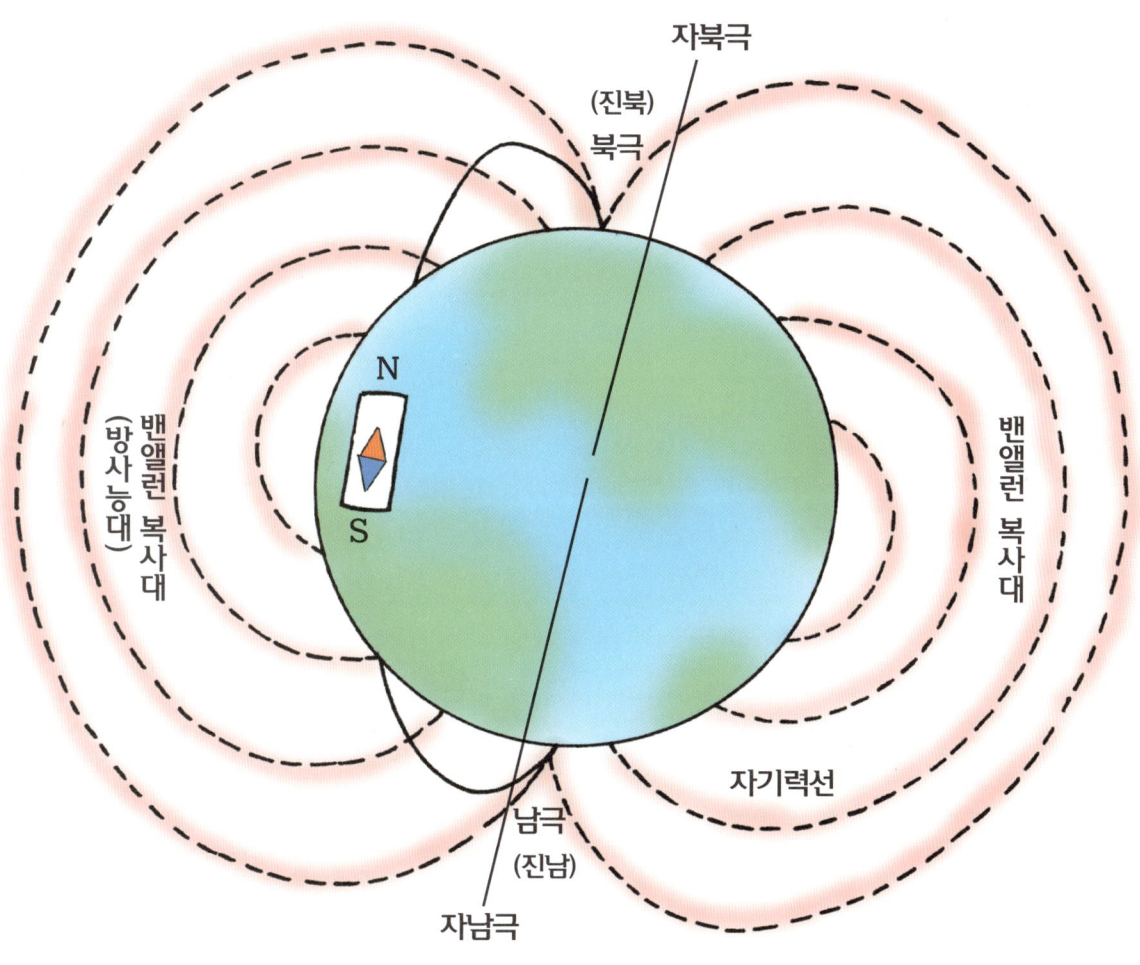

또 부분적인 온도의 차이 같은 것에 따라 대류도 합니다.

전류가 흐르기 쉬운 물질이 자기장 안쪽을 회전하면 발전기처럼 전류가 생기게 됩니다. 처음에는 매우 작은 자기장이 있었는데, 그것이 전류를 만들고, 그 전류는 다시 새로운 자기장을 생기게 하지요.

지구의 자전이 한 방향으로 이어지면 자기장과 전류는 서로 강하게 합쳐져서 지구 전체가 커다란 자기장을 가지게 된답니다.

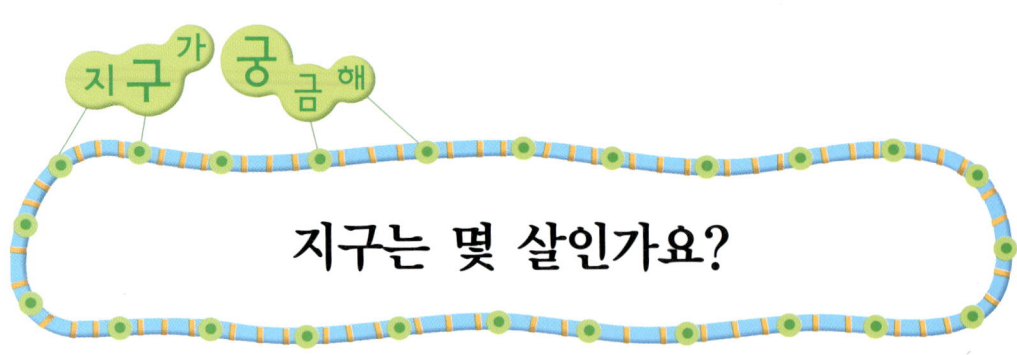

지구는 몇 살인가요?

오랜 옛날부터 지구가 생겨난 것에 대한 많은 연구가 있었지만 과학적이고 논리적인 연구가 된 것은 400여 년밖에 되지 않았어요. 현재는 지구의 나이를 약 45억 년으로 추측하고 있습니다.

처음 지구가 태양에서 떨어져 나왔을 때는 활활 타는 뜨거운 불덩어리였어요. 그러다가 천천히 식으면서 단단한 지각이 생기기 시작했는데, 그 때가 약 5억 년 전이지요.

처음 지구가 생겨났을 때에는 공기와 물이 없었다고 해요. 그러나 시간이 지나, 지구 내부에서 화산이 폭발하면서 지구는 온통 불바다가 되었대요. 그 불덩어리에서 나오는 여러 물질들에 의해 지구 주위에는 가스나 수증기가 만들어지기 시작했다는군요. 그렇게 해서 차츰 공기도 생기고, 생명체도 탄생했다고 보고 있습니다.

지구의 나이를 추정하는 데는 우라늄을 이용해요. 옛날부터 있었던 돌 속의 우라늄과 납의 비율을 조사하면 나이를 밝혀 낼 수 있답니다. 우라늄은 약 7억 1,300년이 지나면 반 정도가 납이 되고, 또다시 7억 1,300년이 지나면 그 나머지의 반이 또 납으로 바뀌거든요.

화산이 터지면서 나온 여러 물질들에 의해 가스와 수증기, 공기가 발생했답니다.

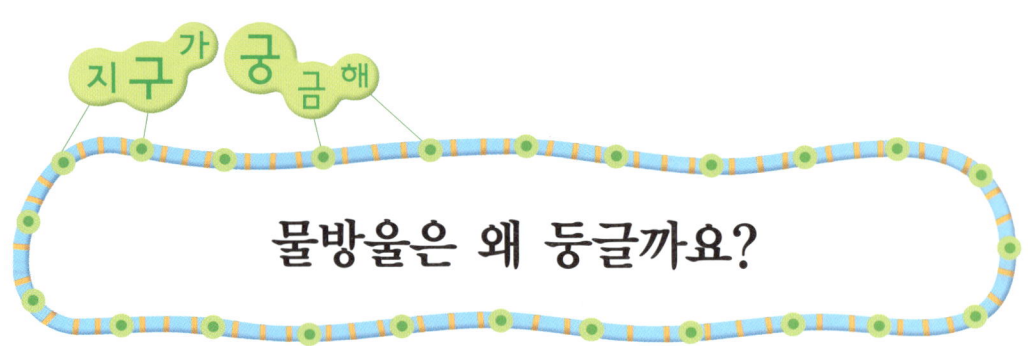

물방울은 왜 둥글까요?

깨끗한 유리 표면에 작은 물방울을 떨어뜨리면 유리 표면에 흩어지지 않고 타원형의 모습을 하고 있는 것을 본 적이 있을 거예요. 이것은 '응집력' 때문입니다.

물과 공기가 맞닿는 부분에서 물분자 사이의 응집력이 공기 분자와 물 분자 사이에서 생기는 부착력보다 크게 되는데, 그것은 물방울의 표

♪ 풀잎 끝에 달려 있는 작은 이슬 방울들~ ♬

물방울이나 이슬방울이 둥근 이유는 '표면 장력' 때문입니다.

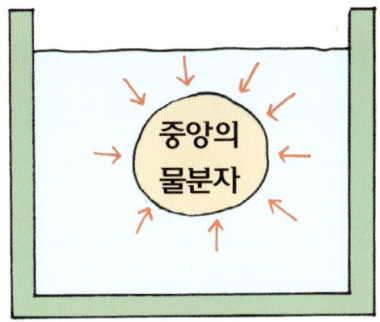
사방에서 인력이 작용해요.
중앙의 물분자

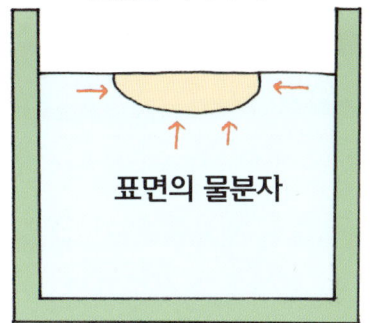
아래와 옆에서만 인력이 작용하고 균형을 파괴하죠.
표면의 물분자

표면과 접하는
불안정한 물 분자의 수를 줄이기 위해
둥근 모양이 되는 거지요.

면을 가장 작게 하려는 성질인 '표면 장력' 때문입니다. 수도꼭지에서 떨어지는 물방울이나 이슬방울이 둥근 이유가 바로 여기에 있죠.

 이러한 표면 장력 때문에 물보다 무거운 물체가 물 위에 뜨는 경우도 있어요. 쇠공을 물에 넣으면 금방 가라앉지만, 쇠 대접을 물 위에 살며시 놓으면 뜨게 되지요.

 그 이유는 쇠공은 물의 표면에 닿는 면적이 작기 때문에 이에 견주어지는 물의 표면 장력도 작아져 그 물체의 무게를 견디지 못하고 가라앉지만, 밑이 판판한 대접은 물 표면에 닿는 면적이 크기 때문에 이에 따르는 표면 장력도 커지게 되어 자신의 무게를 견뎌 낼 수 있기 때문입니다.

지구가 궁금해

숲이 홍수와 가뭄을 막아 주나요?

요즘의 계곡은 비가 조금만 쏟아져도 순식간에 물이 용솟음을 치며 둑을 넘어올 듯하다가도, 비가 그치기가 무섭게 물의 양이 줄지요. 그 이유는 산에 심어 놓은 수풀을 마구 파괴했기 때문이에요.

울창하게 우거진 숲이 엄청난 물을 머금고 있는 천연 댐이라는 사실, 알고 있나요?

잘 관리된 숲과 토양은 빗물을 빨아들여 저장했다가 서서히 밖으로 내보내는 신비한 힘을 가지고 있습니다. 현재 우리나라의 산림이 품을 수 있는 물의 양은 우리나라에서 가장 큰 소양강 댐의 10배에 달한다고 해요.

숲은 여러 가지로 우리에게 이로운 일을 하지요. 비가 왔을 때 홍수도 막아 주고, 가물었을 땐 물이 끊이지 않게 하며, 또 정화시킨 지하수를 제공하기도 합니다.

이러한 숲의 기능 또는 산림 자체를 가리켜 '녹색 댐'이라고 한답니다.

토사가 흘러 댐 바닥에 쌓이면 필요 없는 댐이 되죠.

만약 녹색 댐이 제 기능을 못 할 경우에는 사람들이 막대한 노력을 들여 만들어 놓은 기존의 인공 댐에까지 나쁜 영향을 미치게 됩니다. 엄청난 양의 흙탕물이 밀려 내려오고, 그 흙덩이들이 결국 인공 댐까지 밀려가서 바닥에 쌓이게 되기 때문이에요. 댐 바닥이 높아지면 댐은 구실을 하지 못하고 폐기되지요. 이렇게 쓸모 없이 된 댐의 경우는 국내외에서 쉽게 찾아볼 수 있어요.

바다에서 용이 하늘로 올라간다고요?

용오름 현상은 바닷물이 하늘로 빨려올라가는 물기둥이 아니라 갑작스런 상승 기류 때문에 생긴 구름이라고 합니다.

기상청에 따르면 우리나라에서는 1989년 제주 공항 활주로, 1993년 김제 평야, 1994년 지리산 만복대 정상, 1997년 전남 여천 앞바다와 서해 태안 반도 앞바다 등에서 용오름 현상이 목격되었다고 해요.

용오름은 용이 하늘로 올라가는 것 같다고 해서 붙여진 이름이에요. 미국의 대평원에서 자주 발생하는 토네이도와 같은 현상인데, 우리나라에는 산이 많기 때문에 바다에서 주로 발생하는 거랍니다.

용오름, 즉 토네이도는 욕조에서 물을 뺄 때와 비슷한 원리로 일어나요. 처음에는 서서히 돌지만, 점점 빨라지면서 커다란 소용돌이를 만들지요.

용오름이 발생하려면 우선 서서히 회전하며 상승하는 저기압성 뭉게구름이 만들어져야 해요. 이 뭉게구름은 지구의 자전 때문에 항상 시계 반대 방향으로 돌아간답니다. 세력이 커지면서 회전 속도가 점점 빨라진 뭉게구름은 습기를 잔뜩 지닌 주변의 공기를 진공 청소기처럼 빨아들여요. 더 이상 습기를 머금을 수 없게 된 공기는 구름 속으로 빨려올라가면서 물방울, 즉 구름으로 변하는데 이 구름이 바로 적란운과 해면 사이에 형성되는 용오름이죠. 이 때 구름이 수직 상승하기 때문에 사람들에게는 구름이 아닌 물기둥처럼 보이는 것뿐입니다.

오염된 공기를 깨끗하게 해 주는 식물이 있나요?

대기 중의 오염된 것을 정화하는 식물들이 있습니다. 그것을 환경 정화수라고 하는데 환경 정화수란 다른 나무에 비해 왕성한 탄소 동화 작용으로 대기 오염 물질을 흡수하여 공기를 깨끗이 만들어 주고 스펀지처럼 소음을 차단해 주는 나무를 말합니다. 그 중 가죽나무(가중나무)가 아황산가스를 가장 많이 흡수한다고 해요.

환경 정화 활엽수 가운데 10~15년 된 가죽나무 한 그루가 일 년에 아황산가스 50.3g, 이산화질소 13.2g, 이산화탄소 2,842g을 각각 흡수한다고 하니 놀랍지요?

가을철 도심지 풍경을 아름답게 해 주는 은행나무 역시 일 년에 아황산

오염 농도가 낮은 곳 - 주택가 등

느티나무, 박태기나무, 오동나무, 밤나무, 서어나무, 칠엽수, 회화나무, 감나무, 매화, 백목련, 자두나무 등, 층층나무, 벚나무, 자목련, 팽나무, 배롱나무

가스 21.0g, 이산화질소 4.1g, 이산화탄소 2,880g을 각각 흡수합니다.

이에 비해 전국 각지에 가로수로 심어져 있는 플라타너스의 아황산 가스 흡수량은 겨우 6.2g에 불과하며 이산화질소 흡수량도 2.2g밖에 되지 않는다고 해요. 그러나 이산화탄소 흡수량은 6,905g으로 그중 높습니다.

능수버들은 일 년에 아황산가스 12.4g, 이산화질소 2.6g, 이산화탄소 4,065g을 각각 흡수하고 있으며, 은단풍나무는 아황산가스 14.0g, 이산화질소 8.4g, 이산화탄소 4,605g을 각각 흡수한다고 합니다. 또 도로 양변에 침엽수림대를 조성하고 중앙 분리대에 키가 큰 침엽수를 심으면 자동차 소음을 75~80% 정도 감소시킬 수 있다고 해요.

현재 환경부가 추천하는 환경 정화수로는 공단, 도로변 등 오염 농도가 높은 곳의 경우 키 큰 나무로는 은행나무, 플라타너스, 은단풍나무, 가죽나무, 상수리나무, 졸참나무, 참느릅나무가 있고, 키 작은 나무로는 무궁화, 개나리, 라일락, 산수유 등이 있지요.

오염 농도가 높은 곳 - 공단, 도로변 등

라일락
개나리
은단풍나무, 참느릅나무, 플라타너스, 낙상홍, 졸참나무 등
가죽나무
산수유나무
무궁화
은행나무
상수리나무

사막이 있는 나라는 왜 부자인가요?

사막은 1년 내내 비가 내리지 않는 곳이에요. 그렇기 때문에 아주 특수한 성질을 가진 생물 외에는 정상적으로 살아갈 수가 없습니다. 그런데 적도에서 아주 멀리 떨어져 있는 곳에도 사막이 생깁니다. 높은 산맥으로 둘러싸여 있어서, 바다로부터 비를 머금고 불어 오는 바람을 가로막고 있기 때문에 비가 내리지 못한 거지요.

사막은 비가 내리지 못하므로 강물이 흐를 수 없습니다. 그러나 비가 많이 내리는 지방에서 출발한 강물이 사막 한가운데로 흐르는 경우도 있어요. 사하라 사막 가운데로 흐르는 나일 강과 콜로라도 사막으로 흐르는 콜로라도 강이 그 대표적인 예입니다.

1970년대만 해도 사막이 많은 나라들은 대체로 가난했지만, 지금은 사막의 모래 밑에서 석유를 끌어올려 비싼 값에 팔기 때문에 무척 부유한 생활을 하고 있습니다.

두 종류의 사막

1년 내내 비가 내리지 않아 자연적으로 사막이 된 경우죠.

비를 머금은 바람을 높은 산맥이 막아 비가 내리지 못해서 사막이 된 경우죠.

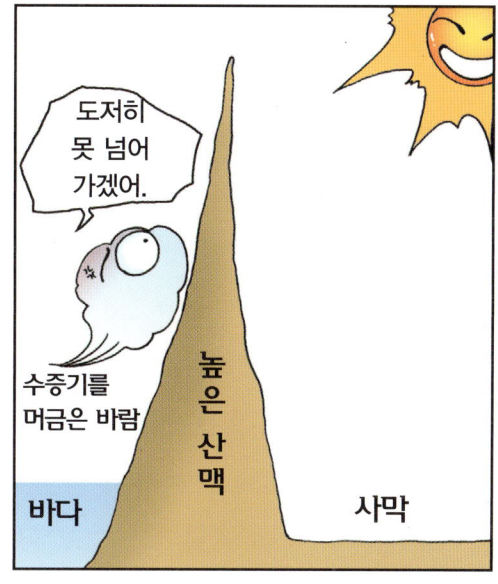

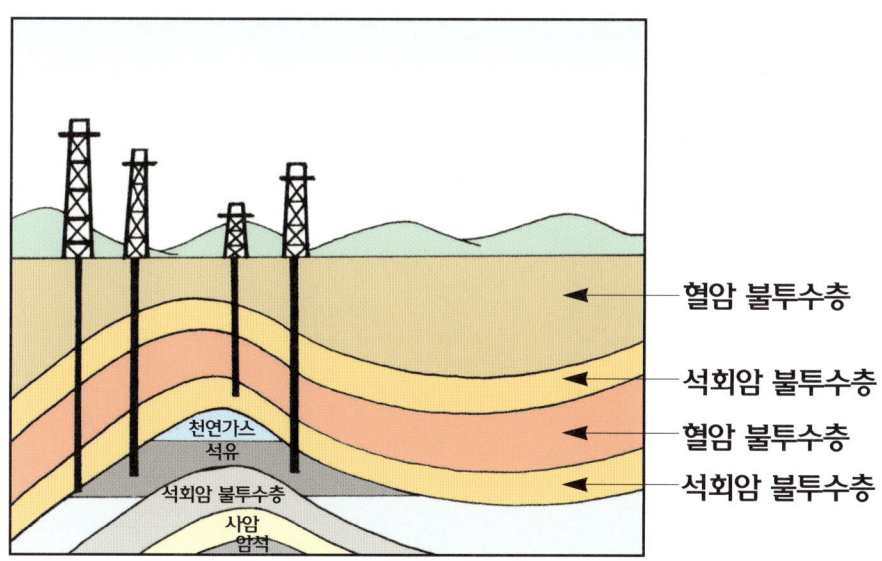

동물들의 시체가 많이 쌓인 장소에 열과 높은 압력이 주어져야 석유가 생겨요.
반드시 불투수층이 있어야 하지요.
불투수층은 물이 통과하기 어려운 층을 말해요. 점토층 같은 경우죠.
그 뒤 지각 변동으로 지층 구조가 변하면 석유가 고이게 되죠.

동물들이 먼저 지진을 안다고요?

동물들은 지진을 예측하는 능력이 있다고 해요. 그래서 사람들은 동물의 행동을 보고 지진을 미리 알고 대처하기도 합니다.

소나 말, 양 등이 마구 울어 대면서 미친 듯이 우리를 벗어나려고 한다거나 쥐나 뱀이 땅굴에서 무더기로 튀어나오거나 닭이 나무로 올라가려고 하면 지진이 일어날 징후예요.

지진은 땅이 흔들리는 정도에 따라 8등급으로 나누어집니다. 지진이 일어났는지 거의 느끼지 못할 정도의 약한 지진을 진도 0, 무진이라고 하며, 건물이 파괴되는 정도의 큰 지진을 진도 7이라고 하여 격진이라고 합니다.

하지만 가장 많이 쓰이고 있는 지진 예보 방법은 지진계를 이용하는 거예요. 지진으로 땅이 흔들리면 계속 이어나가던 선의 폭이 커지는데, 그것을 보고 지진을 미리 알 수 있는 거랍니다.

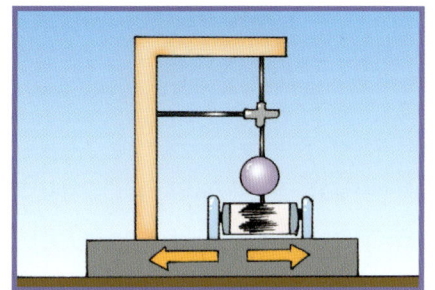
수평 지진계
바늘이 좌우로만 움직여요.

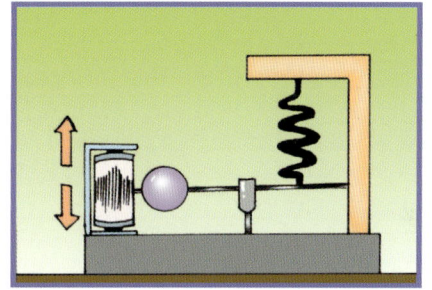
수직 지진계
바늘이 위아래로만 움직여요.

인체가 느끼는 지진의 정도

진도 0(무진)
인체에는 감각이 없고 지진계에서만 기록될 수 있을 정도의 지진이에요.

진도 1(미진)
조용한 방에 있는 사람이나 지진에 주의 깊은 사람만이 느끼는 약한 지진이에요.

진도 2(경진)
대다수 사람들이 느끼는 지진으로, 창문이 약간 흔들리지요.

진도 3(약진)
집이 흔들거리고 창문이 덜커덩 소리를 내고, 전등이 흔들거리며, 물통의 물이 움직입니다.

진도 4(중진)
집이 심하게 흔들리죠. 집 밖으로 뛰어 나오는 사람도 있답니다.

진도 5(강진)
벽에 금이 가고 기왓장이 떨어지며 석등이 넘어지죠.

진도 6(열진)
집이 무너질 수도 있어요. 땅이 갈라지고 대다수의 사람들이 서 있을 수 없어요.

진도 7(격진)
많은 집들과 산이 무너지며 땅이 갈라져서 단층이 생기죠.

봄이 되기 전에 꽃이 피는 이유는 무엇인가요?

식물의 씨가 발아하는 데 가장 중요한 조건은 적당한 온도와 수분이에요. 대부분의 식물이 빛과 상관 없이 싹을 틔우지만, 잎담배와 상추 등은 반드시 빛이 있어야 하지요. 반대로 토마토, 가지, 오이 등은 빛이 없어야 싹을 틔울 수가 있어요.

그러나 건강한 씨앗을 적당한 환경에 심어도 무조건 싹이 나오는 것은 아닙니다.

특히 우리나라처럼 사계절이 뚜렷한 온대 지방에서는 휴면 기간을 거치는 식물이 많아요. 항암 물질 택솔을 추출할 수 있는 주목은 1년 가량 땅 속에 묻혀서 조용히 잠을 자야 발아가 가능하다고 해요. 이런 경우 추운 겨울 뒤의 따뜻한 기후가 필수적이에요. 책상 서랍에 넣어 두었던 꽃씨들을 봄이 되어 밭에 심어도 싹을 내지 못하는 것은 이 때문입니다.

우리나라의 개나리는 대부분 3월 중순부터 피기 시작하지만 한겨울인데도 몹시 추웠다가 따뜻한 날씨가 계속되면 봄이 온 것으로 착각해 꽃망울을 터트리는 일이 종종 있답니다. 북서풍이 닿지 않고 양지바른 곳의 꽃나무는 봄이 되기 전에 꽃을 피우는 경우가 많은데 낮에 빛이 비치는 시간이 길어지면 식물은 개화 시기를 앞당기게 되는 거예요.

봄꽃은 낮이 점점 길어져야 꽃을 피우고, 가을꽃은 해가 짧아질 때 꽃을 피우게 되지만 달리아는 해가 짧아지는 시기에 꽃눈을 성숙시켜 해가 길어질 때 꽃망울을 터뜨리는 특성이 있어요.

식물의 한살이

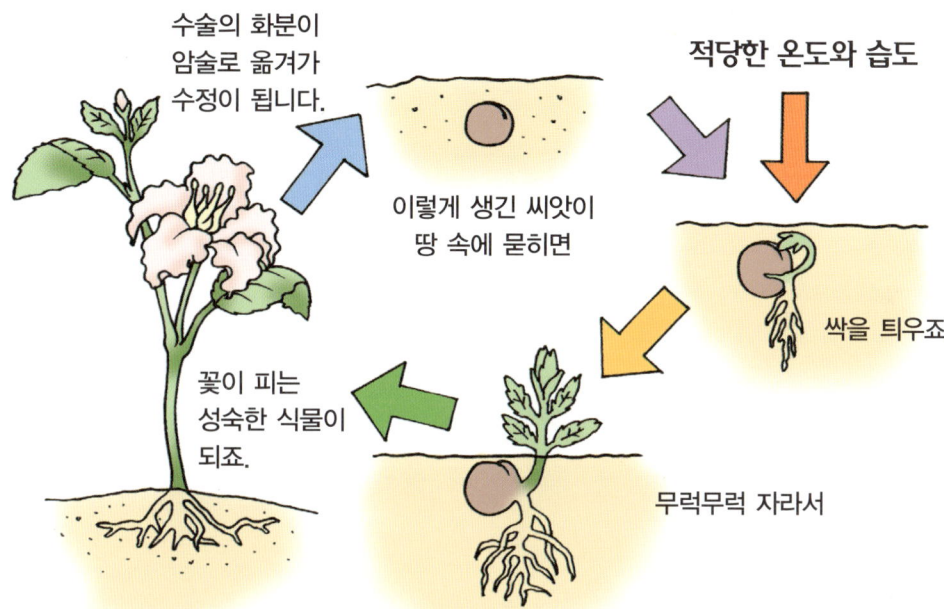

봄꽃과 가을꽃

봄에 피는 개나리, 프리지아, 데이지, 카네이션 등은 낮이 점점 길어지면 꽃을 피우죠.

가을에 피는 사루비아, 석류 등은 해가 짧아지는 시기에 꽃을 피우죠.

지구의 모양은 어떻게 생겼나요?

야호!

에라토스테네스 아저씨, 조심하세요. 나이를 생각하셔야죠.

고대 그리스의 에라토스테네스는 지구의 둘레를 재는 방법을 연구했어요. 그가 계산했던 지구 둘레는 46,250km로 오늘날의 측정값인 약 40,007km에 놀랄 만큼 가까운 값입니다.

적도 부근을 재어서 확인한 지구의 지름은 12,756km고, 남극과 북극을 축으로 해서 측정한 지구의 지름은 12,715km예요. 따라서 지구의 둘레는 적도를 기준으로 40,075km고, 남극과 북극을 통과하는 둘레는 40,008km라고 하네요.

또 육지에서 가장 높은 곳은 히말라야 산맥 중에 있는 에베레스트 산이에요. 에베레스트 산의 높이는 8,848m입니다.

바다에서 가장 깊은 곳은 태평양의 마리아나 해구로 세계에서 가장 깊은 비티아스 해연(11,034m)이 있다고 하네요.

지구의 겉넓이는 5억 1천만 km²예요. 그 가운데 육지는 약 1억 5천만

㎢고, 바다는 약 3억 6천만 ㎢랍니다. 육지보다 바다가 차지하는 비중이 훨씬 커요. 지구의 무게는 뉴턴의 만유 인력 법칙을 적용하면 간단하게 알아 낼 수 있습니다.

만유 인력이란 물체 사이에 작용하는 힘인데, 물체의 질량이 클수록, 또 물체와 물체 사이의 거리가 가까울수록 커집니다. 이렇게 계산한 지구의 무게는 약 598조 톤의 1천만 배나 되는 무게예요.

지구의 가장 바깥쪽은 암석으로 되어 있어요. 두께는 바다 밑 약 10㎞에서 땅 속 50㎞쯤으로 이 층을 암석권이라고 부릅니다.

나무가 사라지면 지구가 더워지나요?

아마존 지역에서 60년대 이후 파괴된 열대림은 400만 ㎢로 전체 면적의 약 14%에 이를 것으로 추정하고 있습니다.

브라질 북동부 지방의 오랜 가뭄은 아마존의 열대림에서 발생하는 화재와 벌채로 인한 산림 감소에서 오는 지구 온난화로 보고 있지요.

인간에 의한 산림 파괴의 절반 이상이 1950년대 이후 진행되었습니다. 그것도 지구 산림의 절반이 있는 열대 우림 지역에 집중되었다고 합니다.

세계 자원 연구소는 세계의 숲 가운데 20%만이 온전하게 남아 있으며 그 중 40%는 앞으로 20년 안에 완전히 사라질 것으로 예측했어요. 최근 위성 탐사 결과 파괴 속도가 더 빨라지고 있다고 하네요.

기상 재해인 엘니뇨 및 라니냐 현상과 지구의 사막화와 생명체의 멸종 등의 원인이 모두 태양열을 흡수해서 완충해 주는 열대림의 파괴 때문이라고 보고 있습니다. 즉, 무분별한 벌목과 개발로 지구 온난화를 가속시킨다는 거죠.

열대림이란 지구의 적도 부근에 있는 밀림 지역을 말합니다. 이 지역에는 많은 비가 내리고 1년 내내 따뜻하기 때문에 나무와 풀들이 무성하게 자라죠.

인구가 늘어나 많은 양의 목재가 필요하게 되어 열대림을 마구 벌목하기 시작했어요.

나무가 없어지면 빗물에 비옥한 표층이 쉽게 씻겨져 나가게 되죠.

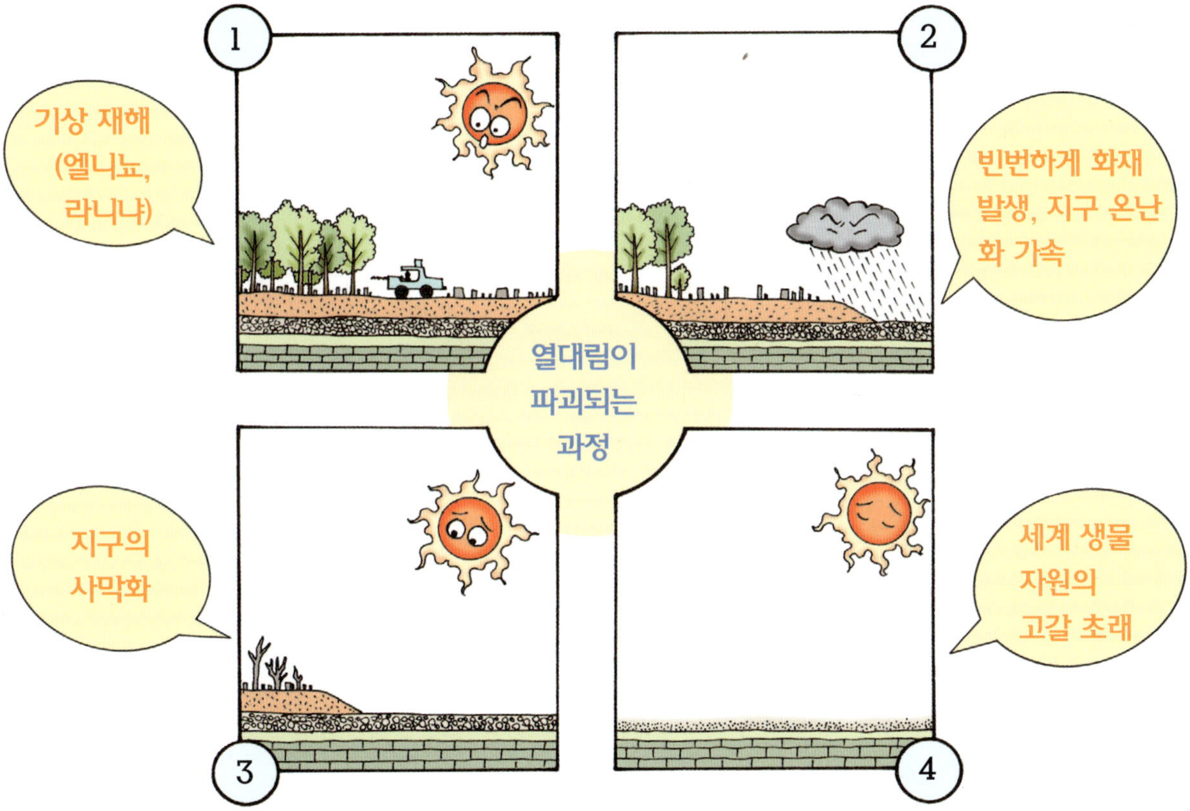

열대림이 파괴되는 과정

1 - 기상 재해 (엘니뇨, 라니냐)

2 - 빈번하게 화재 발생, 지구 온난화 가속

3 - 지구의 사막화

4 - 세계 생물 자원의 고갈 초래

표층이 사라지면 나무가 자랄 수 없는 지층이 드러나죠. 지층엔 양분이 없기 때문에 나무가 자랄 수 없어요.

결국, 열대림이 사라진 곳은 사막과 같은 황무지가 된답니다.

아지랑이와 신기루는 어떻게 생기나요?

봄철에는 먼 곳이 뿌옇게 보이는 대기의 혼탁 현상이 자주 일어나지요. 구름인지 안개인지 아니면 연기인지 분간할 수 없는 이러한 현상을 기상학에서는 '연무'라고 부릅니다. 연무는 티끌 따위가 대기 중에 떠서 뿌옇게 흐려 보이는 현상으로 자동차의 배기 가스나 굴뚝에서 나온 매연, 그리고 먼지 등이 대기 중의 수증기와 섞여서 나타나요.

아지랑이는 햇빛이 강한 날 아스팔트나 해안의 모래밭, 초원의 잔디밭에서 마치 무색의 흔들거리는 연기와 같은 것이 피어올라 먼 곳의 경치가 아른거리는 현상이에요. 햇빛에 의해 뜨거워진 지면에서는 난류에 의하여 밀도가 적은 공기나 큰 공기가 복잡하게 뒤얽혀서 상승하게 되는데, 이 곳을 통과하는 빛이 불규칙하게 굴절되어 생기죠.

그리고 신기루는 대기 중에 역전 현상이 생겼을 때 햇빛이 이상 굴절하기 때문에 생기는 현상이에요. 흔히 신기루라고 하면 사막을 연상하는데 우리 나라에서도 인천 앞바다나 고속 도로 같은 곳에서 볼 수 있답니다. 고속 도로를 달리는 운전자들 눈에 전에 없던 산등성이가 도로변에 보인다든가 하는 게 신기루죠.

신기루는 빛의 굴절 때문에 일어나는 현상이에요.

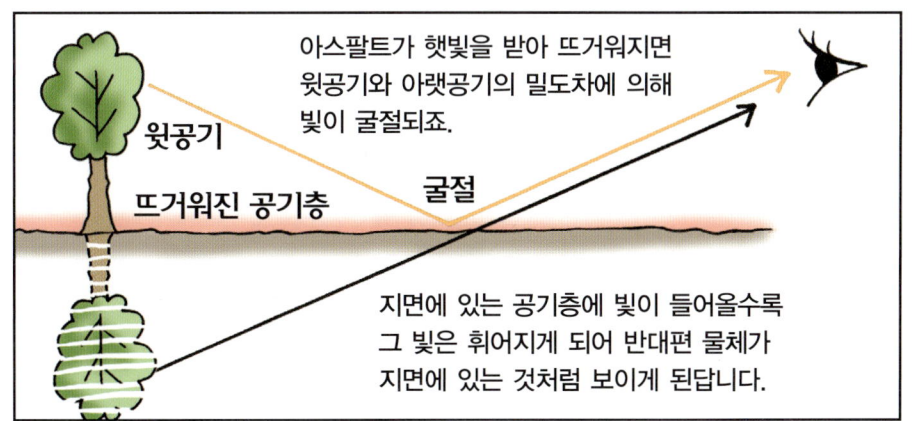

사람들이 지구를 아프게 한다고요?

비가 안 오면 내 탓을 하는데
그건 내 죄가 아냐!

비가 너무 많이 와서 홍수가
나는 것도 내 죄가 아냐!

1999년, 봄 가뭄이 계속되자 농작물이 제대로 자라지 못하고, 몇몇 섬 지역에서는 먹을 물도 부족해서 무척 고생을 했습니다.

루마니아와 헝가리 등 중부 유럽 지역은 5일 동안 내린 집중 호우로 고생을 했는데 눈까지 녹아 엄청난 물난리를 겪었습니다. 사상 최악의 피해를 입은 루마니아는 수십 명이 사망하고, 200여 개의 마을이 침수되어 수천 명의 이재민이 발생했지요.

또 인도 북부 지역에서는 일 주일 가까이 섭씨 40℃를 웃도는 무더운 날씨가 계속되었어요. 비하르 주에서만 20건 이상의 대규모 화재가 발생해 초가집 약 2,000채가 탔고, 많은 인명 피해를 입었습니다.

가장 심각한 문제가 발생한 것은 동북 아프리카 지역을 비롯한 아프리카 대륙이에요. 에티오피아, 에리트레아, 지부티, 소말리아, 케냐 등 동북 아프리카 5개국은 수년째 거의 비가 내리지 않아 극심한 식량 부족으로 1천6백만 명의 생명이 위협을 당하고 있습니다.

또 몽골 초원에서 발생한 산불은 러시아 쪽으로 번져 15만여 ha(헥타르)가 피해를 입었어요. 그것이 회복하는 기간만 수십 년이 걸리죠.

우리나라는 2000년 봄, 기상 관측 이래 가장 긴 50일 이상의 가뭄을 겪었습니다. 1911년 이후 최근까지 가뭄이 든 해를 조사한 결과에 의하면 6년을 주기로 가뭄이 왔다고 해요. 1994년 9월 중순에 극심한 가뭄이 발생했고, 2000년은 7월부터 극심한 가뭄이 들어 9월까지 지속되었습니다.

홍수로 수십만 명이 사망하고 가옥이 침수되어 이재민이 생기지요.

가뭄으로 인한 식량 부족, 물 부족으로 수백만 명이 기아의 위험에 직면해 있어요.

산불로 타 버린 곳이 회복되는 데에는 수십 년이 걸린답니다.

기상 재해가 생기는 이유

함부로 버리는 쓰레기

몰래 버리는 공장의 폐수

자동차 매연

난 못살아!!!

숲은 왜 필요한가요?

나무와 풀이 없으면 비가 조금만 와도 산에서 흙이 흘러내려요. 이렇게 강바닥을 덮은 흙은 빗물이 지하로 스며들지 못하게 해요. 그 때문에 땅을 깊이 파도 한 모금의 물도 얻지를 못하게 되지요.

우리나라도 최근 몇 년 동안 비 때문에 전국적으로 인명과 재산 등 많은 피해를 입고 있어요. 무분별한 도시의 개발과 골프장, 도로 건설로 산림이 무분별하게 파괴되어 빗물이 땅 속으로 흘러들지 못했기 때문입니다.

이처럼 나무와 풀이 지하수를 만들어 주고 홍수의 피해를 간접적으로 막아 주는데도 우리들은 그 고마움을 모르고 함부로 베어 버리고 있는 거예요.

지구는 지난 1백 년간 평균 온도가 0.5℃ 상승했고, 수면이 10~20㎝ 높아졌다고 해요. 이러한 지구 온난화의

원인은 석탄, 석유 등 화석 연료의 사용 증가로 이산화탄소와 아황산 가스, 메탄, 산화질소 등의 가스가 대기 중에 많이 퍼졌기 때문입니다.

매년 6만 ㎢가 사막으로 변하는 것도 지구 온난화에 따른 기상 이변에 따른 것이라고 합니다.

앞으로 우리나라의 강수량도 계속 늘어나, 심각한 물난리를 겪게 된대요. 숲을 만들어 이산화탄소의 양을 줄인다면, 지구 온난화를 막을 수 있을 거예요.

맛있는 약수물을 제공해 준답니다.

집이나 가구를 만들 때 사용하는 목재가 되죠.

종이를 만드는 펄프의 원료인 식물 섬유죠.

나물, 버섯 같은 채소를 제공합니다.

공기 청정기 역할을 합니다.

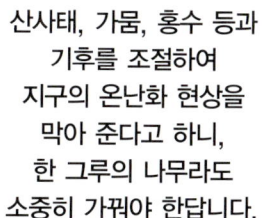

산사태, 가뭄, 홍수 등과 기후를 조절하여 지구의 온난화 현상을 막아 준다고 하니, 한 그루의 나무라도 소중히 가꿔야 한답니다.

파도를 일으키는 조건에는 두 가지가 있는데
바람과 해저 지진입니다.
파도는 파고와 파장으로 구성됩니다.
파고는 파도의 높이를 말합니다.
그 높이는 파도의 아래 골짜기에서 가장 높은 물마루까지로,
1m에도 미치지 못하는 것에서부터
8층 높이에 이르는 것까지 다양하죠.

— '파도의 힘을 결정하는 건 무엇인가요?' 중에서

해일은 얼마나 무서운가요?

바다에서 일어나는 파도는 수백 km까지 이어지면서 해일을 일으킵니다.

파도의 힘은 무척 강해요. 보통의 폭풍우 때는 1㎡에 20~30t에 이르는 압력이 가해지고 매우 강한 폭풍일 때에는 800~2,000t의 콘크리트 덩어리를 깨끗이 쓸어 갈 정도로 엄청난 힘을 가지고 있지요.

1933년 2월, 필리핀 마닐라에서 미국 샌디에이고로 가던 선박 라마 호는 도중에 폭풍우를 만났는데, 이 때 파도의 높이가 33.6m로, 지상 8층 높이와 맞먹는 것이었다고 합니다.

1865년 태평양에서 일어난 태풍은 피츠버그 호의 뱃머리를 30m나 찢어 놓기도 했대요.

1958년 10월에는 높이 10m 되는 파도가 인도양에 떠 있는 바르바도스의 열대 섬들을 덮쳐 실로 엄청난 피해를 주기도 했어요.

해일
지진이나 화산의 폭발, 해상의 폭풍 등으로 생긴 바다의 큰 물결이 육지로 덮쳐 오는 것을 말합니다.

또 1960년 5월 칠레에서 일어난 대지진에 의해 일어난 해일은 태평양을 건너서 일본 연안까지 밀려왔습니다. 이 때 해일의 속도는 시속 700km/s였어요. 불과 24시간 만에 태평양을 건너온 것입니다.

1896년 일본 해안의 해일은 2만6천 명의 생명을 눈 깜짝할 사이에 앗아간 일도 있었어요. 또 1946년에는 알류샨 열도에서 큰 지진이 발생했습니다. 이 때도 지진으로 인해 거대한 파도가 일어나 5시간도 채 안 되는 짧은 시간 안에 3,000km나 떨어진 하와이의 건물과 다리를 휩쓸어 수백 미터나 떨어진 곳으로 밀어 냈어요.

바다 밑에서 일어나는 지진이 해일을 일으킨다고 해요. 지진 때문에 바다 밑바닥이 내려앉거나 솟아오르기 때문이지요.

해일은 수많은 사람들에게 피해를 주고, 농작물과 산업 시설을 휩쓸어 버리기도 하는 무시무시한 존재입니다.

북극의 얼음 밑이 보물 창고라고요?

　미래에는 북극이 세계의 중심지가 될 것으로 전망하고 있습니다. 그 이유는 북극이 세계의 문명국들과 가까운 위치에 있고 자원도 많기 때문이죠.

　몇몇 나라에서는 북극에서 자원을 캐내고 있는데 유럽에서 쓰이는 고성능 강철의 대부분은 북극권의 키루나에서 나오고 있습니다. 또한 소련도 시베리아 북방에서 많은 철광을 파내고 있습니다. 소련은 시베리아 동북부에 있는 금광 지대의 개발에 주력한 결과 세계 최고의 금 생산국이 되었어요.

또한 북극권의 바다 밑에는 해양 생물들이 많이 살아요. 바로 미래의 식량 자원이지요. 이것은 장차 북극 지방의 발전과 함께 세계 식량 문제에도 큰 도움이 될 것입니다.

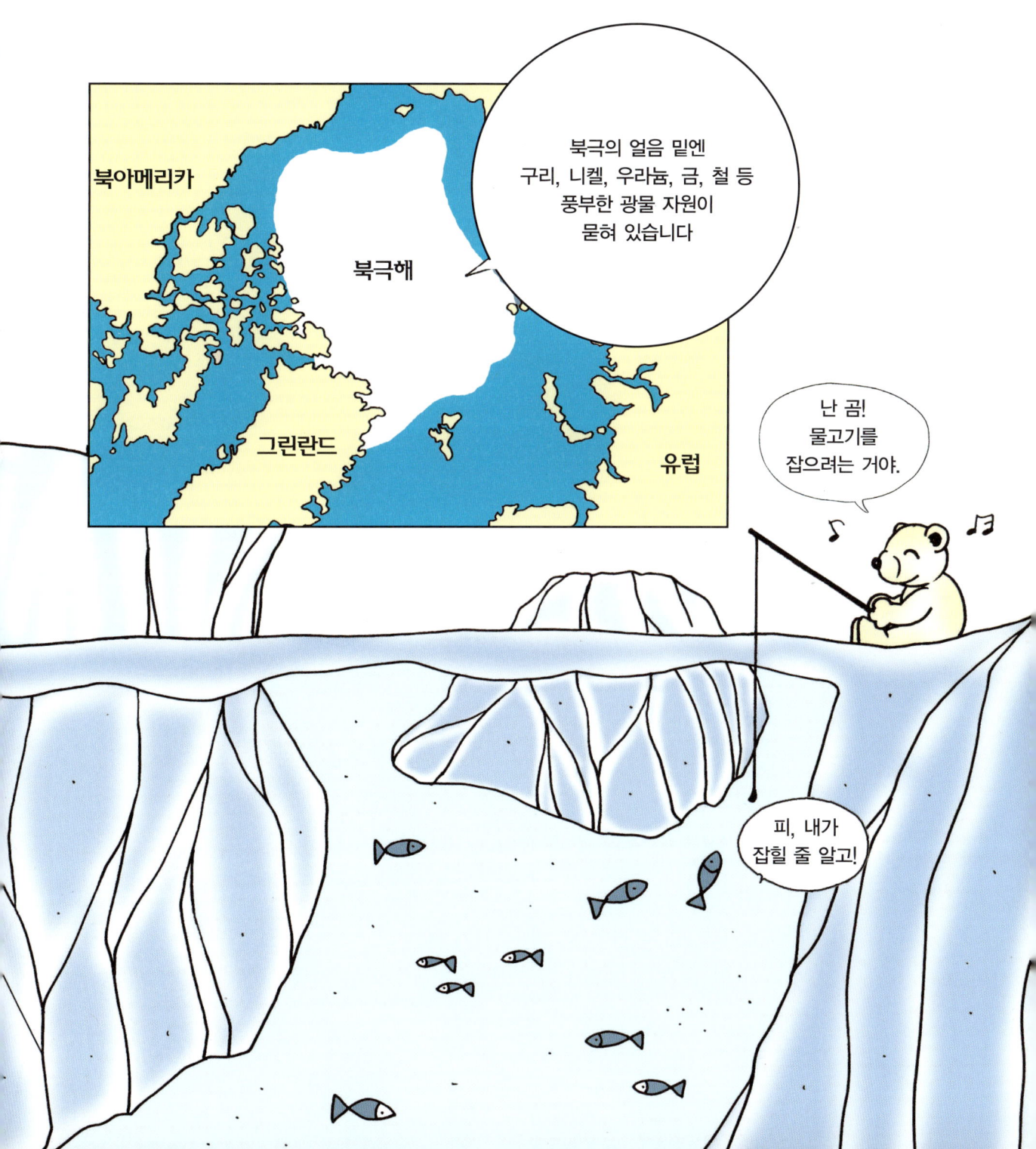

지구의 물 중에서 바닷물은 얼마나 되나요?

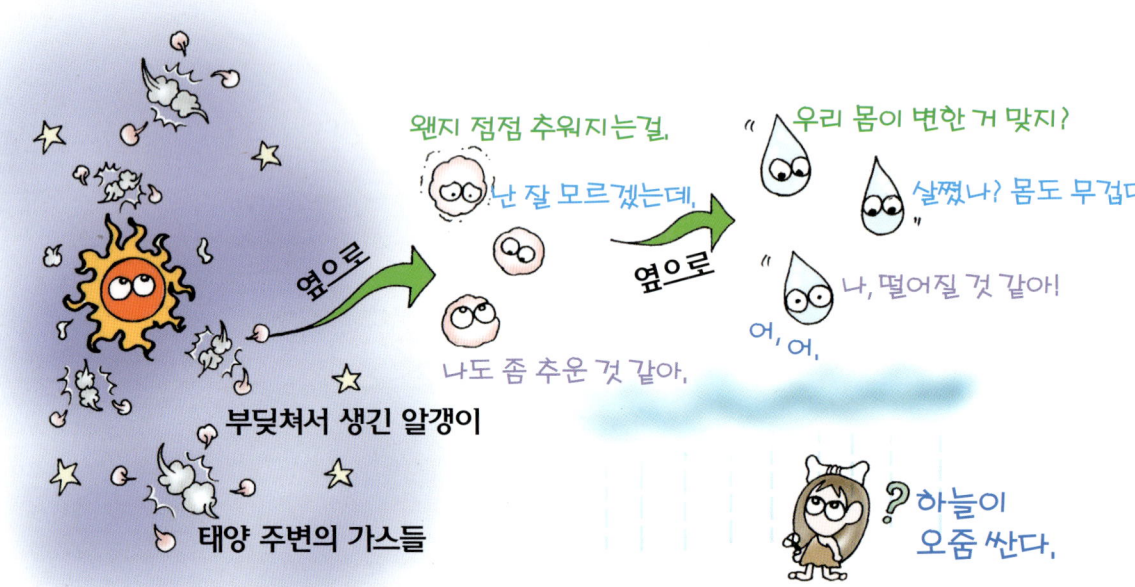

이렇게 최초의 비가 내렸답니다.

약 46억 년 전에 태양 주위에 모여 있던 가스들은 서로 충돌하여 매우 높은 열을 냈지요. 이 때 여러 곳에서 밖으로 빠져 나온 기체들은 오랜 세월 동안 냉각되면서 물방울로 만들어져 공중에 떠 있다가 땅으로 내리게 되었는데, 이것이 최초의 물입니다.

지구가 갖고 있는 물의 양은 약 13억 8천5백만 km^3입니다. 그 중에서 97%인 13억 5천만 km^3가 바다에 있고, 겨우 3%인 3천5백만 km^3만이 육지에 있어요. 육지에 있는 물 중 69%가 빙산이나 빙하 형태로 되어 있고, 지하수는 약 1천만 km^3이며, 나머지는 호수나 강 등으로 되어 있습니다.

바닷물에는 염소, 나트륨, 마그네슘, 칼슘 등 60여 종 이상의 원소가 포함되어 있습니다. 그리고 물고기의 먹이가 되는 미생물이 번식할 수 있도록 인산염, 질산염, 규산염 같은 염류도 포함되어 있어요. 이 밖에도 산소, 질소, 이산화탄소와 같은 공기 중에 있는 기체도 바닷물에 녹아 있습니다.

육지에 있는 모든 동·식물은 땅 속이나 호수, 강에 있는 물을 마시며 살아갑니다. 사람이 하루에 마시는 물의 양이 150억 t에 이른다고 하니, 정말 대단하지요?

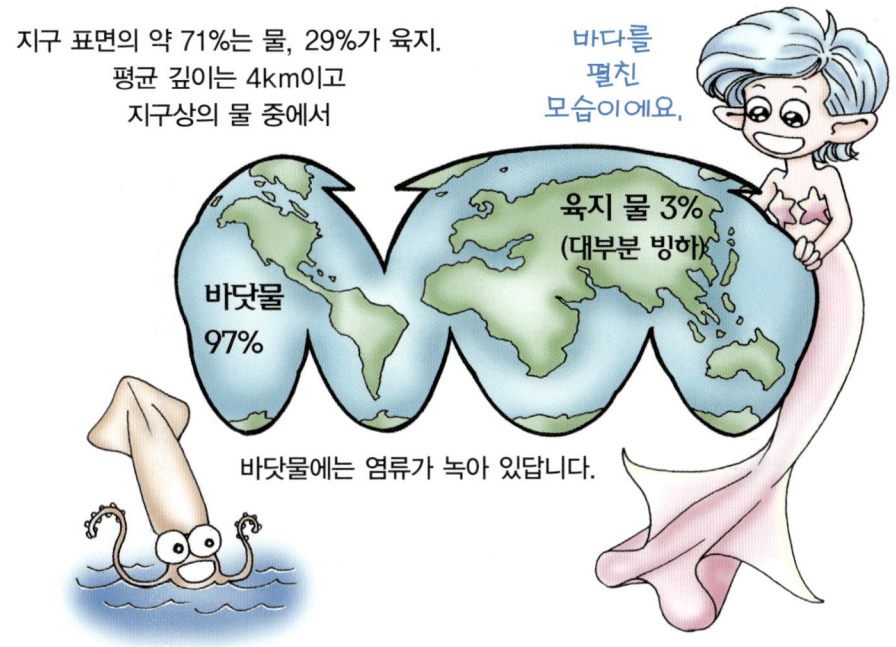

지구 표면의 약 71%는 물, 29%가 육지. 평균 깊이는 4km이고 지구상의 물 중에서

바다를 펼친 모습이에요.

육지 물 3% (대부분 빙하)

바닷물 97%

바닷물에는 염류가 녹아 있답니다.

바닷물의 구성

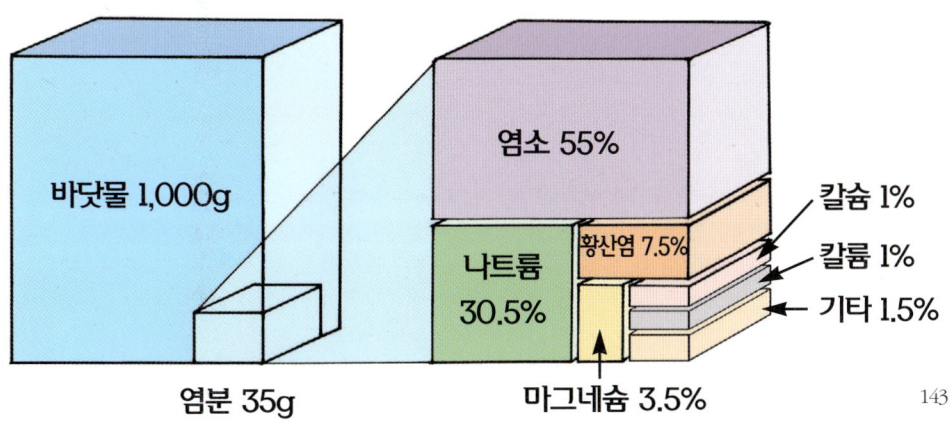

바닷물 1,000g

염소 55%
나트륨 30.5%
황산염 7.5%
마그네슘 3.5%
칼슘 1%
칼륨 1%
기타 1.5%

염분 35g

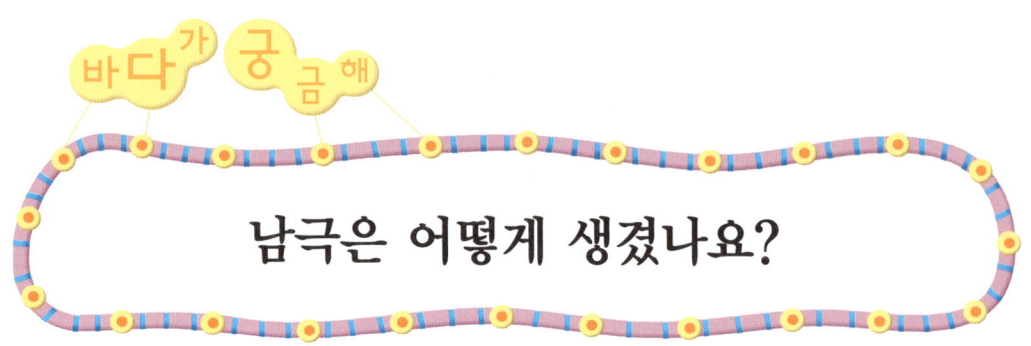

남극은 어떻게 생겼나요?

　남극 대륙은 우리나라 면적의 약 64배고, 아시아 대륙의 2분의 1이나 된다고 해요. 그런데 남극이 바다인지, 육지인지 확실하지 않아요.
　하루 4차례 식사를 통해 5,000cal 이상을 섭취해야 살아갈 수 있는 이 곳은 3,000m 고지에는 기온이 -150℃가 보통이라고 해요. 여기에 시속 200km/h의 매서운 바람이 몰아치기 때문에 비행기가 착륙한 후 엔진을 끈다면 기계들이 모두 얼어붙어 버린답니다.
　남극 대륙의 얼음덩어리는 남극 대륙 전체의 95% 이상이 되고, 얼음의 평균 두께가 1,880m이며 가장 두꺼운 얼음은 4,300m나 된다고 해

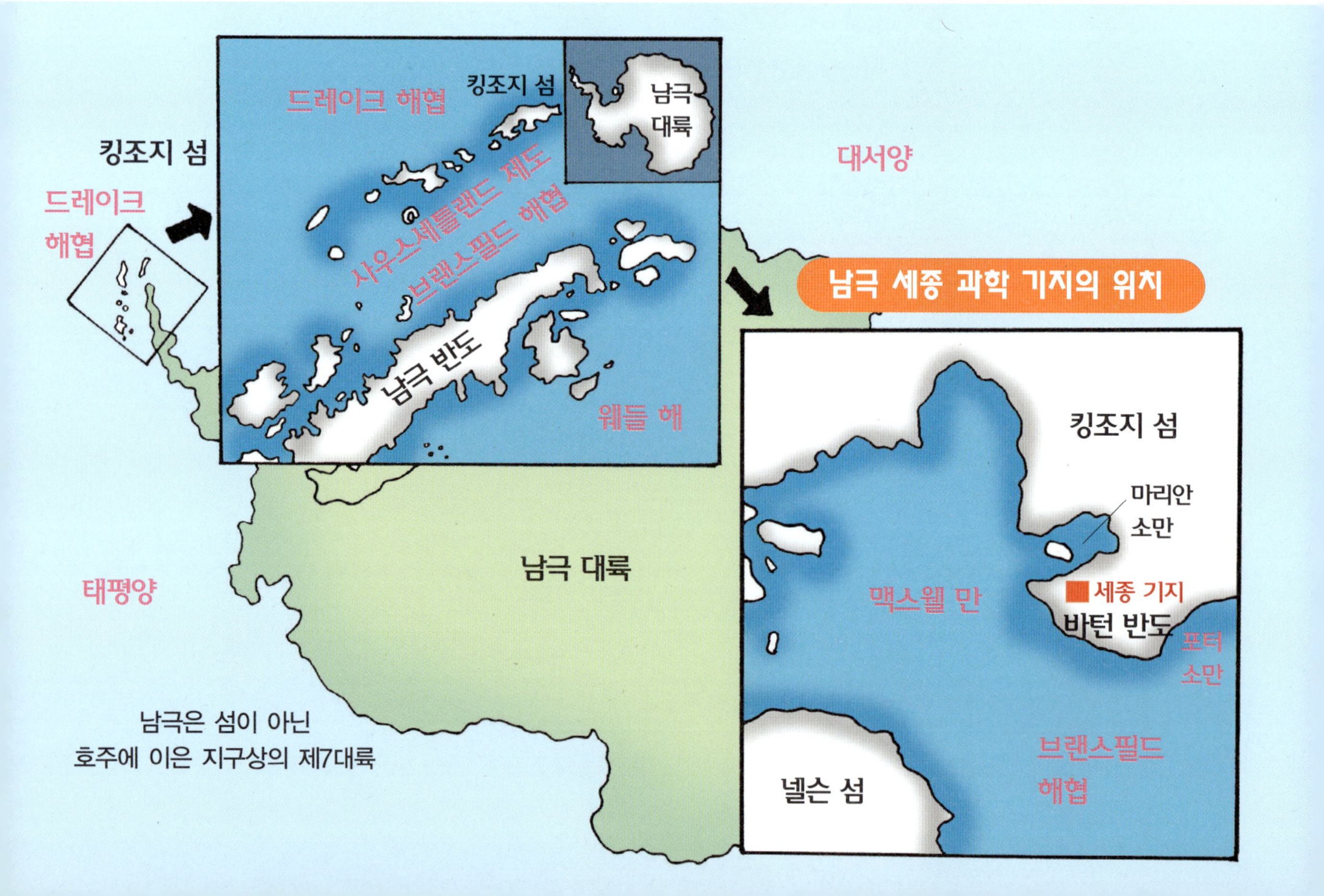

요. 남극 둘레의 바다는 세계에서 가장 파도가 거칠고, 강한 바람과 눈보라가 몰아치는 곳입니다. 비가 거의 내리지 않는 대륙, 햇볕이 거의 내리쬐지 않아 식물 구경을 할 수 없는 곳이지요.

그러나 펭귄의 낙원이면서 해조류, 이끼류가 300여 종이나 분포되어 있어 최근에 와서는 남극을 자기네 영토로 만들어 군사적 기지로 이용하려는 나라들이 많아졌습니다. 그래서 미국, 영국, 프랑스, 러시아, 아르헨티나, 일본 등 12개국이 남극을 평화 지역으로 유지하기 위해 '남극 조약'을 만들기도 했답니다.

남극해의 수산 어종

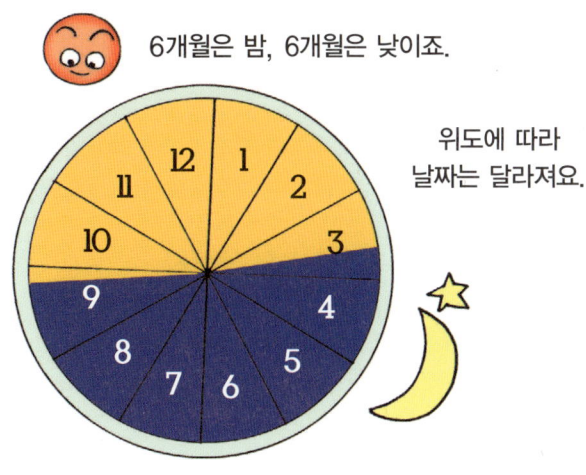

바닷속 생물이 늘어나지 않는 이유는 무엇인가요?

바닷속에서는 바닷물 위에 떠서 사는 플랑크톤 및 미생물에서부터 무게가 179t에 길이가 33m나 되는 거대한 남극의 흰긴수염고래에 이르기까지 많은 종류의 생물들이 조화를 이루며 살아가고 있습니다.

바다는 생물이 살아가기에 알맞은 조건을 갖추고 있어요. 온도의 변화가 적고, 중력이 육지보다 덜 작용하고, 바닷물을 직접 몸 속으로 끌어들여 생존에 필요한 산소와 탄산가스, 미네랄을 섭취할 수 있지요.

그러나 바다에도 먹이 사슬이 있기 때문에 무리의 번식과 종족 보존을 위한 생활이 반복되고 있답니다.

흑고래 한 마리가 배불리 먹으려면 청어 1t, 즉 5,000마리나 되는 엄청난 양이 필요합니다. 이런 청어도 6,000~7,000마리의 더 작은 물고기를 잡아먹어야 하지요. 또 이 작은 물고기도 약 13만 개의 무수한 플랑크톤을 먹어야만 살아갈 수가 있답니다. 한 마리의 중형 고래가 생명을 이어 가기 위해서는 무려 4조의 플랑크톤을 먹어야 한다는 거예요.

그렇기 때문에 모든 생명체들의 개체 수가 폭발적으로 증가하지 않는 거랍니다.

바다와 대양은 어떻게 구별하나요?

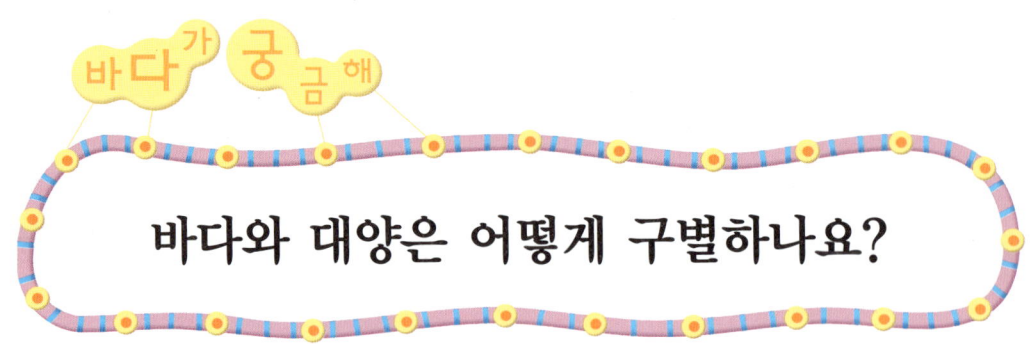

해양 연구가들은 바다와 대양을 구별하는 기준을 '크기'에 두고 있는데 우리나라 황해처럼 육지로 둘러싸여 있고 깊이가 얕은 곳을 '바다'라고 합니다. 그리고 태평양처럼 넓고 깊은 바다를 '대양'이라고 구별해 부르고 있습니다. 또 태평양과 대서양, 인도양을 '3대양'이라고 부릅니다.

'5대양'은 해양학자들의 해양 분류와는 다른 기준으로 나눈 것으로 태평양, 대서양, 인도양, 남극해, 북극해가 여기에 속합니다.

이 밖에 바다가 육지와 육지 사이로 깊숙이 들어와 있는 것을 '만'이라 하고, 육지와 육지 사이에 있는 폭이 좁은 바다를 '해협'이라고 합니다. 또 바닷물이 얼음으로 덮여 있어서 바다처럼 보이지는 않지만, 육지가 아닌 북극해와 남극해도 있습니다.

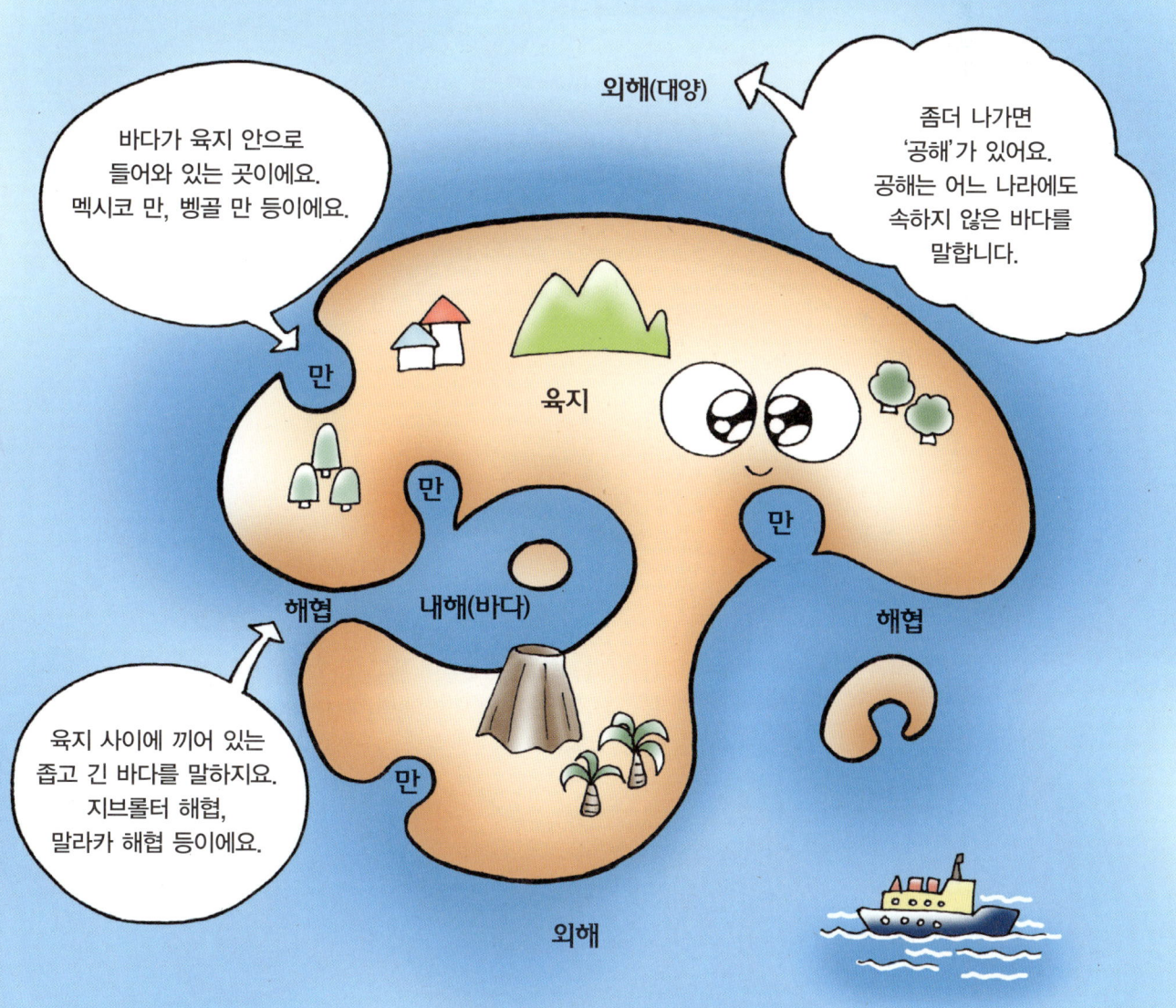

바닷물은 왜 짠가요?

처음 지구에 바다가 생겼을 때부터 바닷물이 짠 것은 아니었습니다. 바다는 원래 화산에서 나온 탄산가스 등에 들어 있는 수증기가 비가 되어 지구 표면에 고여서 만들어졌지요. 뿐만 아니라 화산이 분출할 때 나오는 염산가스도 빗물 속에 섞여 같이 내리게 되었습니다.

결국 최초의 바다에는 많은 양의 염산이 녹아 있었는데 암석 속에 있는 마그네슘, 칼슘, 나트륨 등과 합하여 여러 가지 물질을 만들어 낸 거지요.

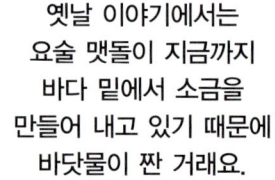

옛날 이야기에서는 요술 맷돌이 지금까지 바다 밑에서 소금을 만들어 내고 있기 때문에 바닷물이 짠 거래요.

소금의 대부분은 육지의 바위가 침식되어 생긴답니다.

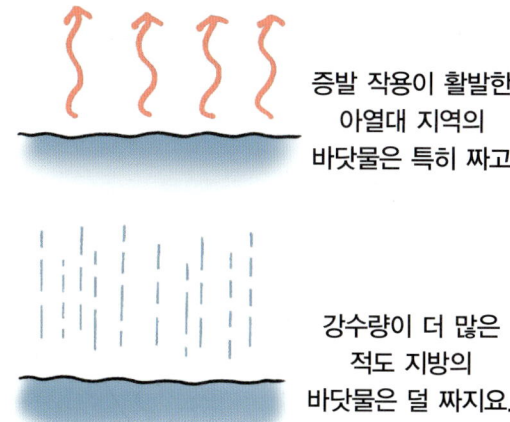

증발 작용이 활발한 아열대 지역의 바닷물은 특히 짜고

강수량이 더 많은 적도 지방의 바닷물은 덜 짜지요.

　염산과 나트륨이 결합하여 염화나트륨이 되었는데, 이게 바로 소금이랍니다. 그래서 바닷물이 짠 거예요. 마그네슘과 염산이 합쳐져 염화마그네슘이 생겼는데, 이 때문에 바닷물이 약간 쓴 맛을 내는 거랍니다.

　바닷물은 육지에 있는 성분들이 녹아 운반된 물이 합쳐져서 여러 가지 광물질이 녹아 있는데 바닷물에 녹아 있는 광물질의 양은 육지의 물에 녹아 있는 양의 약 300배나 된다고 해요.

　바닷물 1,000g 중에는 약 35g의 염류가 녹아 있어 비교적 짠맛이 나는데 바닷물에는 염분 외에도 나트륨, 마그네슘, 칼슘, 염소, 알루미늄, 붕소, 질소, 망간, 인, 구리, 요오드, 은, 아연, 금 등 91종류의 원소가 들어 있는 것으로 알려져 있으며, 산소, 질소, 이산화탄소 등의 가스도 녹아 있어요.

　인산염, 질산염, 규산염 등도 조금 들어 있으며 이것은 해양 식물 등에 중요한 영양분이 되고 있습니다.

밀물과 썰물은 왜 생기나요?

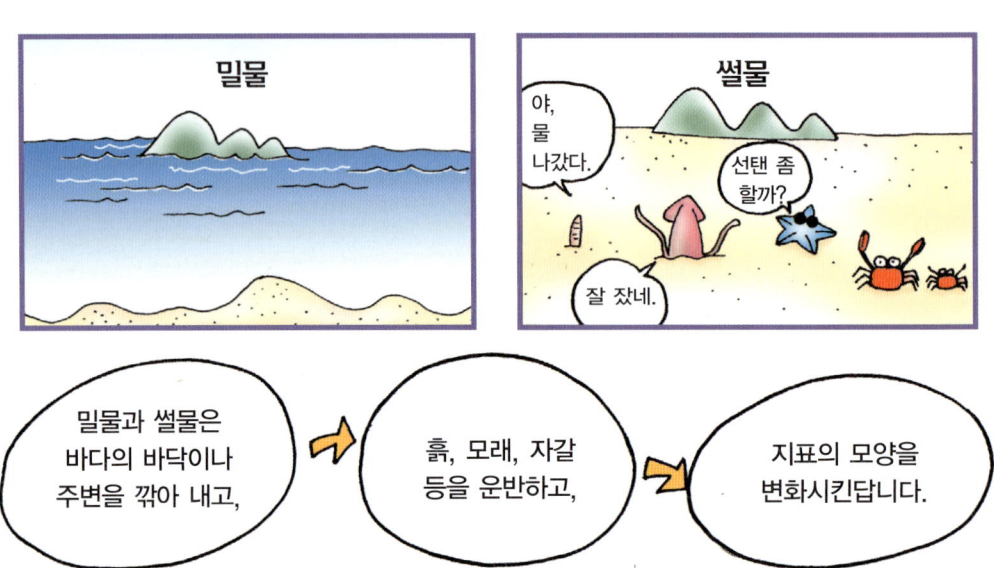

달의 질량은 지구의 80분의 1밖에 안 됩니다. 하지만 지구와의 거리가 가깝기 때문에 지구에 여러 가지 영향을 미치고 있습니다.

그 중 달과 지구 사이에서 일어나는 만유 인력에 의해 지표에서 달이 있는 쪽으로 바닷물이 몰려드는 것을 '밀물', 그리고 그 반대쪽으로 몰려서 해면이 낮아지는 것을 '썰물'이라고 하죠. 이 영향으로 바닷물은 하루에 여섯 시간을 주기로 규칙적으로 들어오고 나갑니다. 이것을 '조석'이라고 하는데 바닷물이 가장 많이 들어왔을 때를 '만조(사리)', 가장 많이 빠져 나갔을 때를 '간조(조금)'라고 하죠.

세계에서 조석의 차가 가장 크게 일어나는 곳은 미국의 펀디 만인데 가장 클 때에는 19.6m나 된다고 합니다.

우리나라의 황해도 조석의 차가 큰 것으로 유명해요. 인천만은 약

13.2m, 여수는 약 2.8m, 부산은 약 1.5m예요. 그러나 동해안은 약 40㎝에 불과합니다.

지구는 울퉁불퉁하게 생겼고, 대륙이나 섬이 바다의 여기저기에 흩어져 있기 때문에 달의 인력에 따라 이동하는 물의 움직임이 방해를 받지요. 그래서 장소에 따라 밀물과 썰물의 차이가 생기게 된 것입니다. 또 밀물 때 해면의 높이도 장소에 따라 차이가 있어요. 해안선이 길게 똑바로 뻗어 있는 곳에서는 밀물 때에도 바닷물이 널리 퍼져 나가기 때문에 해면은 그렇게 높아지지 않습니다. 그러나 반대로 해안선이 좁은 만에서는 바닷물이 널리 퍼지지 못하기 때문에 해면이 높아지게 되죠.

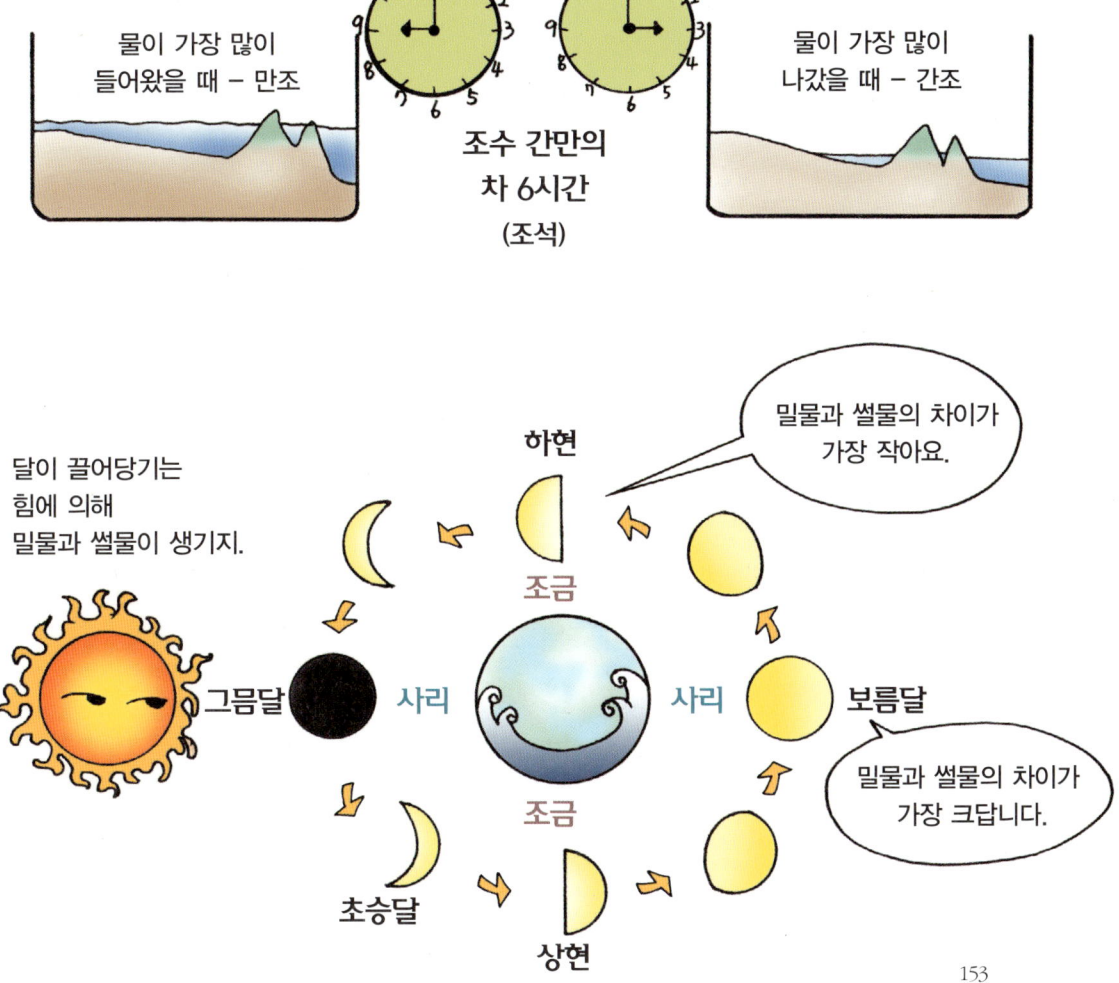

파도의 힘을 결정하는 건 무엇인가요?

파도를 일으키는 조건에는 두 가지가 있는데 바람과 해저 지진입니다.

파도는 파고와 파장으로 구성됩니다.

파고는 파도의 높이를 말합니다. 그 높이는 파도의 아래 골짜기에서 가장 높은 물마루까지로, 1m에도 미치지 못하는 것에서부터 8층 높이에 이르는 것까지 다양하죠.

파장은 파도의 물마루에서 다음 물마루까지의 거리예요. 파장 역시 1m도 안 되는 것에서부터 무려 수백 km에 이르는 것까지 있답니다.

파도가 일 때 파괴력을 좌우하는 것은 파고입니다. 보통의 바다에서 파고가 7m 이상 되는 파도는 많지 않아요.

그러나 태풍이 몰고 오는 파도는 그 규모나 위력이 상상을 초월할 정도로 대단합니다. 보통 15m 이상의 파고를 가지고 있는 것도 있어서 큰 피해가 올 수 있습니다.

이러한 파도 앞에서는 부두나 선박, 방파제, 등대 등 모든 해안 시설들이 쉽게 망가지고 만답니다.

파도의 구조

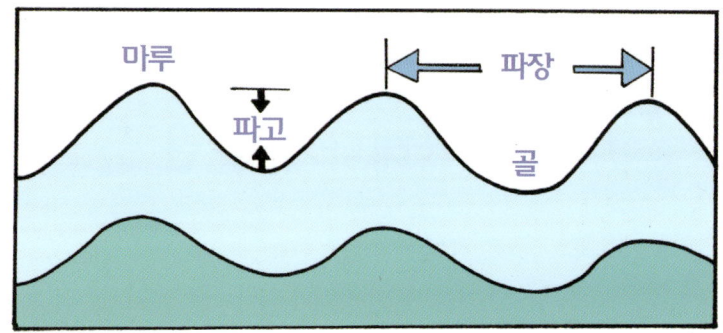

파도의 종류

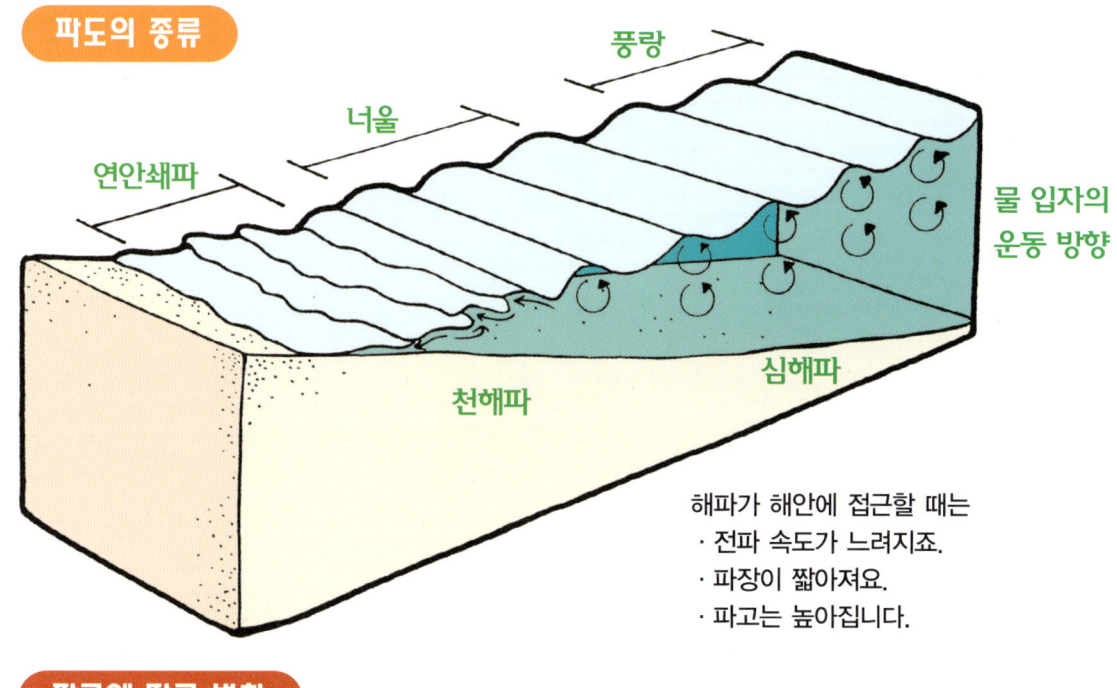

해파가 해안에 접근할 때는
· 전파 속도가 느려지죠.
· 파장이 짧아져요.
· 파고는 높아집니다.

파고에 따른 변화

0~0.5m
잔잔

0.5~1m
잔물결

1~2m
약간
거세지죠.

2~3m
배가 심하게
움직여요.

3~6m
큰 물살이
일어나요.

6~9m
방파제를
심하게 쳐요.

9~14m
운항이
어렵죠.

14m 이상
산더미 같은
파도가 일죠.

머리에 안테나가 달린 물고기도 있다고요?

성게는 입에 거친 줄칼을 가지고 있어 바위에 붙은 해초를 먹을 때 바위까지 갉아먹어요.

그리고 큰 조개는 진흙 속에 파고 들어가 몸을 감추고 긴 목만 내놓고 먹이를 구하기도 합니다.

불가사리는 조개 껍데기가 다 열리거나 닫히기 전에 날렵하게 조갯살을 꺼내 먹지요.

또 진흙 바닥에 사는 해삼은 유기질의 끈적끈적한 먹이를 천천히 펴서 입에 넣고 빨아먹습니다. 바닷속 동물들은 먹는 것도 다양하지만 생김새며 사는 모습도 각양각색입니다.

바다에 사는 물고기들은 그들이 살고 있는 바다의 빛깔을 몸 빛깔로 만들어 산답니다. 즉 등 쪽의 빛깔은 바다 색인 청색이나 녹색으로 되어 있고, 밑에서 바다 위를 보면 은빛이나 흰빛이 감도는 빛깔이기 때문에 물고기의 복부는 은백색으로 되어 있어요. 바닷속에서 훌륭한 보호색으로 작용하지요.

초롱아귀는 머리 위에 안테나 같은 뿔이 있고 그 끝에 초롱불처럼 불을 켜고 바다 밑을 헤엄쳐 다녀요.

　심해어는 입이 크고 이빨이 날카로우며 눈이 크고 어떤 물고기는 입이 몸집의 반 이상이나 되는 것도 있답니다.

사람은 얼마나 깊이 잠수할 수 있나요?

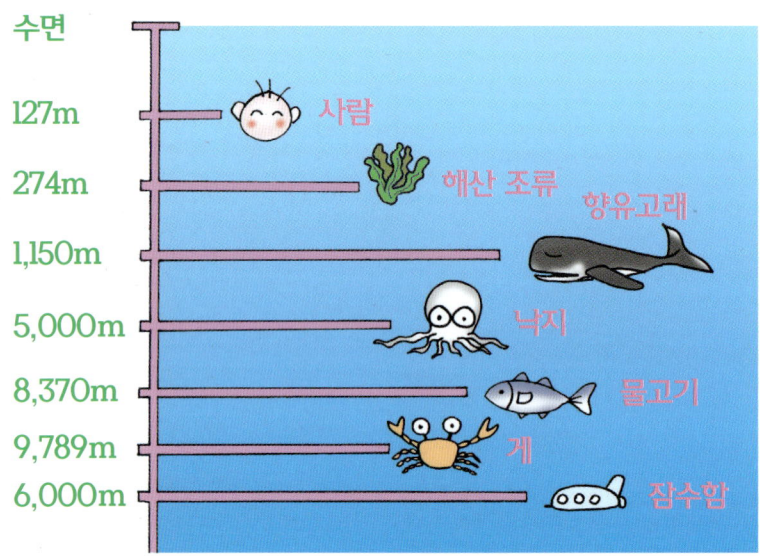

바닷속을 개발하기 위해서는 사람이 직접 바닷속으로 들어가서 기지를 건설해야 해요. 그러나 보통 사람들은 헬멧 등 간단한 기구를 이용해서 바닷속 70m~100m까지는 잠수를 할 수 있지만 그 이상은 힘들어요. 최근에는 여러 가지 기구가 개발되어 잠수할 수 있는 깊이는 1,000m까지가 되었지만, 너무 오랫동안 바닷속에 있으면 잠수병에 걸리게 되므로 위험하지요.

해양 도시를 건립하기에 앞서 해양 생물을 장기간에 걸쳐서 관측하거나 대륙붕 개발 또는 바다 밑에 가라앉은 여러 가지 침전물이 어떤 상태로 있는지 알아보고, 어떤 모양으로 형성되는가도 관측해야 하죠.

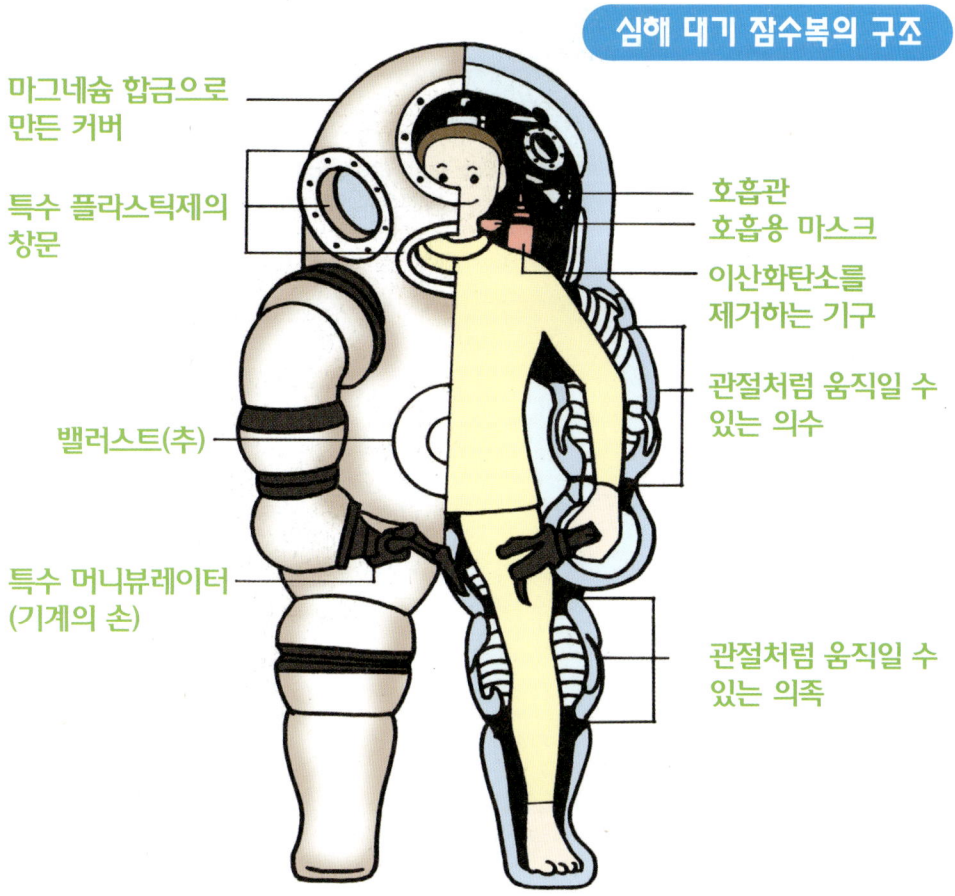

심해에서의 작업을 지상과 같이 사람의 손을 직접 이용할 수 있게 만든 잠수복이며, 내부 기압은 지표와 같게 해 놓았죠.

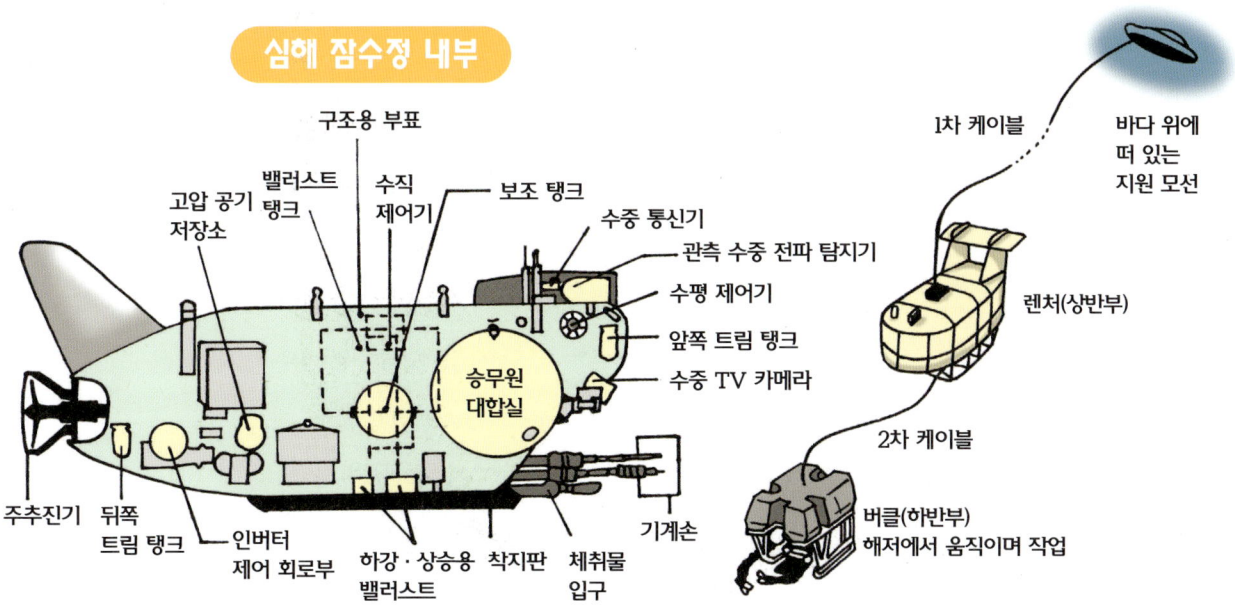

바닷물이 지구의 온도를 조절한다고요?

바닷물은 엄청난 열을 저장하는 열 저장 창고로 지구의 온도를 적당하게 만들어 주는 중요한 역할도 하고 있지요.

물의 표면과 공기가 서로 맞닿아 생기는 여러 가지 작용 가운데 가장 중요한 것이 수증기의 이동이에요.

지구 표면의 70% 이상 되는 넓은 면적의 바닷물은 태양의 열을 받아 공기 속으로 날아가 구름으로 있다가, 비가 되어 내립니다. 북위 20도와 남위 20도 사이의 바다에서 증발되는 수증기의 양을 그대로 쌓는다면 1년에 약 140~200㎝에 이를 거라고 해요.

공중으로 날아가는 수증기의 양은 위도에 따라 다르고, 또 동쪽과 서쪽에 따라서도 달라요. 대서양의 서쪽 바다에서 증발되는 수증기 양은 같은 위도에 있는 동쪽의 바다에서보다 약 2배 이상이에요.

바닷물의 증발이 심하면 많은 양의 수증기가 발생하게 되는데 바다 표면은 바닷물에 녹아 있는 염분들이 서로 엉겨 염분도가 높아지게 되지요.

 바닷물이 지구의 기후를 적당하게 조절해 주는 중요한 기능을 하지 않는다면, 지구에 있는 모든 생명체는 엄청난 피해를 입게 될 것입니다.

둥근 해가 떴습니다.

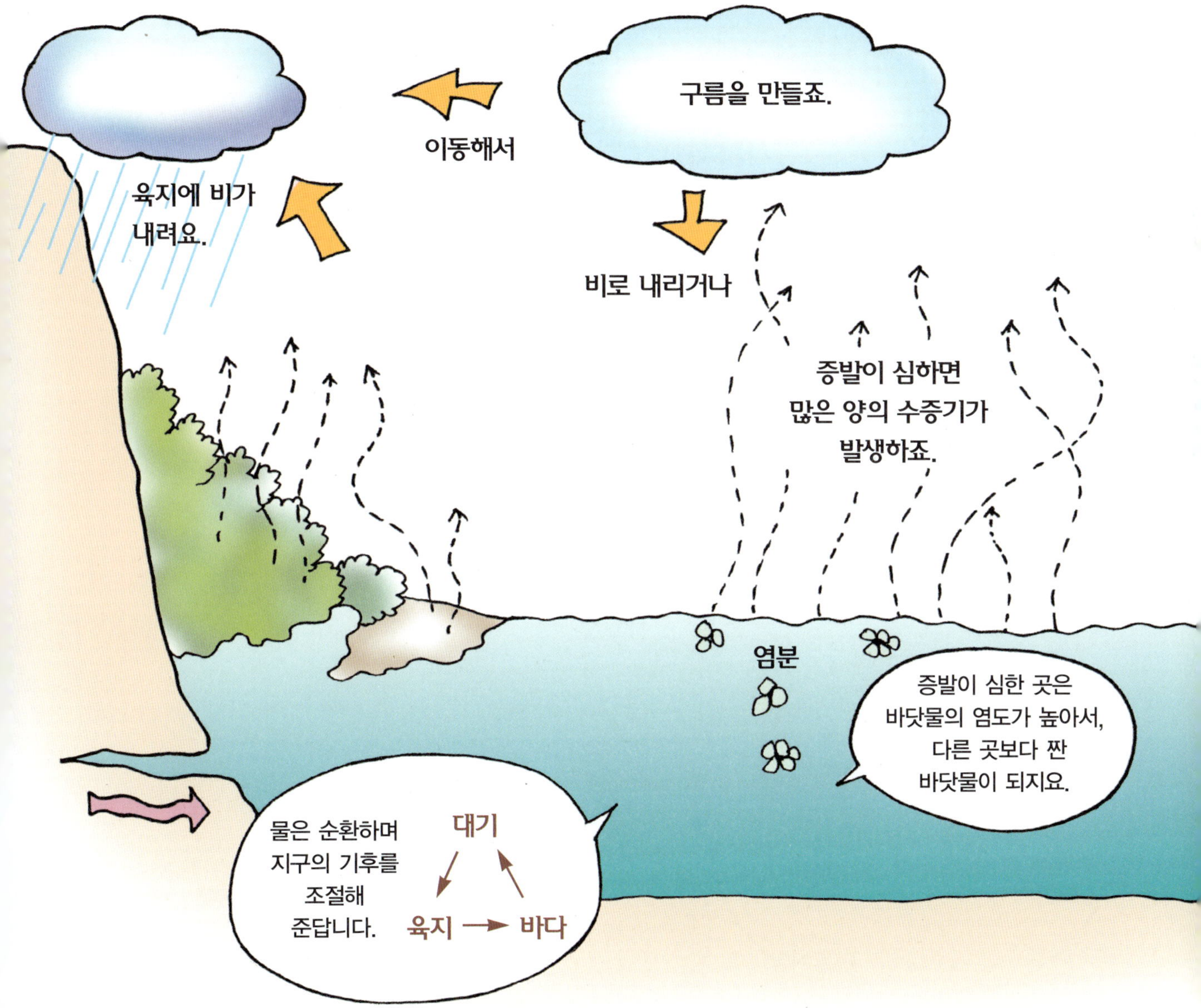

구름을 만들죠.

이동해서

육지에 비가 내려요.

비로 내리거나

증발이 심하면 많은 양의 수증기가 발생하죠.

염분

증발이 심한 곳은 바닷물의 염도가 높아서, 다른 곳보다 짠 바닷물이 되지요.

물은 순환하며 지구의 기후를 조절해 준답니다.

대기
↙ ↖
육지 → 바다

바다가 궁금해
바다의 넓이와 깊이는 얼마나 되나요?

바다의 넓이는 3억 6천만 km²예요. 육지의 2.42배, 즉 3/4을 차지하고 있습니다. 우리나라의 넓이가 22만 km²이니까 우리나라 전체 넓이의 1,500배나 되는 셈입니다.

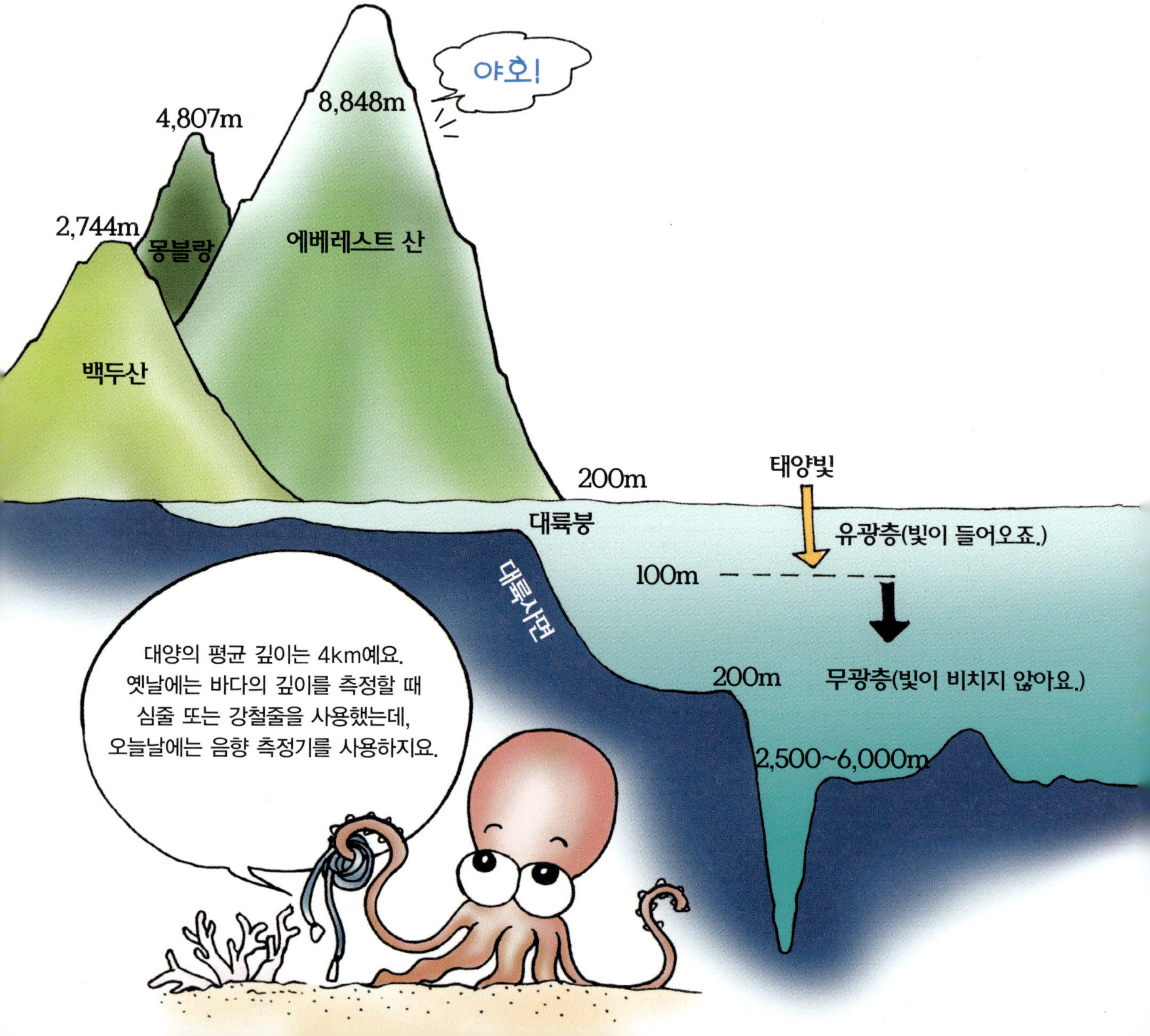

2,744m 백두산
4,807m 몽블랑
8,848m 에베레스트 산
야호!

200m 대륙붕
대륙사면

태양빛
유광층(빛이 들어오죠.)
100m
무광층(빛이 비치지 않아요.)
200m
2,500~6,000m

대양의 평균 깊이는 4km예요. 옛날에는 바다의 깊이를 측정할 때 심줄 또는 강철줄을 사용했는데, 오늘날에는 음향 측정기를 사용하지요.

3대양의 하나인 태평양은 전체 바다 넓이의 46%인 1억 6천525만 ㎢고, 평균 깊이는 4,282m나 됩니다. 또 대서양은 넓이가 8천244만 ㎢로 평균 깊이가 3,926m이고, 인도양은 넓이가 7천344만 ㎢에 평균 깊이가 3,963m에 이릅니다.

바다는 수직 온도 분포에 따라 혼합층, 수온약층, 심해층으로 수직 구분할 수 있어요. 혼합층의 깊이는 바람의 세기에 좌우됩니다. 여름보다는 겨울에 두껍지요. 혼합층은 보통 50~200m, 수온약층은 1,000m, 심해층은 1,000m 이상입니다.

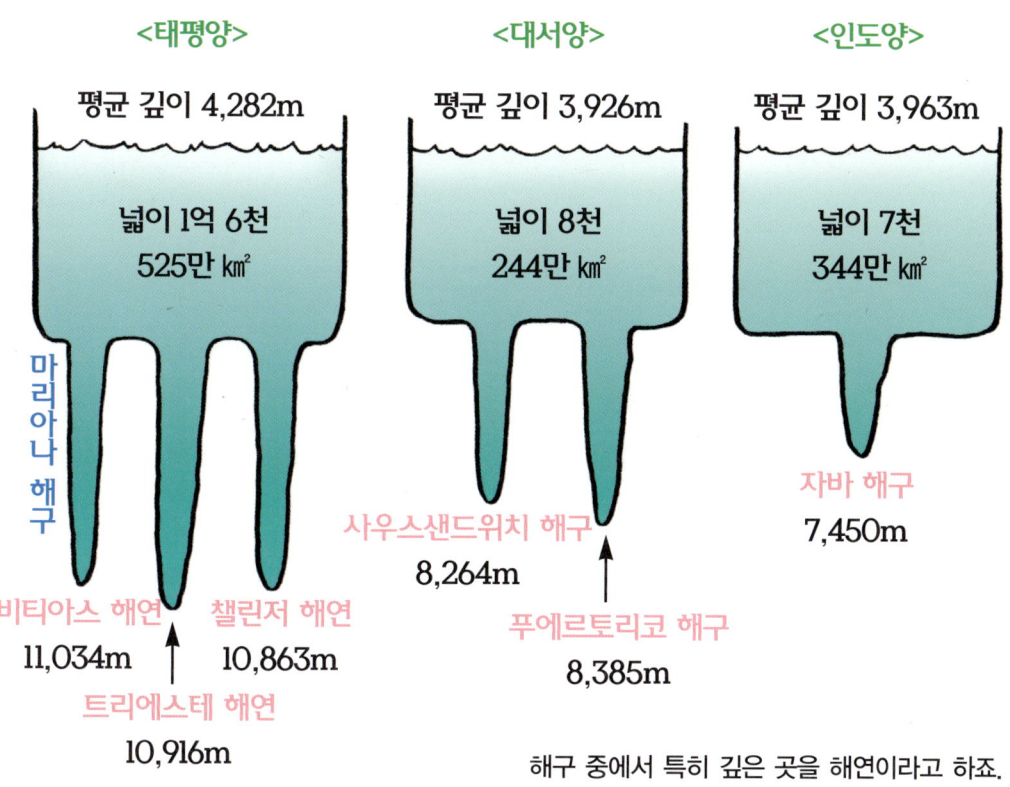

해구 중에서 특히 깊은 곳을 해연이라고 하죠.

남극과 북극 중 어느 쪽이 더 추운가요?

북극은 제일 추울 때가 -30~-40℃ 정도가 되었다는데 남극이 북극보다 연평균 기온이 20~30℃ 정도 더 낮아요.

이처럼 남극의 기온이 더 내려가는 이유를 살펴보면 남극은 얼음 밑이 대륙으로 되어 있고 북극은 모두 바다로 이루어졌기 때문입니다.

북극을 둘러싸고 있는 바닷물은 비열(어떤 물질 1g의 온도를 섭씨 1도 높이는 데 필요한 열량)이 크기 때문에 쉽사리 데워지지도, 좀처럼 식지도 않아요. 그런데 대륙은 바다보다 비열이 낮기 때문에 여름이 되면 데워졌다가 겨울이 되면 쉽게 식어요. 그래서 남극과 북극의 기온차가 많이 나는 거랍니다.

그런데 남극은 높은 산맥이 있는 대륙이에요. 4,300m나 되는 산악 지대에서 냉각된 무거워진 공기는 빠르게 아래로 내려오죠. 또 대륙의 중심에서 둘레를 향해 불어 오는 강풍 때문에 눈보라가 휘몰아치는 경우가 많습니다. 그러나 북극은 눈보라도 적으며 기온의 변화도 심하지 않기 때문에 비교적 생명체들이 잘 지냅니다.

이처럼 남극의 산봉우리에서 불어 오는 강한 바람은 작은 얼음 조각들을 휩쓸고 날아가 나무 목재들을 갉아 버리죠. 그 때문에 관측소는 모두 철재를 사용해 지어져요.

　그러므로 남극에서 생활하는 과학자들은 낮은 온도도 문제지만 바람에 날아오는 얼음 조각들 때문에 피부를 노출할 수가 없습니다.

　서로 비슷해 보이는 남극과 북극은 결국 바다가 갖고 있는 성질 때문에 온도의 차이가 심하게 나는 것이에요.

대륙은 바다보다 여름에 쉽게 데워지고 겨울에는 쉽게 식는답니다.

바다는 쉽게 데워지거나 식지 않아 온도 변화가 거의 없습니다.

남극의 밑은 대륙으로 되어 있습니다.

북극의 밑은 바다랍니다.

물고기마다 왜 사는 곳이 다른가요?

바다의 모든 어류들은 그들이 살아가는 데 알맞은 온도와 범위를 가지고 있어요.

우리나라 해역에서 겨울철에 잡히는 명태는 수온이 1℃ 내지 3℃가 되어야 살기 때문에 바닷물이 찬 동해의 바다에서 잡힙니다.

또한 고등어가 살기에 적합한 바닷물의 온도는 1~18℃고, 다랑어는 19~24℃의 범위며, 도미는 15℃ 내외의 수온에서 살죠.

해수면 가까이의 온도는 27.1℃고, 100m의 깊이에는 24.8℃, 500m 깊이에는 7.8℃, 1,000m의 깊이에는 4.5℃, 5,000m의 깊이에는 1.55℃예요. 이렇듯 바닷물의 온도는 수직적 변화를 나타냅니다.

수온약층이란 급격히 온도가 낮아지는 구간이에요. 따뜻한 물이 위에 있는 안정적인 상태이므로 거의 대류하지 않지요. 대체로 수온약층 부근에는 바닷물 자체의 영양류가 풍부하기 때문에 물고기들의 먹이가 많이 있으므로 좋은 어장이 됩니다.

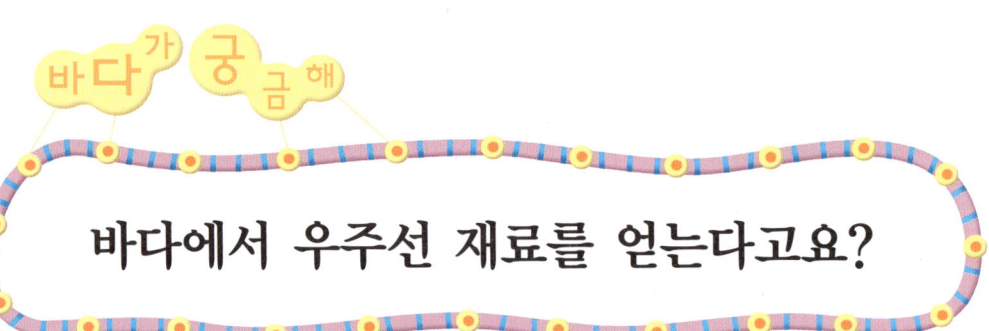

바다에서 우주선 재료를 얻는다고요?

바닷물에서 추출하는 여러 가지 금속들은 공업, 산업, 의학 등 여러 분야에서 매우 중요하게 사용되고 있습니다.

그 중 토륨이라는 것은 1941년까지는 백열 가스 등에 사용되었으나, 최근에는 원자 연료에 없어서는 안 되는 소중한 것으로 알려지면서 그 이용도가 더욱 커졌지요.

토륨은 인공 위성 및 항공기 공업 분야에서 중요한 재료로 쓰일 수 있어요. 높은 온도에서 잘 견딜 뿐만 아니라, 가볍고 강도가 높아서 우주

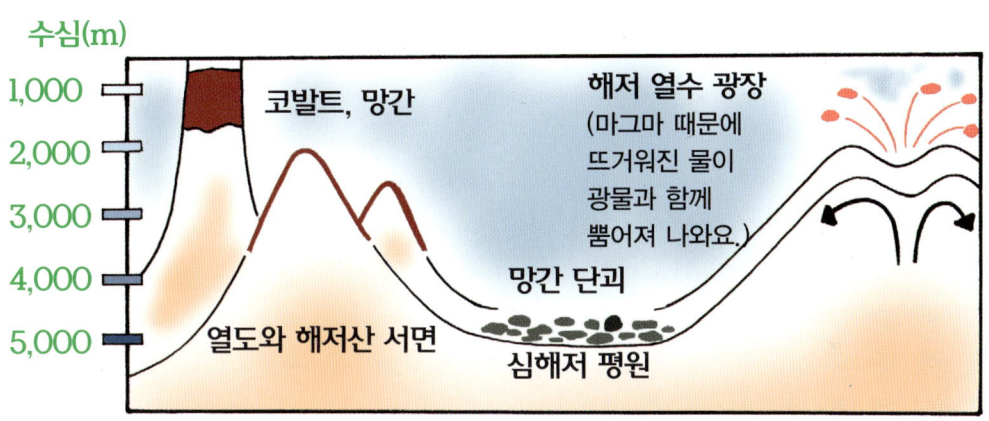

산업 및 항공 산업에서는 꼭 필요한 물질로 주목받고 있습니다.

모나자이트에 토륨이 들어 있다는 것이 확인되고, 토륨이 첨단 산업의 재료로 되면서 이에 대한 개발은 더욱 활발해졌답니다.

모나자이트의 세계 최대 산지는 인도의 동쪽 코로만델 해안과 서쪽의 멜라베르 해안으로 나타났는데 이 곳에 매장되어 있는 모나자이트는 무려 200만 t으로 추정된다고 해요. 모나자이트에서 나오는 질콘은 원자로의 화로를 만드는 재료가 되는데 이것은 부식에 강하므로 화학 공업용으로 용도가 늘어나고 있답니다.

바닷속에도 금이 있나요?

바닷물에는 염분 외에도 나트륨, 마그네슘, 칼슘, 염소, 알루미늄, 붕소, 망간, 인, 구리, 요오드, 은, 아연, 금 등 많은 종류의 원소들이 녹아 있습니다. 극히 적은 양이기는 하지만 금, 은, 우라늄 등도 포함되어 있어요. 이들 금속은 바닷물에서 차지하는 비율로 볼 때에는 보잘것 없이 작은 양입니다. 그렇지만 바닷물 전체로 보면 아주 많은 양이지요.

그러나 바닷물 속에 있는 금을 뽑아 내려면 더 많은 돈이 들어요. 지금은 현실적으로 어렵지요.

또 바다 밑 어느 부분에는 아주 많은 양의 망간, 코발트, 철, 니켈 등이 뭉쳐져 있고, 우라늄도 바닷물 1g당 3.3㎍(마이크로그램: 1백만 분의 1그램)이 녹아 있다고 하네요.

망간은 깊은 바다 밑에서만 발견되는 것이 아니고 얕은 바다에서도 발견되고 있어요. 미국 근해에는 평균 7㎝ 두께의 망간층이 약 5,000㎢에 이르는 넓은 면적에 분포하고 있습니다. 전세계 바다 밑의 35%에 해당하는 곳이 망간층으로 덮여 있답니다.

바닷속에는 어떤 물질들이 쌓이나요?

육지에 있던 물질들은 빗물을 따라 바다로 흘러들어가고 있습니다. 아시아 대륙에서만 해마다 약 160억 t의 물질이 바다로 운반되어 쌓이고, 북아메리카와 남아메리카에서도 연간 약 20억 t과 약 10억 t의 육지 물질을 강물이 바다로 옮겨다 주고 있지요.

이렇게 막대한 양의 육지 퇴적물이 해마다 바다로 들어와 바다 밑에 쌓이는데, 모든 대륙에서 들어오는 총량은 무려 220억 t에 이른다고 합니다. 그러니 지난 수억 년 동안의 긴 세월을 계산해 본다면 엄청난 양의 물질이 바다로 흘러들어가 바다 밑바닥에 쌓여 있는 거죠.

이렇게 쌓인 고체 물질의 종류를 살펴보면 구리, 코발트, 니켈, 망간 등의 성분을 함유하고 있습니다.

바다 밑도 울퉁불퉁한가요?

예전에 바다의 깊이를 알아 내기 위해 배 위에서 큰 쇳덩어리를 바다 밑으로 내려보내 땅에 닿으면 다시 걷어올려서 그 길이를 측정했답니다.

이러한 방법은 바다의 깊이를 재는 데 많은 시간이 소요될 뿐 아니라, 정확도에서 많은 문제가 생길 수 있어요.

바다 밑이 운동장같이 평평하다면 가능하겠지만 바다 밑이 산과 계곡으로 이루어졌다면 배에서 내려보낸 추가 어디에서 멎었는지 알 수가 없기 때문에 바다 밑의 깊이를 정확하게 말하기는 곤란하죠.

1945년 이후 발명된 음향 측심기는 가장 정확하고 간편하게 잴 수 있는 방법이에요. 이 기계는 음파를 바다 밑으로 보내어 바닥에 닿게 되면 곧 반사되어 다시 되돌아와 음향 측심기에 기록됨으로 자연적으로 바다의 수심과 바다 밑의 지형을 알 수 있었답니다.

이런 측정기가 발명되기 이전에는 바다 밑의 지형은 단순히 평평하게 생겼을 것이라고 막연하게 추측했지만 사실은 바다 밑의 지형도 육지와 같이 산과 계곡이 있으며 대단히 넓은 평원도 펼쳐져 있다는 것을 알게 되었지요.

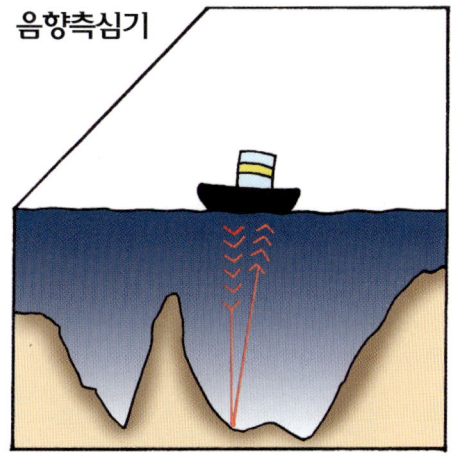

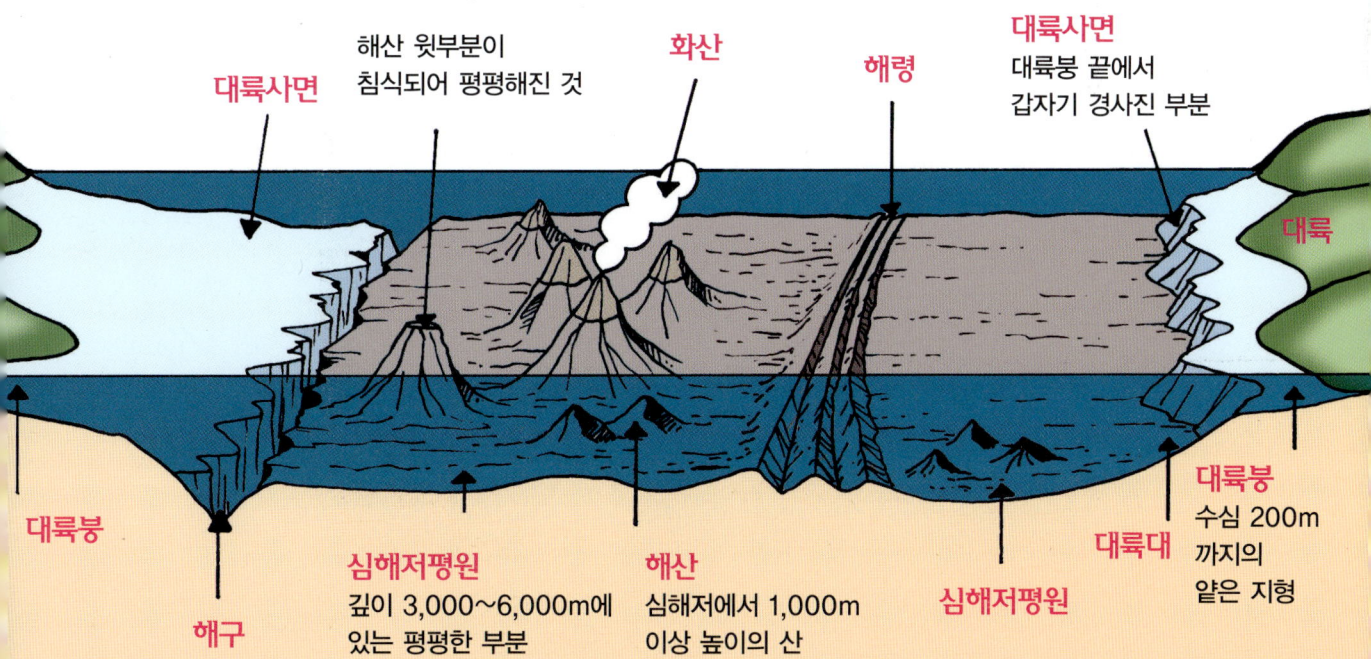

물 위에도 도시가 생길 수 있나요?

지금과 같이 인구가 증가한다면 인간이 살 수 있는 곳은 점점 더 좁아지고 말 것입니다.

그래서 사람들이 생각해 낸 것이 해상 도시입니다.

해상 도시는 배나 뗏목이 물 위에 떠 있는 원리를 이용하여 바다 위에 도시를 건설하는 거예요.

해상 도시는 굉장히 큰 종합 운동장 몇 개 규모의 큰 배가 바다 위에 일정하게 떠 있는 것입니다.

하나의 인공 섬처럼 만들고 그 위에 주택과 공장, 각종 서비스 기관과 연구소, 학교 등을 세우는 것이죠.

해상 도시에는 육지에서 흙이나 바위도 옮겨다가 해상 인공 동산과 놀이터도 꾸미고, 각종 동물들도 옮겨 살게 되죠. 해상 도시는 파도나 해류 등에 따라 다른 곳으로 이동하지 못하도록 하는 게 가장 어려운 작업입니다. 일정한 곳에 항상 떠 있도록 바다 밑으로 여러 개의 큰 닻을 내려 두어야 한답니다.

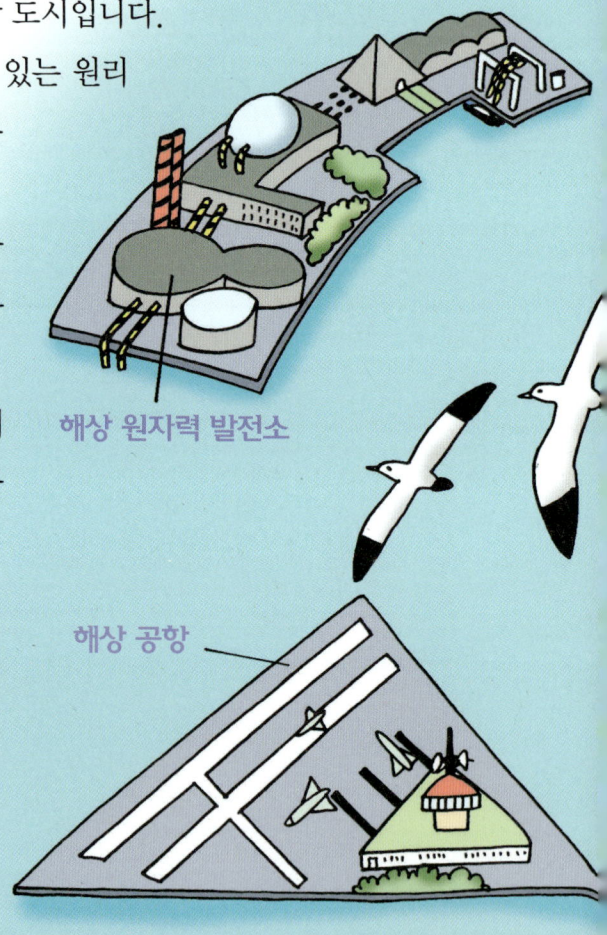

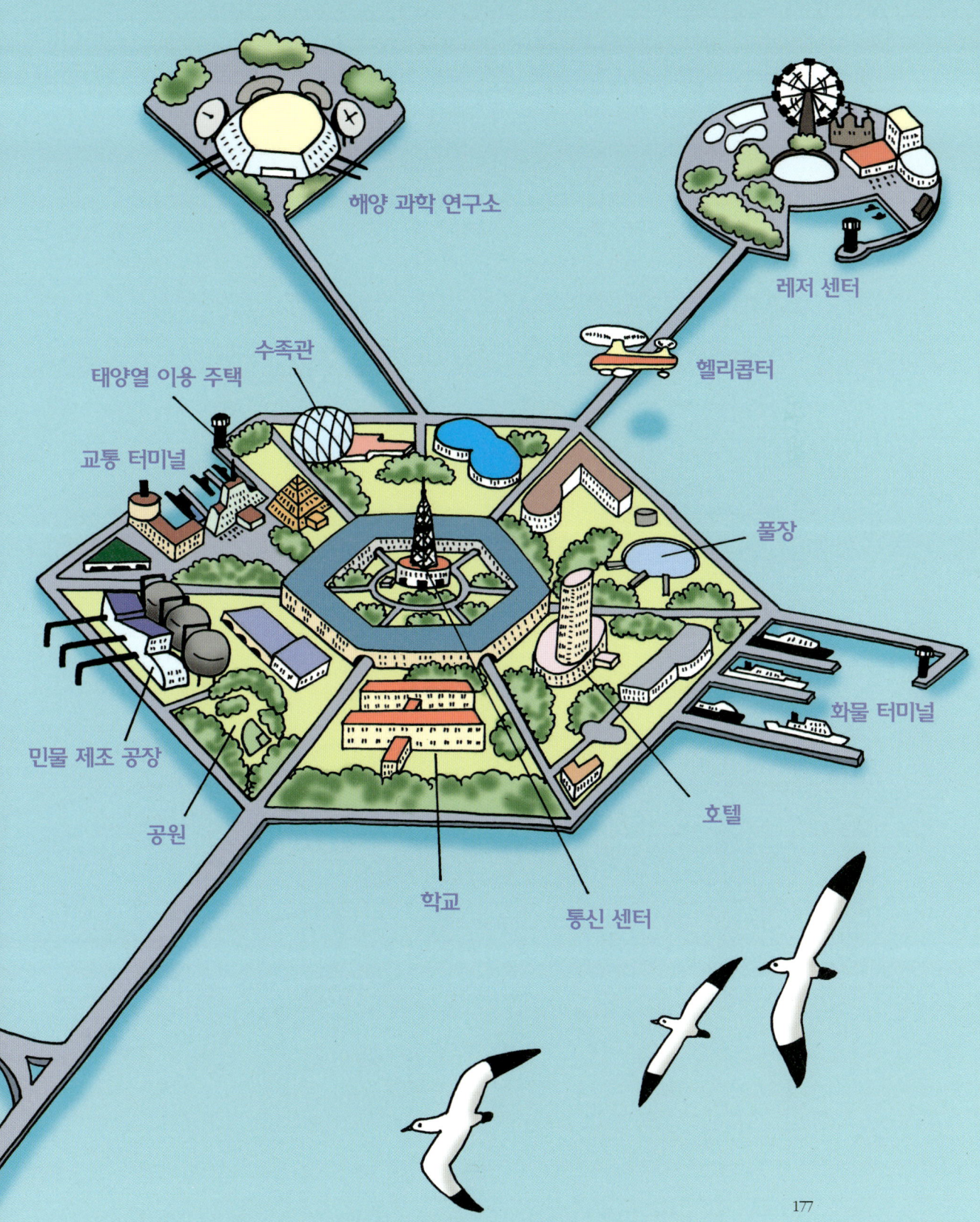

옛 문서들을 보면 기원전 2,000년 전
고대 이집트나 바빌로니아에서는 봉독이 치료제로 사용됐다는
기록이 나옵니다.
벌침을 핀셋으로 뽑아서 혈이나 아픈 부위에 직접 대면
벌침의 수축 작용에 의하여 살 속으로 파고들어요.
벌침에는 침의 효과와 뜸의 효과가 있기 때문에
소염, 진통, 면역 기능 조절 등의 효과를 얻을 수 있습니다.

— '허리 아픈 데 벌침이 좋다고요?' 중에서

날개

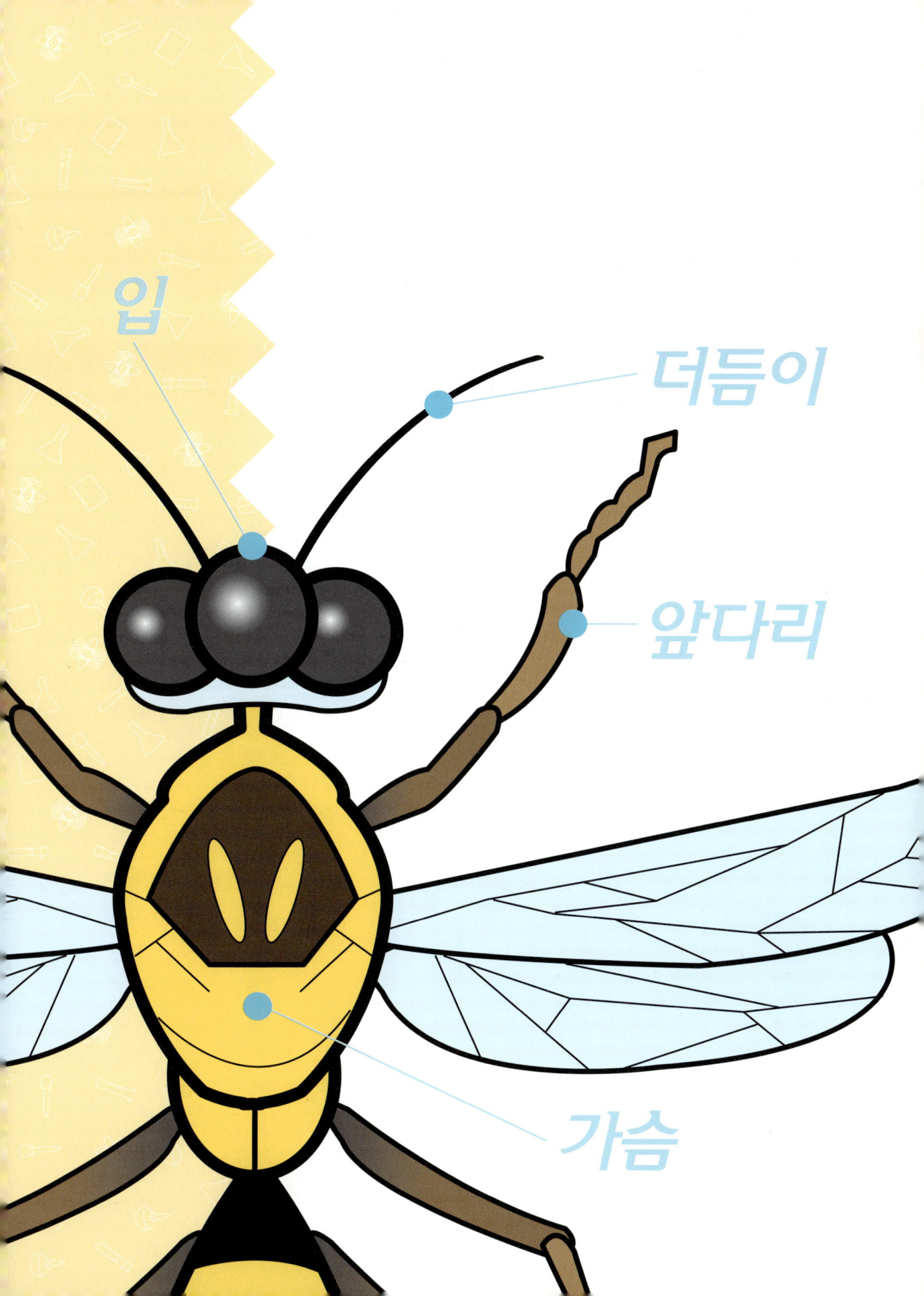

오줌으로 빨래를 했다고요?

조상들은 말린 창포잎과 흰 뿌리를 물에 우려내어 그 물로 몸을 씻고 머리를 감았는데, 이렇게 하면 병마와 악귀를 쫓을 수 있다고 믿었어요. 이 물은 분해 효과도 뛰어나서 수질을 오염시킬 염려도 없었습니다.

삼국지를 보면 오줌으로 손을 씻고 세탁을 했다고 해요. 조선 시대에도 오줌과 잿물로 빨래를 했다는 기록이 있는데, 잿물은 주로 면이나 마로 된 옷감을 빨 때 사용했습니다. 잿물에 들어 있는 탄산칼슘과 오줌에 들어 있는 암모니아가 찌든 때를 없애 주는 작용을 한다는 것을 조상들은 이미 알고 있었던 거예요.

그리고 명주는 콩가루나 녹두가루로 빨았어요. 콩가루나 녹두가루

우리들이 빨래의 때를 어떻게 뺏는지 몇 가지 알려 줄게요.

창포

창포잎과 흰 뿌리는 햇빛에 잘 말리죠!

창포잎   뿌리

몸을 씻고 머리를 감으면 병마와 악귀를 쫓는다고 믿었어요.

말린 창포잎과 뿌리를 뜨거운 물에 우려내죠.

세탁을 하는 데 사용하기도 했어요.

잿물
나무 태운 재를 물에 우려내고 걸러서 만든 물이에요. 탄산칼슘이 세정 작용을 하죠. 주로 면이나 마를 세탁해요.

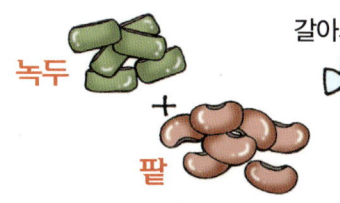
녹두 + **팥** 갈아서 **조두**
세정뿐 아니라 미백 효과도 뛰어나요. 주로 명주 옷감에 사용했지요.

오줌 식혀서 사용하죠.
암모니아 성분이 세정 작용을 합니다.

콩깍지 삶아서 사용해요.

쌀겨 무명 천 주머니에 넣어서 사용하죠.

빨랫방망이
빨래를 할 때 방망이질을 하면 때 분자의 활동이 활발해져서 섬유 밖으로 빨리 빠져 나오게 됩니다. 방망이질의 원리를 이용한 것이 세탁기입니다.

곡식을 이용한 가루들을 '더러움이 날아가게 한다' 하여 비루라 불렀는데, 오늘날의 '비누'라는 단어는 비루에서 비롯된 말이죠.

외에도 조두라고 하여 녹두와 팥 등을 갈아서 만든 가루 비누가 있는데 세정뿐만 아니라 미백 효과가 매우 뛰어났다고 합니다.

조두를 만들 형편이 안 되는 집에서는 콩깍지 삶은 물이나 고운 쌀겨를 무명 주머니에 담아 대신 썼답니다.

흔히 우리가 양잿물이라고 부르는 가성소다를 사용한 시기는 조선말 개항 이후래요. 새로운 비누를 처음 알려 준 사람은 조선 효종 때 하멜이라는 사람입니다. 서양식 비누는 1901년 프랑스 사람 리델이 쓴 서울 옥중기 내용으로 보아 이 때 처음 들어온 것으로 추측되지요.

밥을 먹어도 몸무게가 변하지 않는다고요?

식사를 한 후 먹은 식사 양만큼 몸무게가 늘어난다고 생각하기 쉽지만 반드시 그렇지는 않답니다.

음식을 먹으면 몸 속에서 일어나는 변화를 알아 보기 위해 이탈리아 과학자 산토리오는 의자에 앉은 채로 몸무게를 달 수 있는 저울을 개발했어요. 의자 저울에 앉아서 음식을 먹거나 대소변을 보며 몸무게 변화를 측정했죠. 음식물과 음료수의 무게를 확인하고 대소변 무게를 측정했습니다. 그런데 먹은 음식물, 음료수의 무게에서 대소변의 무게를 뺀 만큼 몸무게는 증가할 것이라는 예상과 달리 그만큼 늘지 않았어요. 산토리오는 먹은 음식물이 눈에 보이지 않는 형태로 몸 밖으로 빠져 나가기 때문이라고 생각했습니다.

사람은 운동을 하지 않아도 땀을 흘리는데, 피부를 통해 증발하는 수분의 양은 사람에 따라 다소 차이가 있지만 대략 800~1,000g 정도가 된답니다.

그리고 호흡으로도 몸무게에 변화를 가져와요. 과학자들은 몸무게가 68kg인 성인이 하루 산소를 흡수하는 양은 0.7kg이며, 내뱉는 이산화탄소의 양은 0.82kg이라는 것을 알아 냈답니다. 즉, 하루에 호흡으로 몸무게가 약 120g 줄어드는 거지요. 땀으로 줄어드는 것과 합치면 하루에 960g씩 몸무게가 줄어드는 거예요.

깜짝 놀라면 왜 심장이 뛰나요?

심장은 온몸의 혈액을 순환시키는 펌프 역할을 하고 있으며 1분 동안 약 70회 정도 뛰죠. 심장이 뛰고 있는 것은 손목 안쪽이나 목덜미를 살짝 만져 보면 금방 알 수가 있답니다.

심장은 평상시에도 두근두근 뛰고 있는데, 본인이 그것을 깨닫지 못하는 것은 언제나 같은 속도로 움직이고 있어, 거기에 익숙해져 있기 때문이랍니다.

그런데 갑자기 심장이 덜컥 하면서 빠른 속도로 콩닥콩닥 뛸 때가 있어요. 심장이 매우 바쁘게 일하고 있기 때문이지요.

예를 들면 우리가 달리기나 운동을 할 때 심장 뛰는 속도는 매우 빨라집니다. 운동은 에너지를 많이 필요로 하지만, 동시에 산소의 소비도 많아지므로 헉헉거리며 산소를 자꾸 마시게 되는 거죠.

그런데 특별히 몸을 격렬하게 움직이고 있는 것도 아닌데, 깜짝 놀랐을 때도 그렇고, 시험을 보기 전에도 가슴은 빨리 뛰어요. 그 이유는 신경 조정기라는 특수한 세포가 보내는 전기 신호로, 뭔가 강한 자극을 받으면 이 신호 회로가 혼란을 일으키기 때문이랍니다.

심장은 펌프와 같은 원리로 피를 온몸에 내보내고 받아들이며 태아 때부터 죽는 순간까지 한 번도 쉬지 않고 계속 운동을 한답니다.

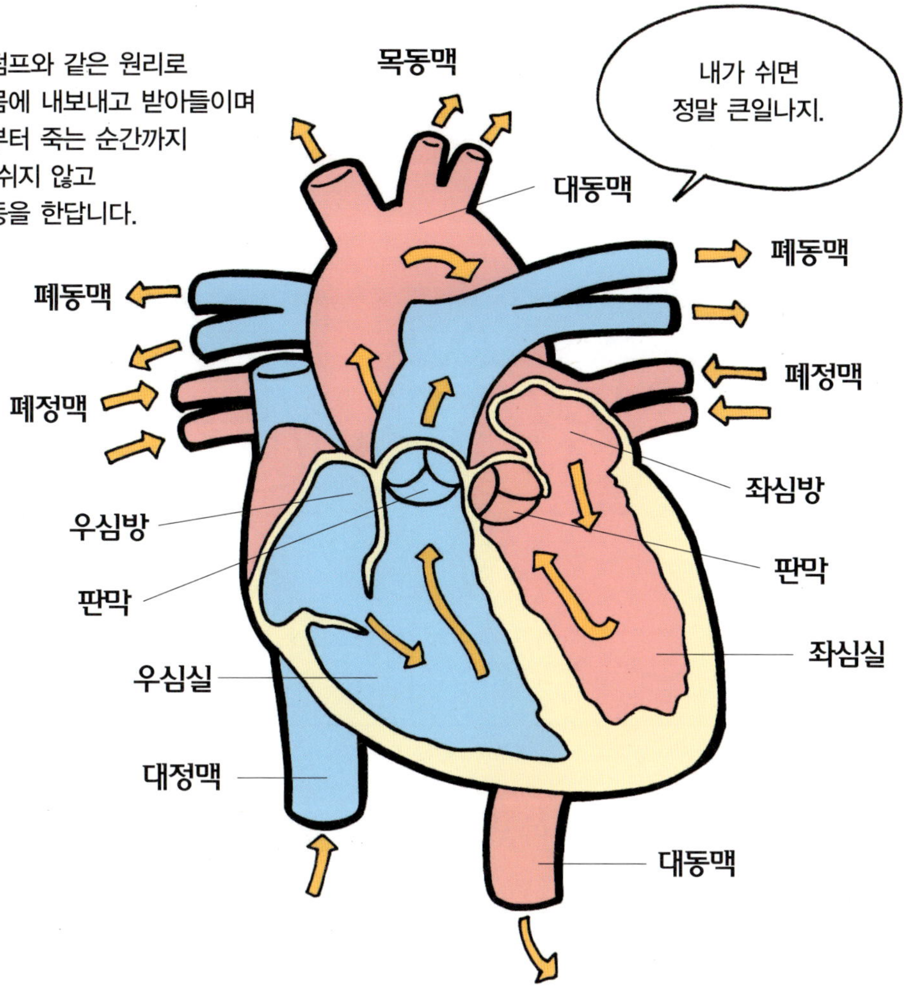

목동맥

대동맥

내가 쉬면 정말 큰일나지.

폐동맥

폐동맥

폐정맥

폐정맥

좌심방

우심방

판막

판막

우심실

좌심실

대정맥

대동맥

심장은 근육의 수축 운동

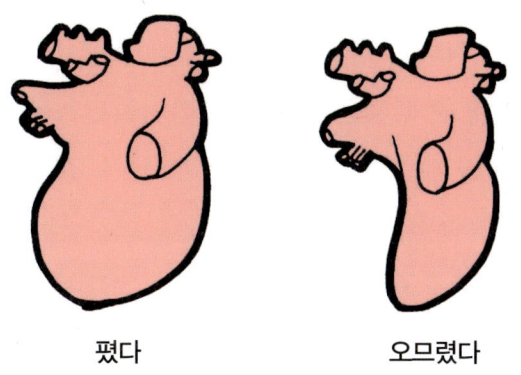

폈다   오므렸다

남자는 왜 단 걸 싫어하나요?

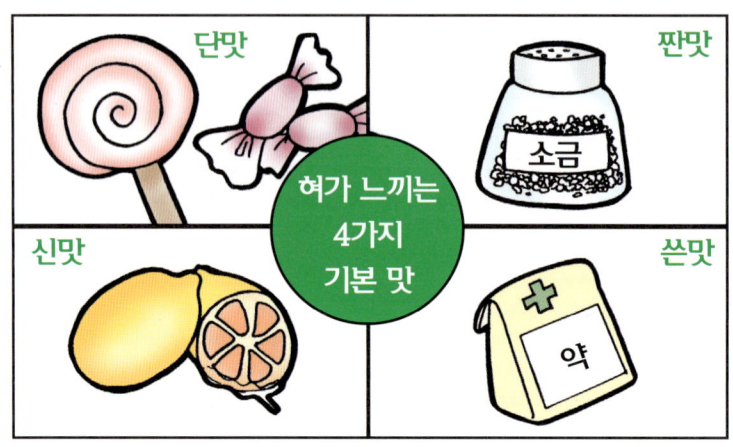

여자는 남자보다 미각이 발달해 있고 특히 쓴맛에 민감하다고 해요. 반면에 남성들은 단맛에 민감하지요. 학자들의 연구에 의하면 여성의 약 25%는 민감한 미각을 갖고 있다고 합니다. 여자들이 미각에 민감한 것은 유전자의 차이에 따라 혀에서 맛을 느끼는 부분이 다르기 때문입니다. 예를 들어, 쓴맛을 내는 물질은 대부분 어느 정도 독성을 가지고 있기 마련인데, 여성이 임신 중에 태아를 보호하기 위해 쓴맛에 더 민감하도록 바뀐 것처럼 말입니다.

최근 연구 결과, 여성들은 사춘기에 접어들면서 쓴맛을 더 잘 느끼게 되고, 특히 임신 중에는 맛의 민감도가 더 높은 것으로 나타났답니다.

그러나 나이가 들면서 쓴맛에 대한 민감도가 급격히 떨어지고, 쓴맛에 대한 반응이 별로 없어진다고 합니다. 그래서 젊었을 때보다 블랙커피 등 쓴 음료를 즐겨 찾게 된다고 합니다.

혀의 표면에 있는 돌기

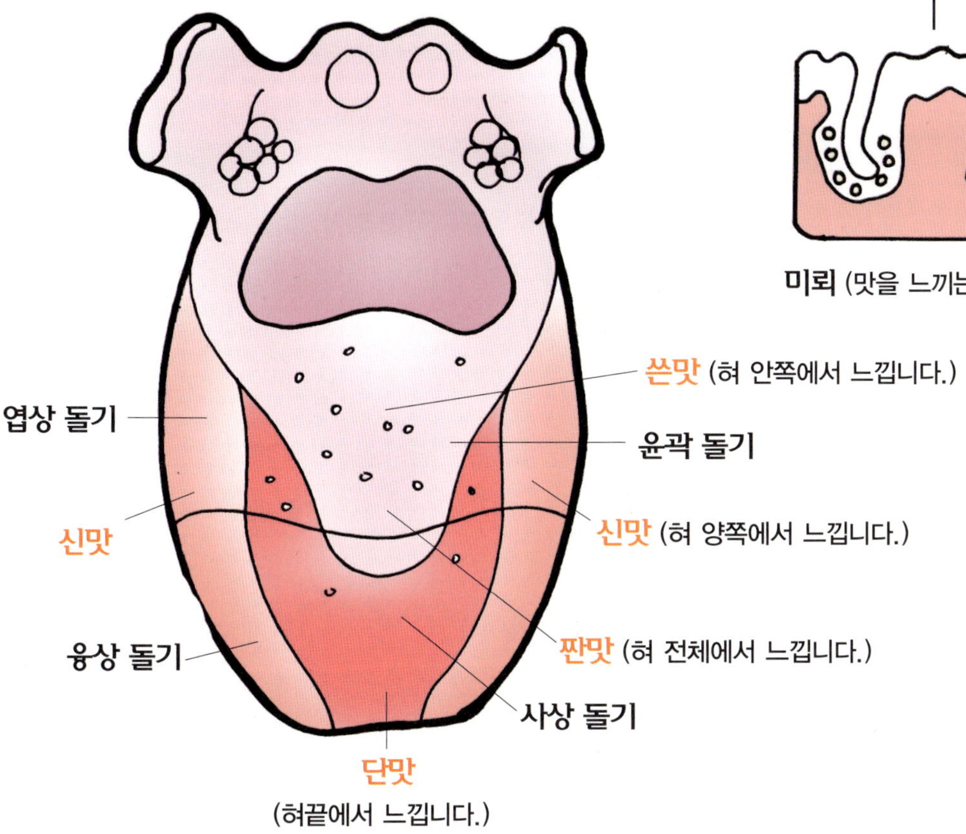

윤곽 돌기

미뢰 (맛을 느끼는 감각 세포)

엽상 돌기

신맛

융상 돌기

쓴맛 (혀 안쪽에서 느낍니다.)

윤곽 돌기

신맛 (혀 양쪽에서 느낍니다.)

짠맛 (혀 전체에서 느낍니다.)

사상 돌기

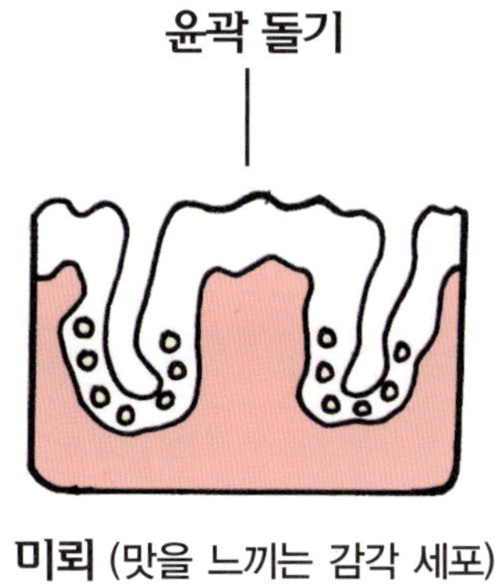

단맛
(혀끝에서 느낍니다.)

여자는 남자보다 쓴맛을 더 느껴요.

남자는 여자보다 단맛을 더 느끼지요.

허리 아픈 데 벌침이 좋다고요?

옛 문서들을 보면 기원전 2,000년 전 고대 이집트나 바빌로니아에서는 봉독이 치료제로 사용됐다는 기록이 나옵니다. 봉독은 맑고 투명한 액체로, 100℃로 끓이거나, 0℃로 얼려도 그 성질이 변하지 않는답니다. 벌침을 핀셋으로 뽑아서 혈이나 아픈 부위에 직접 대면 벌침의 수축 작용에 의하여 살 속으로 파고들어요. 벌침에는 침의 효과와 뜸의 효과가 있기 때문에 소염, 진통, 면역 기능 조절 등의 효과를 얻을 수 있습니다.

치료 방법은 대개 1주일에 2회 정도 하여 15회 정도를 1단계 치료 과정으로 하고, 증상 호전 여부에 따라 1개월 가량 휴식을 가진 후 계속 치료하면 좋은 효과가 있지요.

특히 관절염, 요통, 어깨 통증 등 각종 질환에 이용되며, 신경염, 알레르기, 만성 피로 증후군 등에도 좋다고 합니다.

또한 봉독은 페니실린의 천 배 정도의 항균 성분을 가지고 있어 염증성 질환 및 퇴행성 질환에 특히 효과가 좋은 것으로 알려져 있습니다.

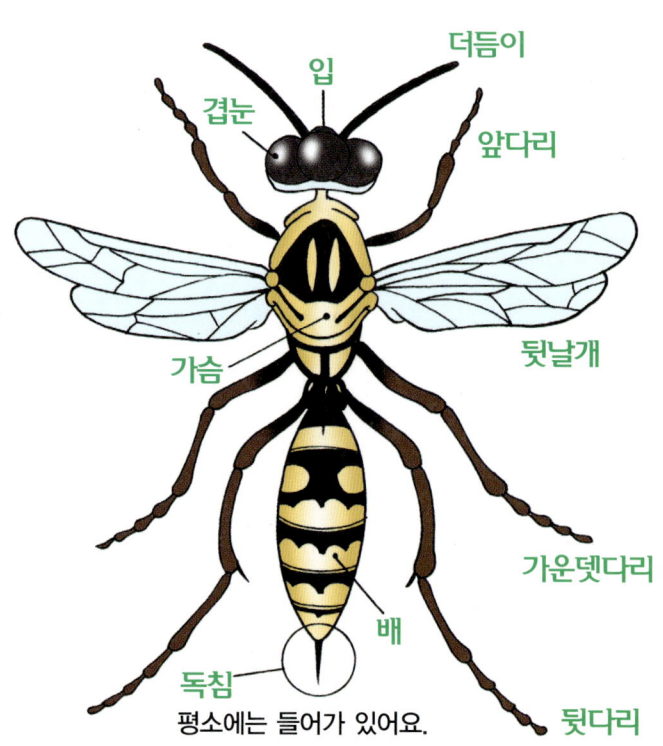

평소에는 들어가 있어요.

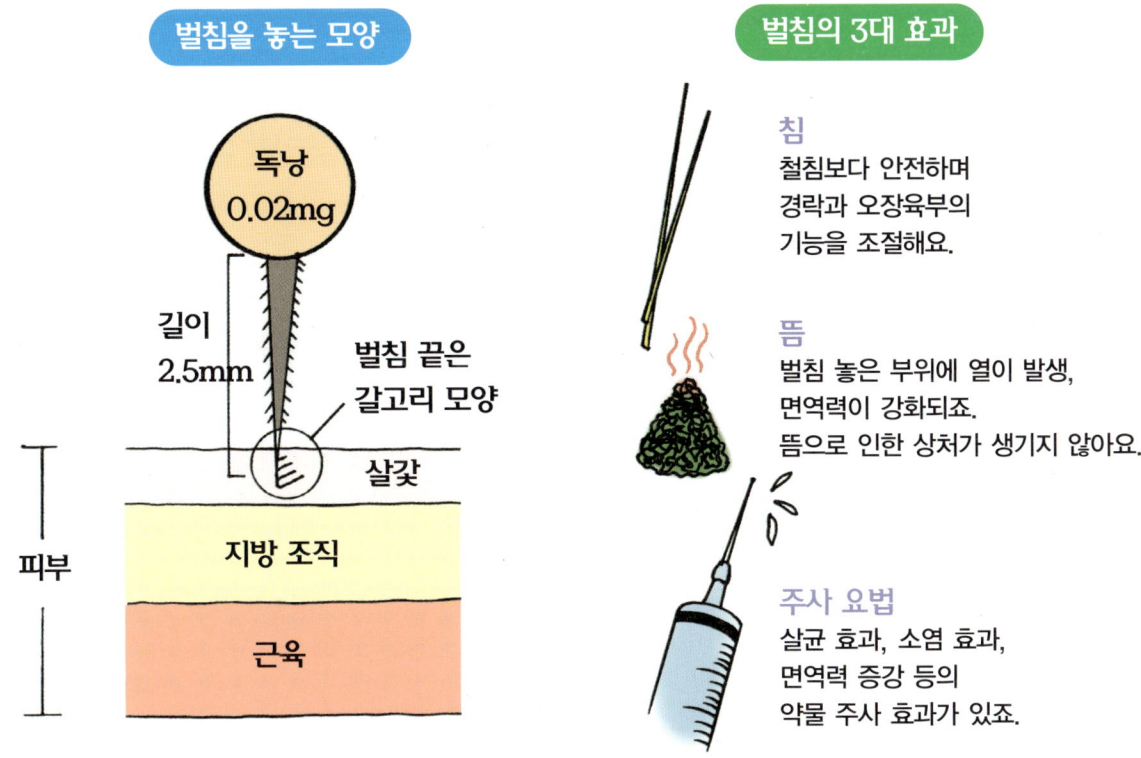

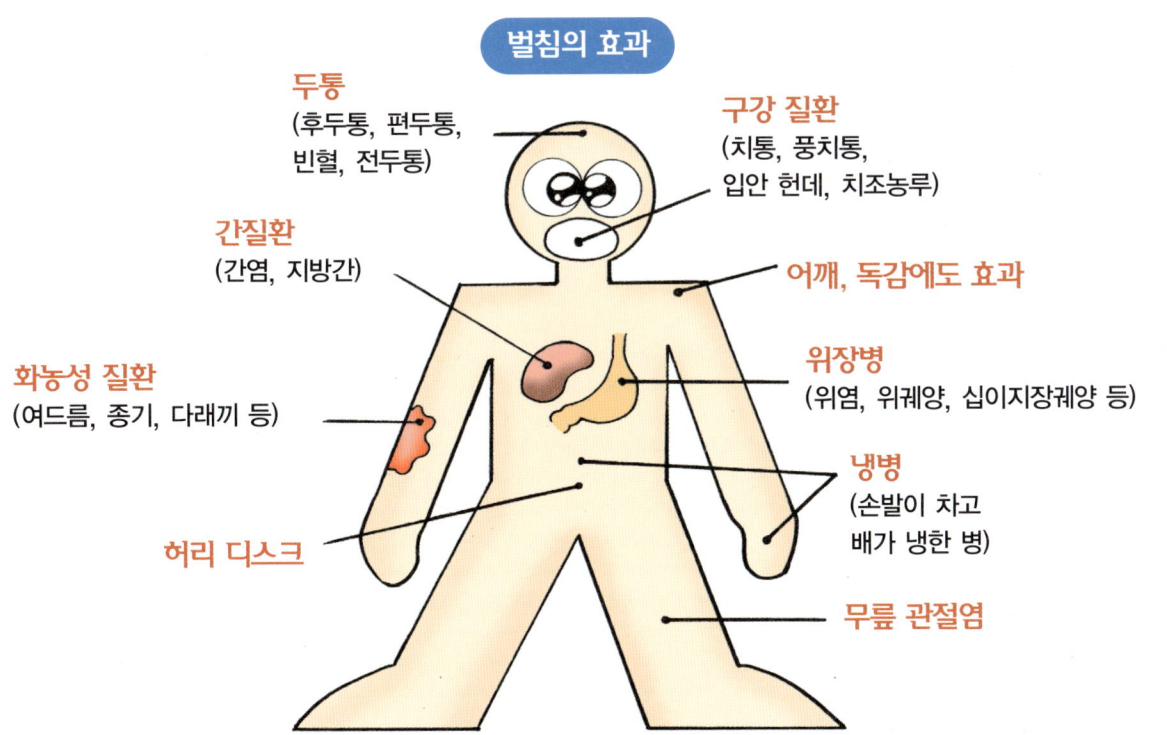

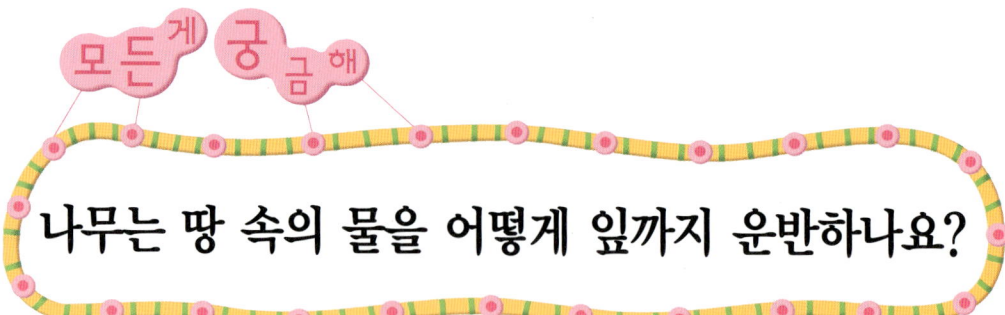

나무는 땅 속의 물을 어떻게 잎까지 운반하나요?

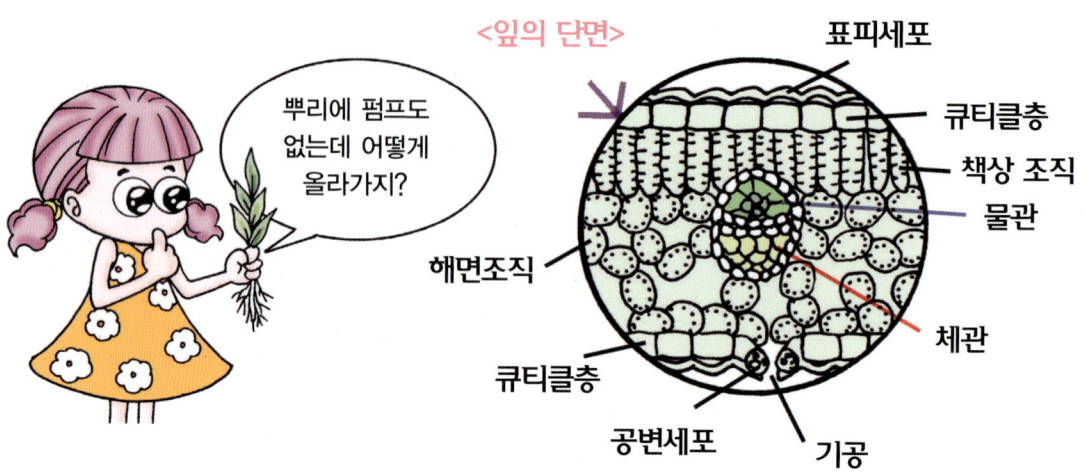

땅 속에서 빨아올린 나무의 양분이 되는 것을 수액이라고 해요.

수액은 나무의 양분, 특히 당분과 염류 등이 녹아 있는 물을 말하죠. 수액은 큰 나무에서부터 작은 풀까지, 모든 식물에서 동물의 피와 같은 구실을 하고 있답니다.

수액은 식물의 순환 계통을 흐르면서 줄기와 잎이 자라는 데 필요한 물질을 뿌리로부터 옮겨 주고 잎이 만든 물질들을 나무의 줄기, 뿌리, 꽃 등으로 전해 주지요.

동물의 심장을 통해 혈액이 순환하는 것과 마찬가지의 원리입니다.

식물은 아주 작은 물관의 모세관 현상으로 수액을 잎으로 밀어 올리고, 반대로 잎에 있는 물은 증발하여 농도가 진한 수액이 삼투압에 의해 밀려 내려오게 되는 것입니다.

뿌리는 그 주변 토양에서 광물질의 양분을 흡수해요. 하지만 모든 것을 흡수하는 것이 아니라 자신에게 필요한 것만 빨아들이지요.

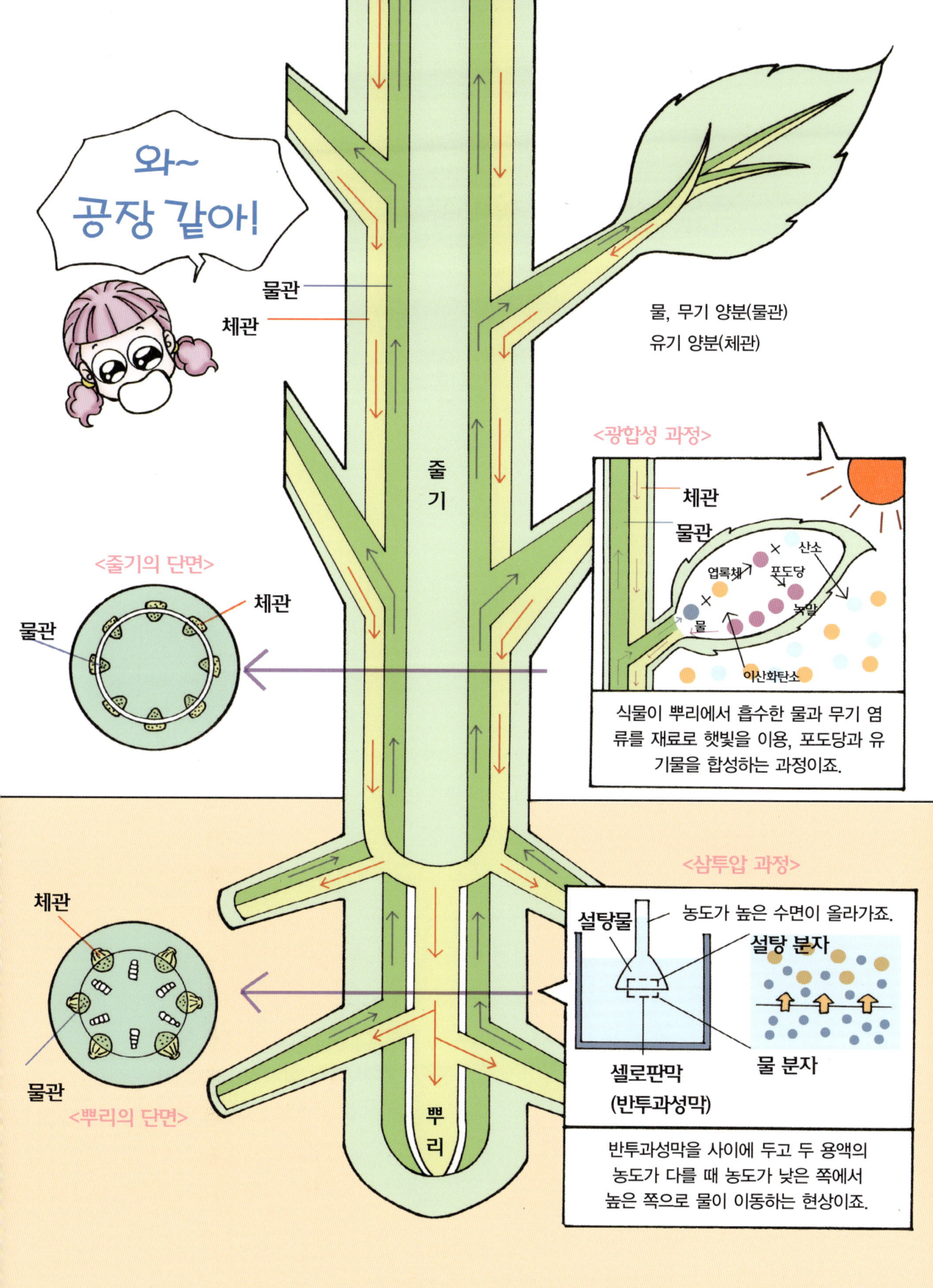

석유는 앞으로 얼마쯤 더 쓸 수 있나요?

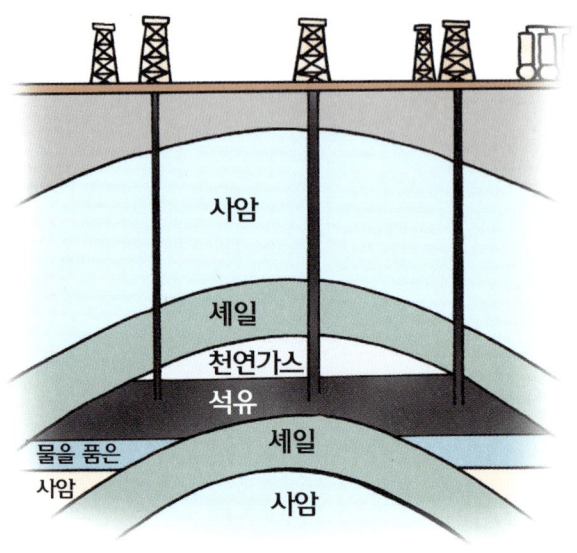

석유는 아주 오랜 옛날 동·식물의 시체 등이 땅 속에 묻혀 변형된 거예요. 이렇게 만들어진 석유는 틈이 많은 사암이나 역암 사이의 유층이라는 곳에 괴어 있게 되지요.

석유가 최초로 사용된 기록은 지금으로부터 5,000년 전이에요. 지금의 이라크 땅인 유프라테스 강 유역의 수메르 사람들이 약으로 사용했다고 하네요. 지금도 약으로 쓰이고 있는 바셀린도 역시 석유를 가공한 거예요.

중동 지역에서만 주로 쓰이던 석유는 이슬람 세력이 에스파냐를 공격하면서 유럽에 전해졌습니다. 석유는 19세기경부터 다양한 용도로 본격적으로 쓰이기 시작했어요. 그 당시에는 주로 엔진이나 발전소의 연료로 쓰였지요. 옷이나 여러 화학 제품의 원료로 쓰이게 된 것은 석유 화학이 발달하게 된 20세기부터입니다.

유전은 세계 여러 나라에 분포되어 있어요. 석유의 산출량을 나라별로 보면 미국이 세계 절반 이상을 차지하고 있으며, 이란, 이라크, 사우디아라비아 같은 중동의 나라들이 세계 석유 매장량의 절반 이상을 차지하고 있습니다.

1조 배럴로 추정되었던 석유 매장량은 현재 하루 6천9백만 배럴씩 소비되기 때문에 절약하고 아끼지 않으면, 2036년에는 석유가 바닥이 날 거라고 해요. 아직까지도 뚜렷한 대체 연료가 나타나지 않아 앞으로 30년 안에 세계는 심각한 자원 문제에 부딪치게 될 거예요.

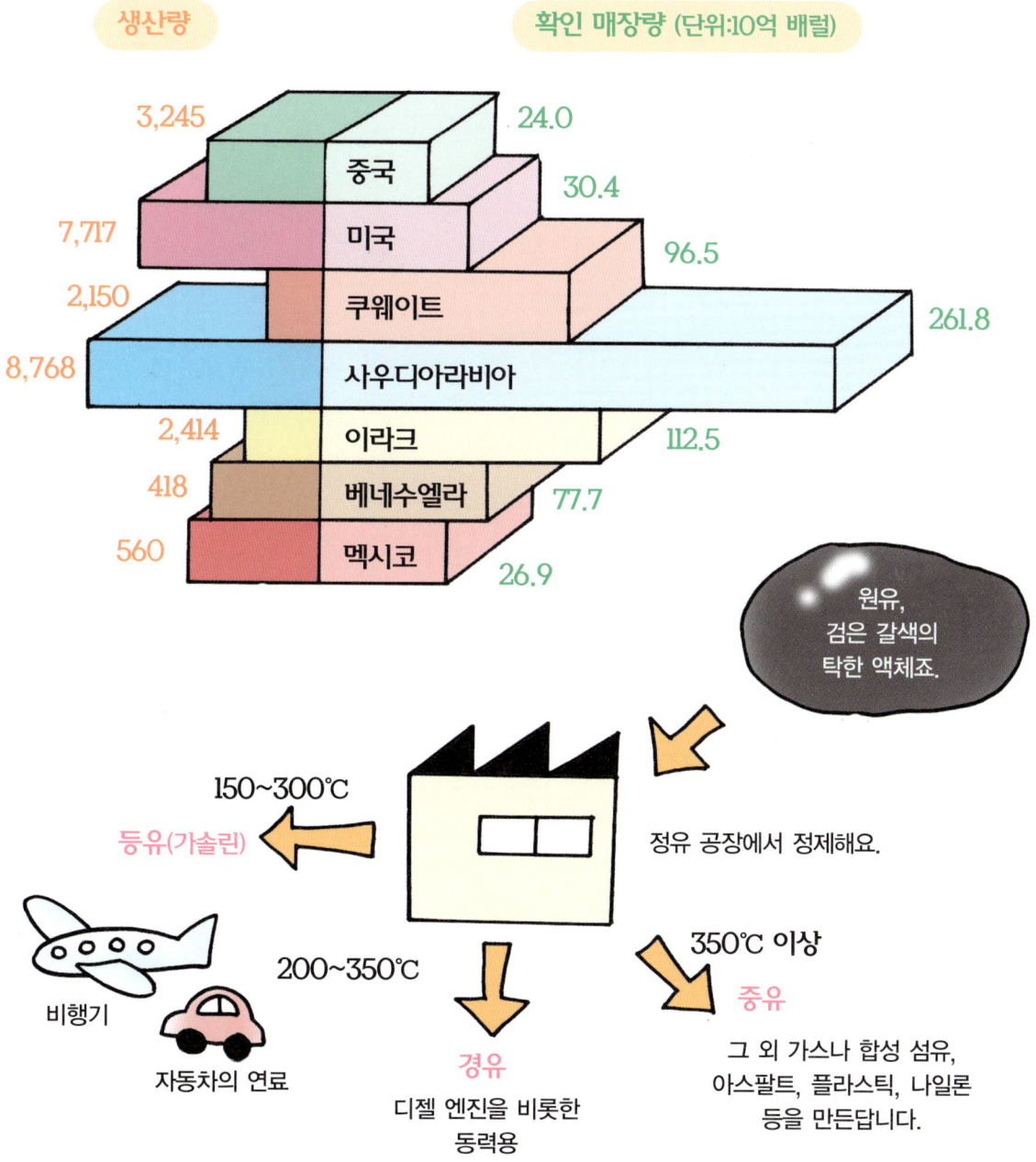

모기는 어떤 사람을 좋아하나요?

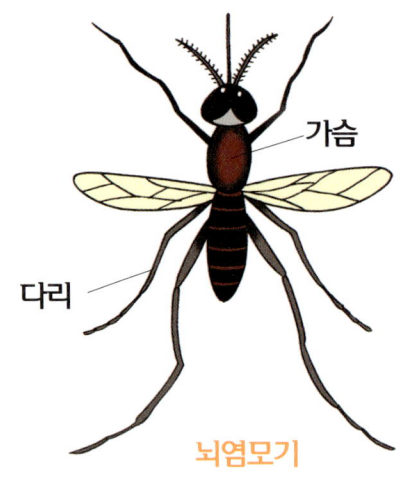

뇌염모기

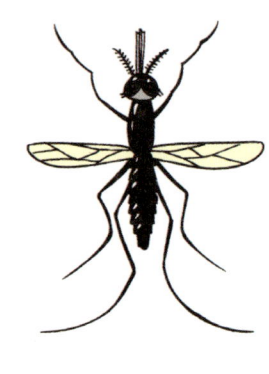

학질모기
(바이러스성 질병을 옮깁니다.)

　모기가 사람이나 동물의 피를 빨아먹는 이유는 암컷 모기가 몸 속에 있는 알을 키우기 위해서예요. 이 때 암컷 모기는 동물성 단백질을 많이 필요로 하죠. 이 암컷 모기가 피를 빨 대상을 찾을 때에는 이산화탄소, 체취, 체온, 습기 등을 이용해서 찾아가는 것으로 알려져 있어요. 가까운 거리의 대상은 체온이나 습기로 감지하지만, 먼 거리는 바람에 실려 오는 이산화탄소로 찾아 내기도 하고 비누나 일부 향수 냄새를 맡고 찾아가기도 한답니다.

　또 몸집이 뚱뚱한 사람은 신진 대사가 활발해 열이 많고, 땀이 많아 모기의 좋은 표적이 될 수 있어요. 또한 임신한 여성도 모기의 좋은 표적이 될 수가 있어요. 왜냐하면 상대적으로 호흡량이 많고 체열이 높기 때문이에요.

　저녁 때 조깅 등 유산소 운동을 한 후 씻지 않고 그냥 자는 사람도 모기에 물릴 확률이 높습니다.

모기의 일생

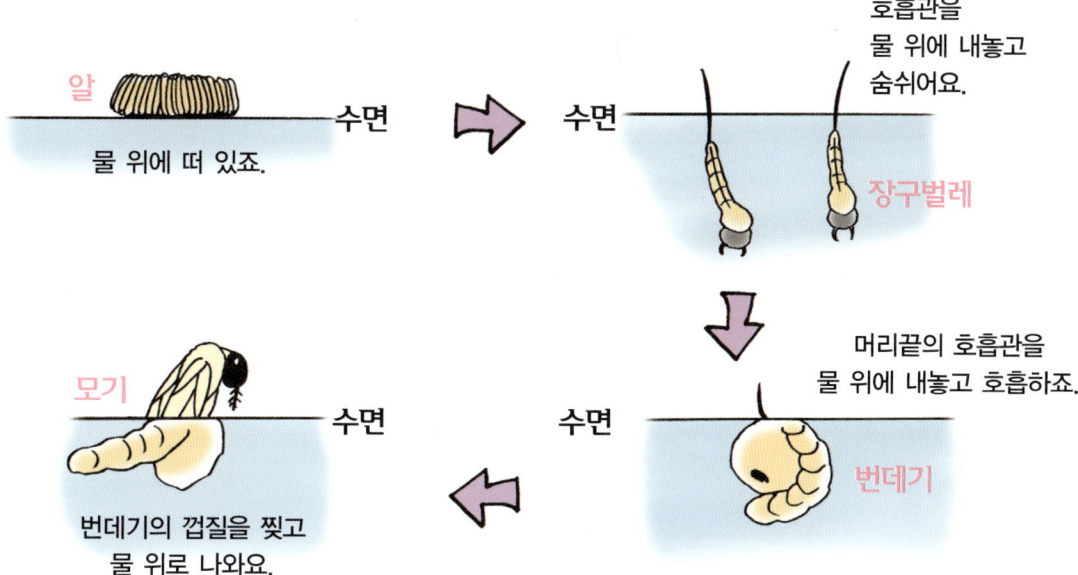

피를 빨아먹는 것은 암컷뿐이에요. 피를 빨아먹지 않으면 알을 낳지 못하니까요.

덥지 않은데도 왜 땀이 나나요?

 **사람의 땀은 세 가지**

온열성땀

으~ 찐다, 쪄!

식은땀

오싹!

미각성땀

으~ 매워,

신체는 섭취했던 수분을 여러 경로를 통해 다시 몸 밖으로 내보내요. 일부는 호흡할 때 폐를 통해 수증기로 배출되기도 하고, 소변이나 대변, 땀을 통해서 배출되기도 하지요.

땀은 몸 안에 축적되어 있던 노폐물들을 내보내기도 하고, 피부가 건조해져서 벗겨지는 것을 막아 주기도 합니다.

그렇지만 이런 땀이 아무 때나 난다면 정말 불편할 거예요. 이렇게 특별한 원인 없이 얼굴, 손, 겨드랑이, 발에서 비정상적으로 땀이 많이 나는 것을 '다한증'이라고 합니다. 다한증 환자는 평소엔

땀은
1. 체온을 조절하고,
2. 피지와 함께 피부 건조를 막아 주며,
3. 피부 표면을 정상적으로 유지시키는 작용을 한답니다.

체온의 70~80%가 땀으로 발산되죠.

아무렇지 않다가 긴장만 하면 손이나 발에서 심하게 땀이 나지요. 땀을 조절하는 교감 신경이 과잉 반응을 보여서 나타나는 증상이에요.

이럴 때는 땀의 분비를 조절하는 교감 신경 부분을 수술하게 되면 완치될 수 있지요. 수술로 조절함으로써 재발하지 않고 완치할 수 있는 방법입니다.

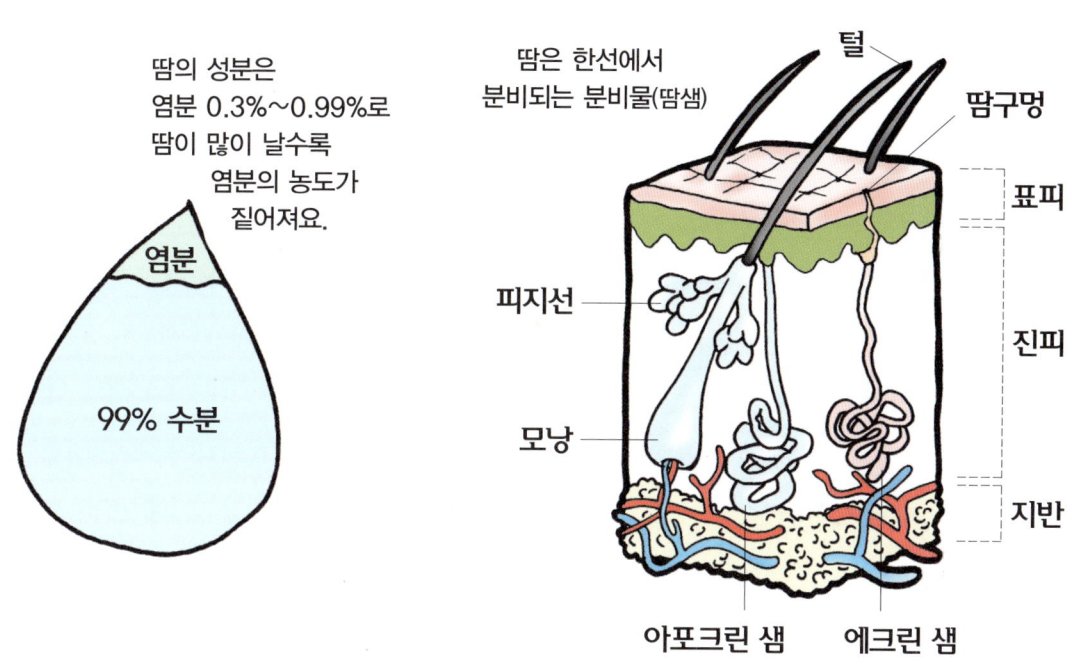

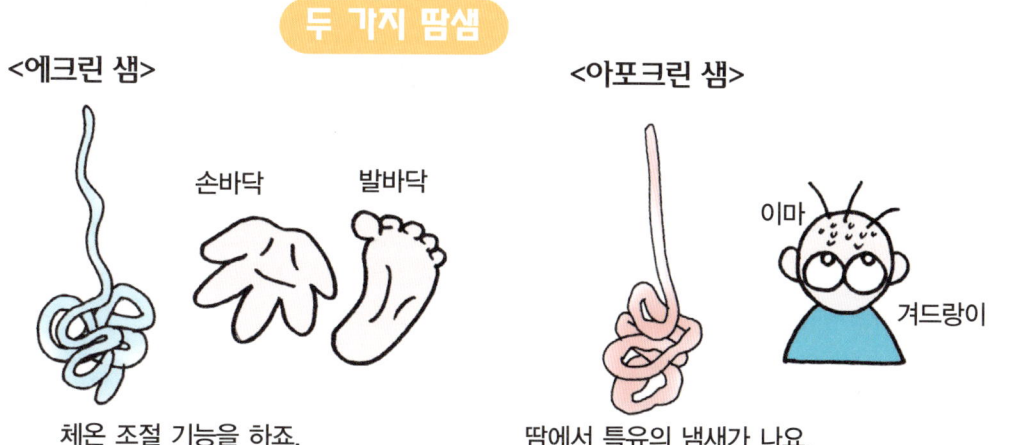

뚝배기도 숨을 쉬나요?

'장맛은 뚝배기'라는 말이 있듯이 뚝배기는 우리들의 식생활과 매우 밀접한 관계를 맺고 있습니다.

뚝배기 그릇이 발달하게 된 이유는 탕류를 즐겨 먹는 우리 음식 문화와 깊은 관련이 있어요.

질그릇은 잿물을 입히지 않고 600~700℃에서 구워 윤기가 없는 반면, 뚝배기는 1,200℃ 이상의 고온에서 구웠기 때문에 윤기가 흐르고 두드리면 날카로운 쇳소리를 냅니다.

이처럼 뚝배기는 높은 온도에서 굽기 때문에 그릇의 내부에 있던 결정수가 불 속으로 증발되고 그 증발 통로나 자리가 그릇 내부에 그대로 존재함으로서 그릇 밖의 공기와 내부의 공기가 순환할 수 있게 되어 있어요.

오래 사용하여 금이 간 옹기는 죽을 끓이거나 쌀뜨물을 한 번 끓여 사용하면 됩니다.
풀 상태가 된 성분이 금간 부분을 막아 주기 때문이죠.

또 뚝배기는 불에서 내려놓아도 쉽게 식지 않기 때문에 음식을 다 먹을 때까지 찌개 맛을 그대로 유지할 수 있어요. 그러므로 된장이나 음식을 담아 두어도 부패가 잘 되지 않으며 상하지도 않습니다. 또한 물이나 음식 속에 들어 있는 각종 오염 물질 등을 흡수하기까지 한답니다.

뚝배기는 1,200℃ 이상의 고온에서 굽기 때문에 윤기가 흐르고 두드리면 쇳소리가 나요.

뚝배기의 단면

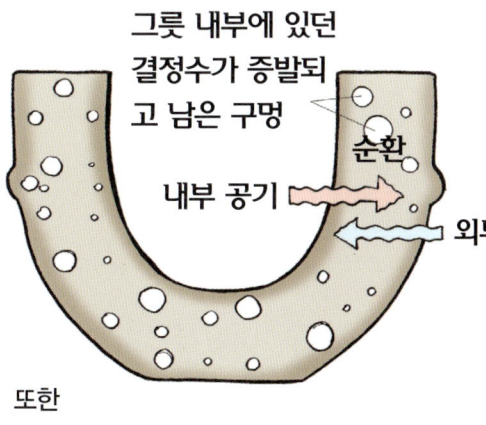

그릇 내부에 있던 결정수가 증발되고 남은 구멍

이 구멍을 통해 내부 공기와 외부 공기가 순환할 수 있어 음식을 담아 두어도 쉽게 상하지 않아요.

또한

음식물

각종 오염 물질들

물이나 음식 속의 오염 물질을 흡수하기도 합니다.

공기는 통하는데 물이 새지 않는 이유는?

그건 잿물(약토+재)을 입혀 구웠기 때문입니다.

옻칠을 하면 쉽게 망가지지 않는다고요?

옻칠은 동양 특유의 도료예요. 옻의 독기는 인체의 병을 없애 주고 갖가지 질병을 다스려 주는 효과가 있다고 합니다. 또한 나무로 만든 생활 도구에 옻칠을 하면 표면이 견고해질 뿐만 아니라 광택이 나고, 오랫동안 사용해도 변하지 않는다고 해요.

이러한 특성 때문에 동양에서는 4,000년 전부터 칠기 문화가 발달했어요. 단순한 생활 도구뿐 아니라 각종 예술품, 금속이나 목공 도장, 칠기류 등에 폭넓게 사용되었답니다.

또한 옻칠은 산이나 알칼리에 녹지 않으며 내염성, 내열성, 방수, 방부, 방충, 절연의 효과가 뛰어나 가구, 칠기, 공예품 등에 널리 사용되고 있어요. 옻칠의 우수한 특성 때문에 해저 케이블선, 선박, 비행기 등에 무공해 산업 도료로도 사용이 확대되고 있습니다.

국보 제32호인 팔만대장경이 700년이라는 세월이 지났음에도 훼손되지 않고 그대로 보존될 수 있었던 데에는 옻칠의 내구성이 가장 중요한 역할을 한 것으로 보고 있답니다.

옛날부터 봄에 옻나무의 어린 싹을 칠순채라 하여 나물로 먹었어요. 위장, 어혈(살 속에 멍이 들어 피가 뭉친 것), 부인병, 구충 등 민간약으로 중요하게 사용되었지요.

뛰어난 방수 효과

옻칠한 나무

물이 스며들지 않아 오랜 시간을 두어도 가라앉지 않는다

방충, 방부 효과

곰팡이 / 엥? 안 씹히네!

나도!

팔만대장경판

방열 효과

70℃ 이상의 열에서도 변하지 않아요.

이 외에도 절연, 단열 등에 효과가 커서 잠수함, 고급 승용차, 만년필, 라이터 등에도 사용되죠.

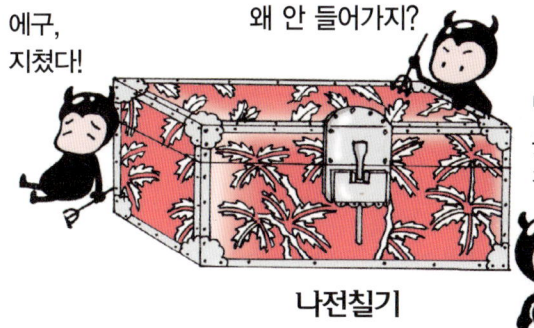

에구, 지쳤다!
왜 안 들어가지?
난 다른 곳으로 갈게!

나전칠기

약용으로 쓰는 옻은 마른 옻나무인데 어혈을 풀어 주죠.

위염, 위궤양, 초기 위암에 탁월한 효과가 있어요.

적취(체한 것이 뱃속에 오래 쌓여 단단해진 것)를 풀어 주죠.

그러나 옻의 독성은 사람에게 알레르기를 일으켜 해가 될 수 있으므로 전문 지식 없이 함부로 다뤄서는 안 된답니다.

소금이 명약이라고요?

천일염은 염화나트륨뿐 아니라 칼슘, 마그네슘, 아연, 칼륨, 철, 황 등의 20여 종이 넘는 인체에 유용한 미네랄의 보고예요. 또한 독성 물질인 핵비소를 포함하고 있는 것이 특징인데, 핵비소를 제거하고 중화시킨 천일염은 명약 중의 명약이라고 할 수 있습니다.

소금이란 염화나트륨이 주성분인 짠맛이 나는 흰 결정체죠!

웩

 조상들의 지혜의 산물인 간장, 된장, 고추장은 대나무 잎과 숯, 태양 에너지로 소금의 독성을 중화시킨 훌륭한 식품입니다.

 죽염은 천일염을 3년 이상 자란 국산 왕대나무에 다져 넣어 황토로 막고 소나무 장작으로 불을 때서 만들어요. 죽염은 그 제조 과정에서 소금이 함유하고 있는 모든 독성은 중화되지요.

 대나무가 함유하고 있는 유황정과 황토의 약성, 소나무가 가지고 있는 여러 약성이 합성되어 악성 종양을 비롯한 인체 내의 염증을 치료하는 것으로 널리 알려져 있습니다.

 성인은 보통 하루 8~20g 정도 이하의 소금을 섭취하는 것이 좋아요. 너무 많은 양의 소금을 섭취하게 되면 동맥경화, 고혈압, 신장, 폐 등의 기능이 약화될 수 있습니다.

천일염(식용)
태양열, 바람 등 자연을 이용하여 바닷물을 농축시켜 만드는 소금!

칼슘
마그네슘
철, 황
아연, 칼륨

죽염 (장류, 화장품, 치약, 제약, 제과 등)

천일염을 대나무 속에 다져 넣고 황토로 막아 가마에서 1,000~1,300℃로 8번 구운 후 9번째에 불 위에 송진 가루를 뿌려 1,300~1,700℃로 가열해서 만든 알칼리성 소금!

이 외에도 정제염, 가공염, 맛소금, 암염 등이 있습니다.

- 신진 대사 촉진
- 살균 및 해독 작용
- 혈관 정화, 적혈구 생성
- 세포 생성, 체온 조절
- 삼투압을 유지, 체액의 균형
- 해열, 지혈 작용
- 소화를 돕고, 위장 기능 강화
- 심장과 신장 기능 강화

소금은 공기와 물과 함께 생명을 유지하는 필수적인 물질이죠.

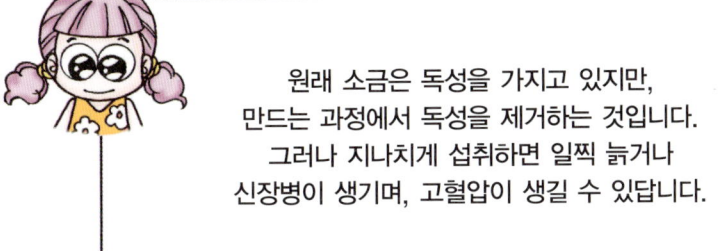

원래 소금은 독성을 가지고 있지만, 만드는 과정에서 독성을 제거하는 것입니다. 그러나 지나치게 섭취하면 일찍 늙거나 신장병이 생기며, 고혈압이 생길 수 있답니다.

웃음이 보약이라고요?

엔도르핀 : 기분이 좋을 때나 웃을 때 몸의 전신, 각 기관에서 분비되죠.

우리 몸에는 교감 신경과 부교감 신경이 있어요. 놀람이나 불안, 초조, 짜증 등은 교감 신경을 예민하게 만들어 심장을 상하게 해요. 그러나 웃음은 부교감 신경을 자극해 심장을 천천히 뛰게 하며 몸 상태를 편안하게 해 주어 심장병이 생기지 않게 합니다.

웃음은 스트레스와 분노 및 긴장을 완화해 주는 역할을 하므로 심장 마비와 같은 갑작스런 죽음도 피할 수 있게 해 주는 명약이에요.

사람이 한바탕 크게 웃을 때 몸 속에 있는 650개 근육 중에서 231개 근육이 움직여야 한대요. 그래서 많은 에너지를 소모해야 하지요.

웃음은 순환기 계통을 깨끗하게 해 주고, 소화 기관을 자극하며, 혈압을 내려 주는 것으로 밝혀져 있습니다. 또 웃음은 병균을 막아 주는 항체의 분비를 증가시켜 바이러스에 대한 저항력을 길러 주며, 세포 조직 증식에 도움을 줍니다. 이것은 사람이 웃을 때에 통증을 진정시키는 엔도르핀이라는 호르몬이 분비되기 때문이에요.

그러므로 웃음은 인체의 면역력을 높여 감기와 같은 질환은 물론 암과 성인병을 예방해 줄 수 있답니다. 사람이 크게 웃을 때 상체는 물론 위, 가슴, 근육, 심장까지 움직이게 만들어 운동 효과가 있습니다.

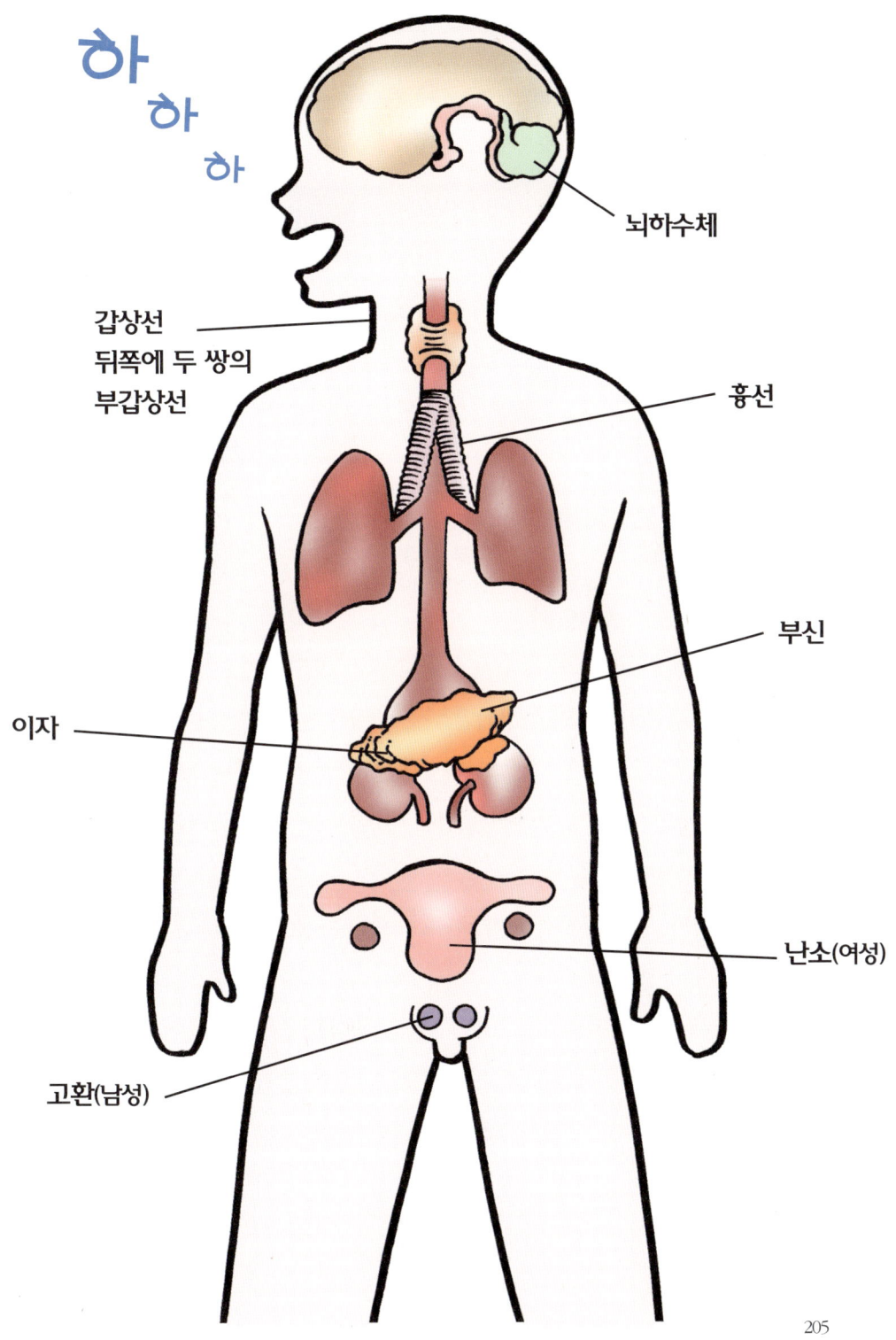

소가 동물 사료를 먹으면 포악해지나요?

　사람에게 나타나는 야곱병과 소에 나타나는 광우병은 모두가 몸 속에 있는 '프리온'이라는 이상한 단백질 때문에 뇌가 스펀지 모양으로 푹신푹신해지면서 구멍이 나는 병을 말합니다. 이 프리온이라는 단백질은 멀쩡한 사람이 갑자기 온몸을 비틀고 팔과 다리가 마비되어 숨지는 구루병이나 잠을 자지 못하고 괴로워하는 유전적 불면증 등도 일으킨다고 알려져 있어요.

　프리온이란 말은 바이러스처럼 전염성을 가진 단백질이라는 뜻입니다. 프리온은 사람은 물론 동물들에게도 자주 발견되는데, 보통은 분해되어 몸 밖으로 빠져 나가기 때문에 문제가 되지 않지요.

　그러나 어떤 이유인지는 아직 밝혀지지 않았지만 프리온의 성질이 바뀌어 독성을 지닌 채 분해되지 않고 뇌 속에 쌓이기 시작했습니다.

그렇게 쌓인 프리온은 동물의 신경 세포를 파괴하므로 동물의 뇌는 치명적인 타격을 입게 되지요.

1980년대 초, 초식 동물인 소에게 고기 사료와 동물 사료를 먹이면서 나타나기 시작한 이 질병은 소에게는 광우병으로, 사람에게는 야콥병으로 나타났습니다.

감염된 지 4~6개월 정도면 발병되며, 심한 우울증으로 행동이 몹시 느리고 기억력이 가물가물하다가 갑자기 경련을 일으키고 팔과 다리가 마비되어 숨지는 병입니다.

야콥병은 사람끼리 전염되지 않고 광우병에 걸린 소의 내장이나 사슴의 녹용 등 동물 가공 식품을 먹었을 때 감염되는 것으로 알려져 있습니다. 그러나 적당한 치료 방법이 없는 지금의 상태에서는 예방하는 것 외에 다른 방법이 없답니다.

광우병에 걸리면 소의 뇌에 스폰지처럼 구멍이 뚫려요.

증상
1. 미친 듯이 포악해지고,
2. 정신이 이상해지며,
3. 불안한 움직임을 보이죠.

까만 숯이 빨래를 하얗게 하나요?

숯가루 탄 물
변비, 두통, 위궤양에 좋은 효과가 있어요.

숯 넣은 밥
밥을 지을 때 함께 넣으면 쌀에 붙어 있는 농약 성분, 수돗물의 납 성분을 제거해요.

숯을 이용한 치약
냄새와 세균을 제거해요.

　　숯은 목탄이라고도 하며, 재료로는 일반적으로 단단한 나무가 사용됩니다. 우리나라에서는 주로 참나무류가 사용되죠.

　　조상들은 숯을 간장독 안에 빨간 고추와 함께 넣어 간장의 맛을 좋게 하며 간장의 변질을 막았습니다.

　　팔만대장경이 보관되어 있는 해인사 경판전에 곰팡이가 끼지 않고 거미가 줄을 치지 않으며, 천 년의 세월 동안 이상 없이 석굴암을 보존할 수 있었던 것도 그 속에 묻힌 숯 덕분이라고 해요.

　　또 숯 굽는 과정에서 수증기와 같이 나오는 연기 속에는 200여 종의 유기산 화합물이 함유되어 있어 우리가 살아가는 데 다양하게 쓰일 수 있는 목초액을 얻을 수 있어요. 우물을 새로 팔 때 우물 맨 밑에 숯을 넣고, 그 위에 자갈을 깔아 놓은 것은 숯 속에 들어 있는 미네랄로 언제나 맛좋은 물을 먹기 위해서입니다.

숯은 전자파를 흡수하여 건강에도 도움을 준다고 해요. 또한 숯의 아주 많은 미세한 구멍은 온갖 냄새와 세균을 모두 빨아들이기 때문에 신발장이나 냉장고 또는 화장실 등에 놓아 두면 좋답니다.

목욕할 때 넣으면 물을 정화해 줘요. 또 미네랄이 풍부하기 때문에 온천욕 효과가 있죠.

빨래할 때 넣으면

강력한 표백 효과와 세정력을 발휘하고, 정전기도 방지해요.

이 외에도 숯은 종류에 따라 쓰이는 용도가 다릅니다.

흑탄
연료, 산업용, 생활숯, 매설용

백탄
연료, 요리, 장 담글 때

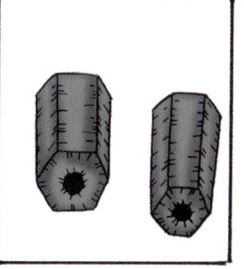

열탄
산업용, 연료용

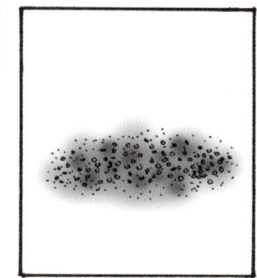

활성탄
의약용, 탈취제, 방독 마스크

잠자는 모습으로 건강을 알 수 있나요?

무릎 사이에 베개나 이불을 끼고 자야 잠을 잘 수 있는 사람들은 하지 초조증이나 불안감을 갖고 있다고 의심해 볼 수 있습니다. 하지 초조증이란 수면 도중 자신도 모르게 다리 근육이 일정 리듬으로 떨리면서 발을 움찔거리는 것을 말합니다. 이는 수면 장애의 일종으로 숙면을 방해하고 낮에 심한 피로감을 불러일으킵니다.

잠들기 직전이나 새벽녘에 기침 증상이 많이 나타나기도 해요. 밤에는 낮보다 체내 이산화탄소가 많이 쌓이기 때문이에요. 그런데 수면 중에는 하품 등으로 산소를 보충할 수도 없기 때문에 호흡기가 더 민감하

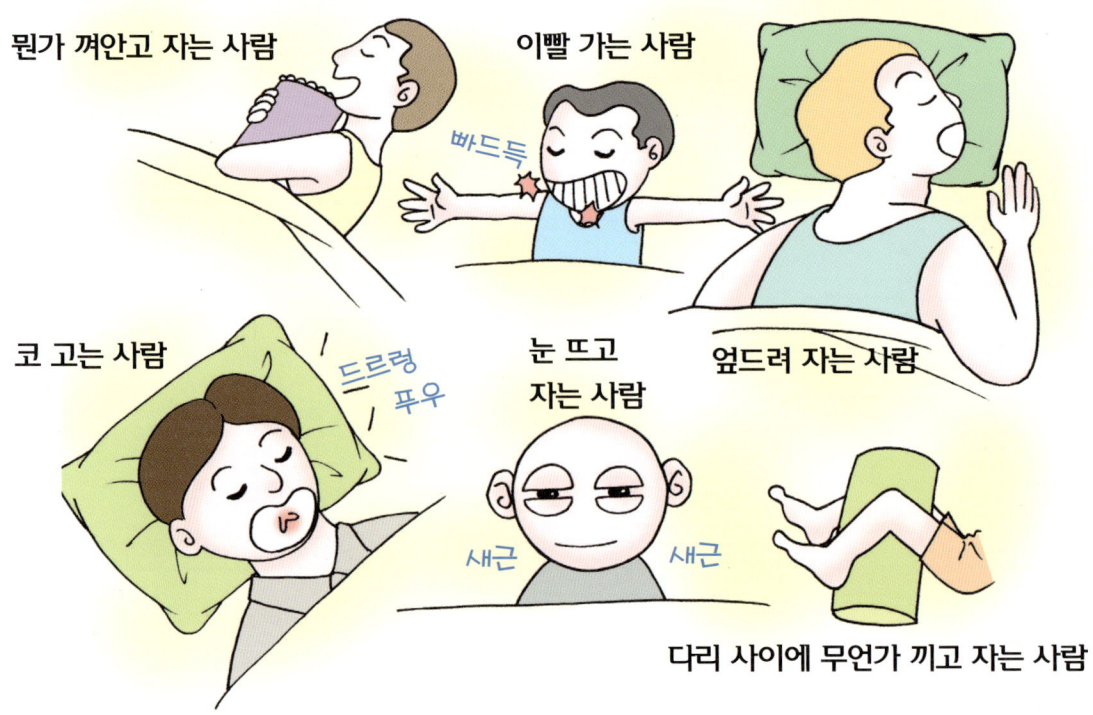

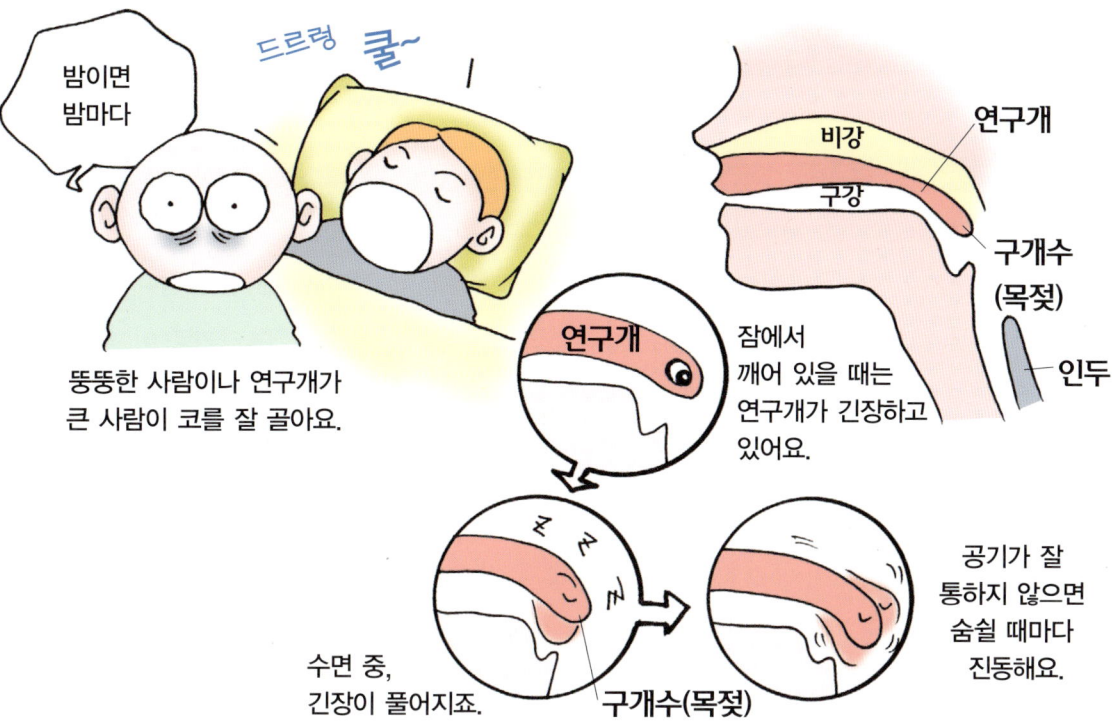

코골이의 원인

게 반응하는 거죠.

폐질환 등이 있으면 숨이 답답해지면서 심리적인 압박감이 찾아와 수면 내내 얕은 잠을 자게 되지요. 만성 폐쇄성 폐질환자의 경우, 많게는 하룻밤 사이에 30번 정도 잠에서 깨는 경우도 있어요.

만약 새벽녘에 배가 아파서 잠을 깬다면 십이지장 궤양을 의심해 보세요.

정신적인 스트레스가 아주 심할 때는 이를 가는 증상이 나타나기도 합니다. 비염이나 천식과도 연관이 있을 수 있는데, 비염이 있으면 잘 때 입 안이 가려운 증상이 수반되기 때문이에요.

코의 점막이 충혈되었거나 염증이 있으면 공기가 드나드는 통로가 좁아지면서 코골이 증상이 나타나기도 하는데 이것은 코에 염증이 있거나 비만이 원인일 수도 있답니다.

건강한 머리카락은 어떻게 가질 수 있나요?

일반 사람은 12~15만 개의 머리카락을 가지고 있고, 하루 평균 70~80개 정도의 머리카락이 빠지며, 한 달에 약 13~19㎜씩 자랍니다. 잘못된 빗질 습관이 있거나 머리카락 관리에 소홀하면 머리카락이 빠지기도 하고, 미용면에서도 좋지 않아요. 머리카락은 파마나 염색, 가열, 영양 부족, 수면 부족, 스트레스 등의 영향을 받습니다. 이 중 스트레스는 모든 병의 원인이에요. 성 호르몬의 불균형을 초래할 뿐만 아니라 피지 분비가 증가하여 비듬이 생겨 지저분하게 보이죠. 또한 탈모의 직접적인 원인이 되기도 합니다.

머리카락은 주로 단백질로 구성되어 있어, 심한 다이어트를 하거나 영양의 불균형이 생기면 푸석푸석해지고 머리카락이 빠지게 되지요. 그렇기 때문에 단백질과 비타민, 미네랄 등이 많은 음식을 섭취하여 영양의 균형을 맞추는 것이 모발 관리에 중요합니다.

건강한 머리의 머리카락 수는 12~15만 개!

하루 평균 70~80개가 빠지며 한 달에 13~19mm씩 자랍니다.

탈모가 있을 경우에는 우유, 시금치, 계란 노른자가 좋고, 비듬이 많은 경우 현미, 보리, 땅콩 등을 자주 먹는 것이 좋아요.

머리카락에는 수분과 영양의 공급이 중요하며 머리카락이 젖은 채로 잠을 자면 마찰에 의해 모발이 손상되기 때문에 반드시 말리고 잠을 자는 것이 좋답니다.

머리카락의 영양이나 발육은 모유두가 좌우합니다.

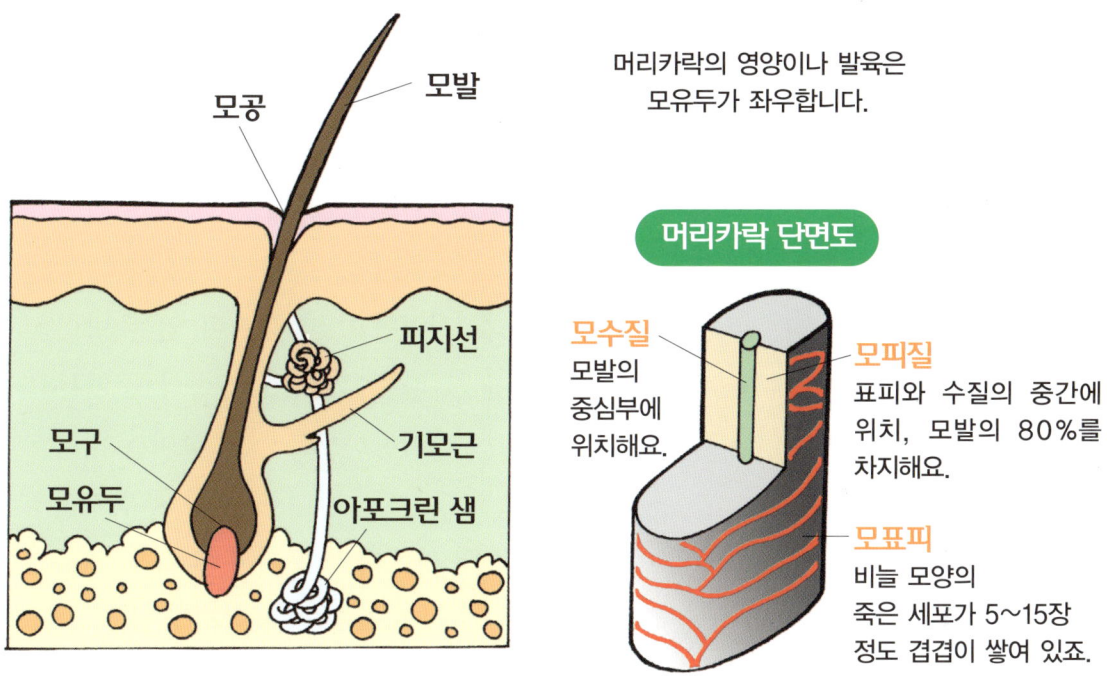

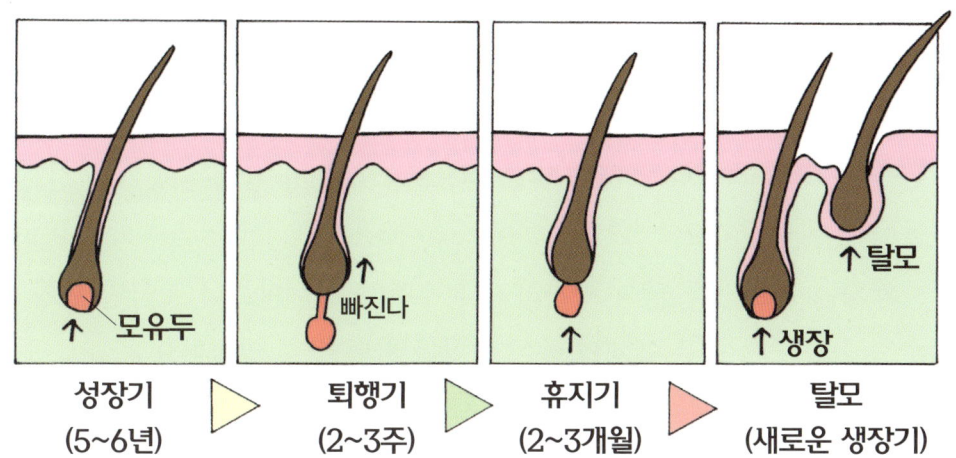

최초의 온도계는 어떻게 만들어졌을까요?

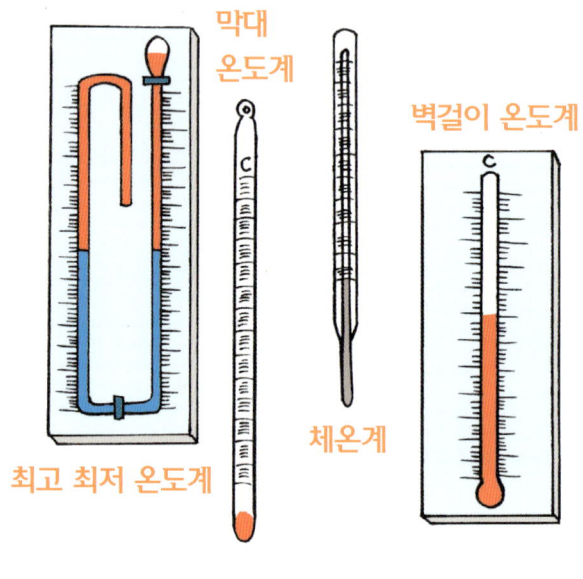

온도를 재는 도구를 처음으로 고안한 사람은 갈릴레이입니다. 1603년 갈릴레이는 가열된 공기가 든 유리관을 물 그릇 속에 거꾸로 세워 두었어요. 유리관이 있는 방이 따뜻해지면 관 속의 공기는 팽창하므로 물의 높이는 내려갔고, 반대로 방이 추워지면 관 속의 공기가 수축하여 물의 높이가 올라갔지요. 그 물 높이를 측정함으로써 방 안의 온도를 잴 수 있었어요. 갈릴레이가 만든 이 장치는 비록 조잡하긴 했어도 최초의 온도계이자 유리로 만든 최초의 과학용 기기였어요. 그러나 대기압의 영향을 받아 정확한 값을 내기는 힘들었지요.

그 후 1654년에 투스카니 페르디난드 2세가 대기압의 영향을 받지 않는 온도계를 고안해 냈습니다. 작은 공 모양의 둥근 용기 속에 얇은 관을 꽂고 그 속에다 액체를 넣은 것으로, 그 용기 안에는 공기가 전혀 들어 있지 않았지요.

액체는 기체만큼 많이 팽창하거나 수축하지는 않으나 조금만 팽창, 수축해도 관 속에 든 액체의 높이 변화를 확인할 수 있었어요.

그러한 목적으로 사용된 최초의 액체는 물과 알코올이었으나 둘 다

만족할 수 있는 물질은 아니었답니다. 그 이유는 물은 추운 겨울날에는 얼어붙어 온도계로서의 기능을 잃고, 알코올은 너무 쉽게 끓어 뜨거운 물의 온도를 재기에는 부적당했던 것이죠.

더 발전된 온도계는 수은이 가득 든 수은구에 진공 상태의 가는 관을 연결하여 수은이 관을 따라 올라가도록 온도계를 만든 사람으로 독일계 네덜란드인 물리학자 가브리엘 다니엘 파렌하이트입니다.

1714년에 그는 녹는 얼음 속과 끓는 물 속에 그 온도계를 각각 넣어 그때의 수은주의 높이를 표시해 두었는데 그것이 바로 화씨 온도계입니다.

그 후, 스웨덴의 천문학자 안데어스 셀시우스가 1742년에 섭씨 온도를 고안했어요. 물이 어는점을 섭씨 0℃로 놓고, 물이 끓는점을 섭씨 100℃로 놓았지요. 오늘날 대부분의 나라에서 섭씨 온도를 사용하고 있습니다.

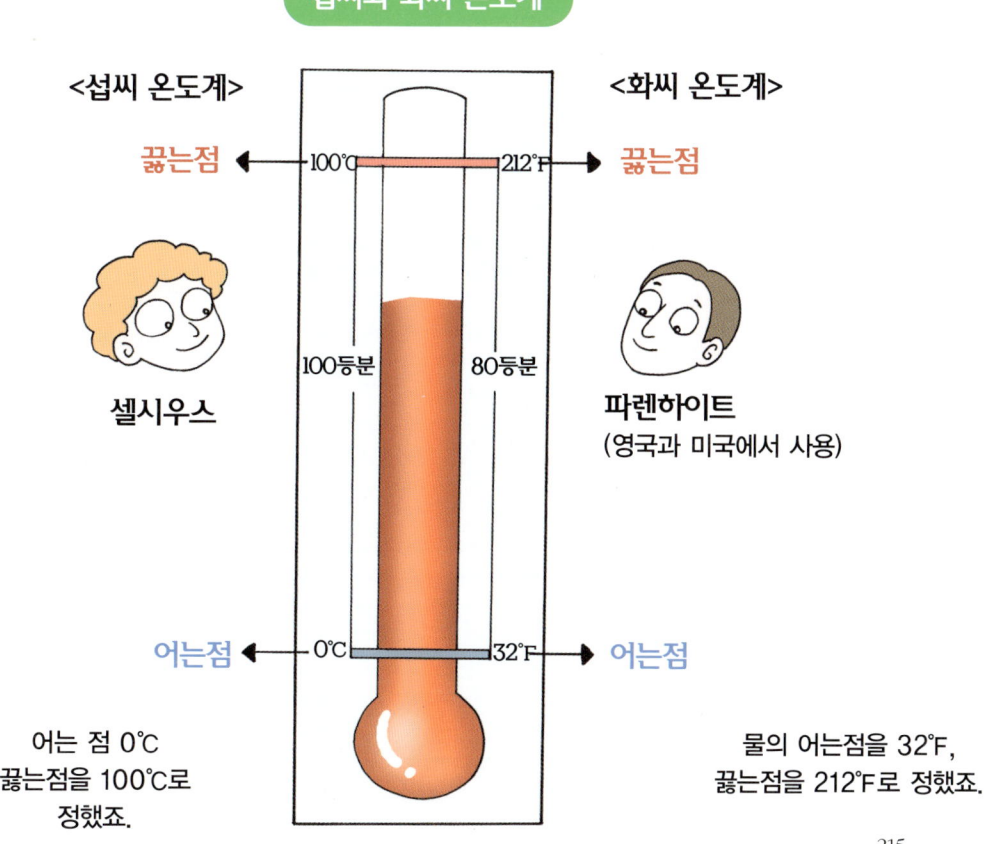

섭씨와 화씨 온도계

자연에 있는 것으로 옷감을 염색했다고요?

우리 조상들은 소나무 껍질에서 붉은색을, 황련 뿌리에서 짙은 노란색을, 울금 뿌리에서 연노란색을, 치자나무에서 전형적인 노란색을, 감·밤·수수에서 갈색 색소를 뽑아 냈어요. 그 밖에도 홍화, 오미자, 쪽풀 등 자연에서 뽑아 낸 은은하고 맑은 색으로 옷감을 염색했습니다. 이 천연 염색 재료들은 한약 재료로도 사용되고 있으며 방부·방충 성분이 있어 옷감을 오래 보존해 주기도 합니다.

천연 염색이란 자연(동물, 식물, 광물)에서 얻은 염료를 이용해서 실이나 직물에 물을 들이는 거예요.

조상들이 즐겨 썼던 다섯 가지 색소를 어디서 뽑아 냈는지 볼까요?

청색계 (쪽, 닥나무 등) — 쪽

적색계 (꼭두서니, 홍화, 오미자 등) — 꼭두서니

황색계 (치자, 오배자, 소나무, 감 등) — 치자

녹색계 (쑥, 갈대, 밤나무, 느티나무 등) — 쑥

흑색계 (참나무, 진달래, 가래나무, 숯 등) — 숯

나 이뻐?

쪽풀 색소 만들기

①
새벽에 쪽잎을 따서 물과 함께 항아리에 넣어요.

②
일주일이 지나면 쪽을 건져 내고 석회를 넣고 같은 방향으로 저어 주지요.

③
이틀 뒤 석회가 색소를 머금고 가라앉으면 붉은 빛깔의 윗물은 따라 버리고 천을 대고 수분을 뺍니다.

④
다시 항아리에 수분을 뺀 쪽 원료와 잿물을 넣고 섞어 준다.

⑤
두 달 후, 석회와 쪽물 색소가 분리, 물 위에 푸른 빛이 돌지요.

염색을 할 때는 색소에 매염제를 넣어요. 매염제란 색깔을 고정시키는 역할을 합니다. 소금, 백반, 식초 등이 있지요.

천연 염색 재료는 한약재로도 쓰이지요. 예를 들면,

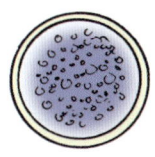
쪽 원료 — 항암 재료로 간을 깨끗이 하죠.

치자씨 — 해독 작용, 지혈 작용, 이뇨 작용을 해요.

꼭두서니 말린 것 — 신경통, 신장에 좋고 지혈 작용을 해요.

쑥 말린 것 — 벌레나 뱀에 물린 데 해독 작용, 변비, 피부염에 좋죠.

황토 — 몸을 맑게 해 주고 독성을 없애 주죠.

옹기가 숨을 쉰다고요?

옹기에 수돗물을 담아 두면 생수가 되고, 장을 담아 두면 장맛이 변치 않고 잘 발효된답니다. 김장 김치를 옹기 항아리에 넣어 땅 속에 묻어 보관하면 맛도 좋고 잘 시지도 않으며, 싱싱한 맛이 오래 가지요. 그것은 바로 옹기 그릇이 숨을 쉬고 있기 때문이에요.

옹기를 빚는 흙인 황토에는 작은 모래 알갱이가 수없이 섞여 있어요. 옹기 그릇의 표면에 바르는 유약도 부엽토의 일종인 약토와 재로 만들기 때문에 가마 안에서 고열로 구워지는 동안 그릇 표면에 아주 작은 숨구멍이 생기게 됩니다.

햇볕이 뜨거운 여름철에 장 항아리를 자세히 살펴보면 하얗게 소금기가 서려 있거나 끈적끈적한 액질이 밖으로 뿜어지는 것을 볼 수 있어요. 이것이 바로 옹기가 숨구멍을 통해 노폐물을 밖으로 내보내고 있다는 증거죠.

옹기는 마치 생명체와 같아서 제 몸 속에 습기가 있으면 숨을 내쉬어 그것을 밖으로 뿜어 내고, 제 몸 속이 건조해 습기가 부족하면 반대로 숨을 들이마셔 습기를 조절할 줄도 아는 신비한 능력을 가지고 있죠.

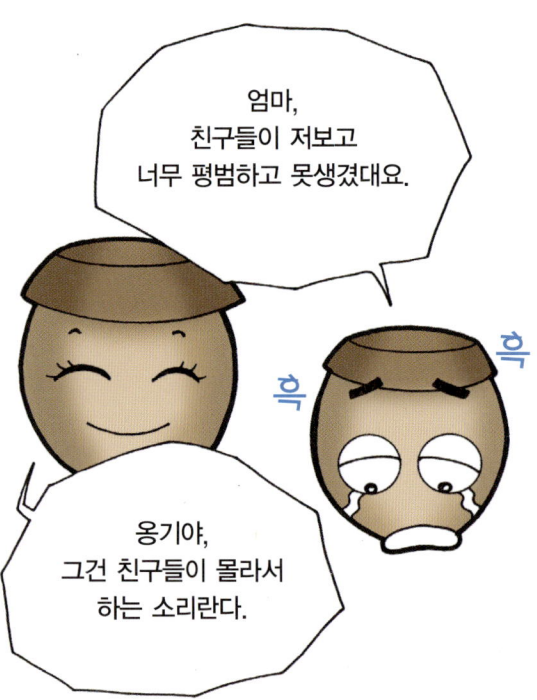

오늘날에는 스테인리스, 플라스틱, 심지어 바이오 김치독, 김치 냉장고까지 등장하고 있어 우리 선조들의 그릇인 옹기가 설 자리를 잃어 가고 있습니다.

옹기는 숨을 쉬는 그릇

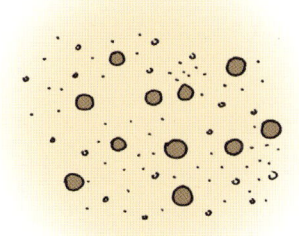
옹기를 만드는 흙에는
굵은 흙 알갱이들이 들어 있지요.

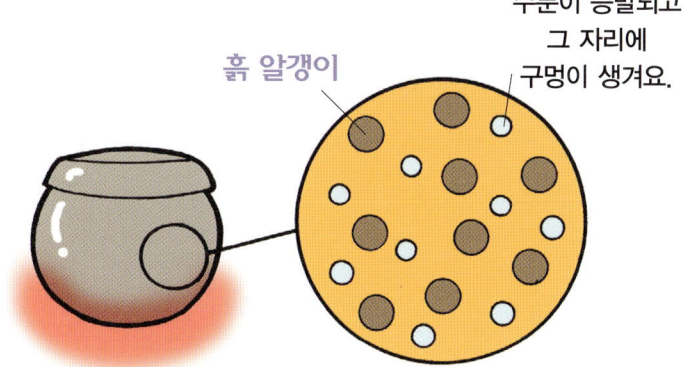
높은 온도로 굽는 동안 수분이 증발하면서
눈에 보이진 않지만 옹기 표면에 구멍이 생기지요.

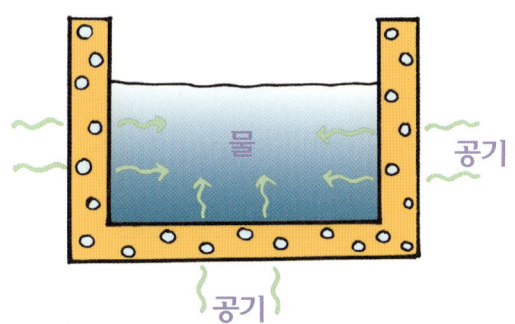
이 구멍들은 물은 통하지 않고
공기만 통하게 하는 필터 역할을 해요.

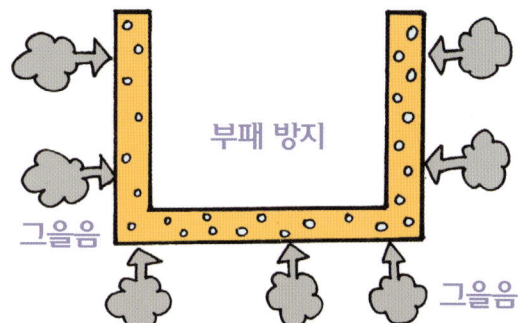
구울 때 사용되는 나무가 타서 생긴 그을음은
옹기 내부에 스며들어 유약과 함께
음식이 썩는 것을 방지합니다.

우리들 몸이 불룩한 이유는
첫째는 햇빛의 위치와는 상관 없이
햇빛과 지열을 골고루 받기 위해서고,
둘째는 서로 붙여 놓아도 아래위가 떨어져
통풍이 잘 되기 때문이지요.